AF286948

*Walter Guttmann*

# Grundriss der Physik für Studierende, besonders für Mediziner und Pharmazeuten

bremen
university
press

*Walter Guttmann*

**Grundriss der Physik für Studierende, besonders für Mediziner und Pharmazeuten**

*ISBN/EAN: 9783955623029*

*Auflage: 1*

*Erscheinungsjahr: 2013*

*Erscheinungsort: Bremen, Deutschland*

*@ Bremen-university-press in Access Verlag GmbH, Fahrenheitstr. 1, 28359 Bremen. Alle Rechte beim Verlag und bei den jeweiligen Lizenzgebern.*

bremen
university
press

# Grundriss der Physik

## für Studierende,

besonders

## für Mediziner und Pharmazeuten

von

## Dr. med. Walter Guttmann,

Stabsarzt in Mülheim a. d. Ruhr.

———

Mit 145 Abbildungen.

———

Siebente bis neunte Auflage.

1. Auflage: Juni 1896.       4. Auflage: September 1906.
2. Auflage: Januar 1901.     5. Auflage: April 1908.
3. Auflage: Januar 1904.     6. Auflage: August 1909.
            7.—9. Auflage: Juli 1910.

Druck von O. Grumbach in Leipzig.

# Vorwort zur III. bis VI. Auflage.

Aus dem raschen Absatz der fünf ersten starken Auflagen dieses Grundrisses darf ich wohl mit Recht schließen, daß er seinen Zweck, „die wichtigsten Gesetze und Tatsachen der Physik in kurzer, aber doch klarer und verständlicher Form vorzuführen", erfüllt hat. Wenn ich daher auch von der dritten Auflage an von prinzipiellen Änderungen Abstand nehmen konnte, so sind doch manche Verbesserungen und Zusätze hinzugekommen. So sind u. a. die physikalischen Grundlagen der Kryoskopie etwas eingehender behandelt worden, und das absolute Maßsystem hat in einem Anhange eine zusammenhängende Darstellung gefunden; auch ist, mehrfachen Wünschen entsprechend, die etymologische Erklärung der wichtigsten fremdsprachlichen Fachausdrücke gegeben worden.[1] Hinweise auf weitere wünschenswerte Änderungen werde ich stets mit Dank entgegennehmen.

Die Bemerkungen der Kritik habe ich nach Möglichkeit berücksichtigt; manche Ausstellung beruht indes auf einer vollständigen Verkennung der Aufgaben dieses Buches, wie z. B. die, es enthalte zu wenig Tabellen und Zahlenbeispiele. Dem gegenüber möchte ich nochmals betonen, daß der vorliegende Grundriß keineswegs die Bestimmung hat, die größeren, ausgezeichneten Lehrbücher zu ersetzen. Er soll vielmehr für diejenigen, die Physik nur als Nebenfach studieren, also für Mediziner, Pharmazeuten, Zahnärzte usw., in erster Linie als kurze Einleitung in die Physik dienen; er soll den Genannten ferner ein Hilfsmittel beim Hören von Vorlesungen sein, indem er ihnen das lästige Nachschreiben nach Möglichkeit erspart; und schließlich soll er sich als Repetitorium nützlich erweisen, indem er das zum Examen Notwendigste in übersichtlicher Form darbietet.

W. Guttmann.

---

[1] Vgl. W. Guttmann, Medizinische Terminologie; Ableitung und Erklärung der wichtigsten Fachausdrücke der Medizin und ihrer Hilfswissenschaften, 3. Auflage, Berlin und Wien 1909.

# Vorwort zur VII. bis IX. Auflage.

Der außerordentlich rasche Absatz der letzten Auflagen veranlaßte den Herrn Verleger zu dem Vorschlage, die 7. bis 9. Auflage auf einmal zu drucken, jede in gleicher Höhe wie bisher (1400 Exemplare). Ich hatte dagegen um so weniger etwas einzuwenden, weil ja hinsichtlich Umfang und Auswahl des Stoffes so bald kaum eine Änderung notwendig sein dürfte.

Abgesehen von einigen Verbesserungen im Text ist diesmal ein kleiner Anhang hinzugekommen, in dem die wichtigsten Definitionen, Gesetze und Formeln in gedrängter Kürze zusammengestellt sind. Ich hoffe, daß damit manchen Examenskandidaten gedient sein wird.

W. Guttmann.

# Inhaltsverzeichnis.

# Einleitung.

**§ 1. Physik und Chemie.** Die Physik[1] beschäftigt sich mit den Kräften, die in der Natur walten, die Chemie dagegen mit der stofflichen Zusammensetzung der Körper. Ist z. B. Eisen der Luft ausgesetzt, so rostet es, d. h. es entsteht durch Verbindung mit dem Sauerstoff und Wasserstoff der Luft ein ganz neuer Körper, nämlich Eisenoxydhydrat. Bestreicht man dagegen Eisen mit einem Magnet, so ist zwar stofflich kein Unterschied zu bemerken, aber das Eisen hat eine neue Kraft, nämlich magnetische Wirkung, bekommen. Der erste Vorgang fällt in das Gebiet der Chemie, der zweite in das der Physik. Beide Gebiete sind aber nicht scharf voneinander abzugrenzen, da Kraft und Stoff nur begriffliche Abstraktionen sind, die in Wirklichkeit nie allein vorkommen, sondern stets untrennbar miteinander verbunden sind. Ihre gesonderte Betrachtung geschieht nur aus praktischen Gründen.

Die scheinbar trivialen Wahrheiten, daß aus nichts nichts entstehen, und daß umgekehrt nichts spurlos verschwinden kann, bilden die Grundlagen der Physik und Chemie, die noch nicht allzu lange Zeit sicher festgestellt sind. LAVOISIER bewies nämlich am Ende des 18. Jahrhunderts mit der Wage das Gesetz von der Unzerstörbarkeit des Stoffes, ROBERT MAYER sprach 1842 das Gesetz von der Unzerstörbarkeit der Kräfte aus, auch Gesetz von der Erhaltung der Energie genannt.

**§ 2. Atome und Moleküle.** Bezüglich der Beschaffenheit des Stoffes (der Materie[2]) wird heute ziemlich allgemein die Atomtheorie DALTONS angenommen, deren Anfänge bis auf DEMOKRIT zurückgehen. Danach bestehen die Körper aus kleinsten, selbst mikroskopisch unsichtbaren Teilchen, den Atomen[3], die man sich durch fortgesetzte Teilung entstanden denken kann. [Vgl. § 188.] Diese können aber nicht allein existieren, sondern bilden Komplexe

---

[1] φυσική (θεωρία) eigentlich nur: Naturforschung.  [2] Mutter- oder Ursubstanz; von *mater* Mutter.  [3] ἄτομος unteilbar.

von mindestens 2, die sogenannten Moleküle.[1] Bei den Elementen (d. s. solche Stoffe, die sich mit den heutigen Mitteln nicht weiter zerlegen lassen) bestehen nun die Moleküle aus gleichen Atomen, bei zusammengesetzten Verbindungen aus verschiedenen. Also ein Molekül Wasserstoff ($H$) besteht aus 2 Atomen $H$, ein Molekül Salzsäure ($HCl$) dagegen aus 1 Atom $H$ und 1 Atom $Cl$. Zwischen diesen Körpermolekülen nimmt man nun, da ja ein leerer Raum nicht existieren kann, einen äußerst feinen, unsichtbaren Stoff, den Äther, an, der noch kleinere Moleküle besitzt und zur Fortpflanzung von Licht, Wärme und Elektrizität dient.

So große Erfolge die moderne Wissenschaft der Atomistik verdankt, so muß man sich doch erinnern, daß es sich hier nur um eine Hypothese handelt. Gesehen hat noch niemand Atome, und die Vorstellung von unteilbaren (ἄτομος) Körpern ist eine contradictio in adjecto. Es sei gleich hier darauf hingewiesen, daß auch alle anderen Grundbegriffe der Physik nicht vorstellbar sind, z. B. Äther, Attraktion, Zeit und Raum, mag man letztere als objektive Größen oder als Form des Denkens betrachten.

§ 3. **Aggregatzustände.** Je nachdem die Moleküle eines Körpers näher oder weiter voneinander entfernt sind, unterscheidet man drei Aggregatzustände[2], den festen, flüssigen und gasförmigen. Feste Körper haben bestimmtes Volumen und bestimmte Gestalt; flüssige Körper bestimmtes Volumen, wechselnde Gestalt; gasförmige Körper weder bestimmtes Volumen, noch bestimmte Gestalt.

§ 4. **Volumen. Dichte.** Unter Volumen eines Körpers versteht man den Raum, den er einnimmt. Je mehr Masse in einem gegebenen Volumen ist, desto größer ist die Dichte. Befinden sich z. B. in einem Raume 10 Leute, in einem gleichgroßen 100, so ist in letzterem natürlich die Dichtigkeit größer. Dichte ist mithin das Verhältnis von Masse zum Volumen $D = \dfrac{M}{V}$, oder, wie man auch sagen kann, sie ist direkt proportional der Masse, umgekehrt proportional dem Volumen.

§ 5. **Maßeinheiten.** Bevor die Physik ihre Hauptaufgabe, das Wesen der Kräfte festzustellen, erfüllen kann, ist es nötig, die verschiedenen Formen der Kräfte, resp. die von ihnen an der Materie hervorgebrachten Wirkungen zu messen. In der Neuzeit ist man nun bemüht, alle physikalischen Größen in absoluten Maßen auszudrücken, d. h. auf die Einheiten der Länge, Masse, Zeit zurückzuführen [s. Anhang I].

Als Längeneinheit gilt das Meter. Ursprünglich war es als 40 millionster Teil des Erdmeridians gewählt worden, doch trifft dies

---

[1] Diminutiv von *moles* Masse.  [2] *aggrego* anhäufen.

nach neueren Messungen nicht genau zu. Jetzt gilt als Urmaß das aus Platin gemachte mètre des archives in Paris.

Lineare Maße: 1 Meter (m) = 10 Dezimeter[1] (dm) = 100 Zentimeter (cm) = 1000 Millimeter (mm).

1 Mikron ($\mu$) = 0,001 mm.

1 Mikromillimeter ($\mu\mu$) = 0,001 $\mu$ = 0,000001 mm.

Flächenmaße: 1 Quadratmeter (qm) = 10 · 10 Quadratdezimeter (qdm) = 1000 · 1000 Quadratmillimeter (qmm) usw.

Raum- oder Volummaße: 1 Kubikmeter (cbm) = 10 · 10 · 10 Kubikdezimeter (cdm) = 100 · 100 · 100 Kubikzentimeter (ccm) usw.

1 Kubikdezimeter, auch Liter (l) genannt, ist also $\frac{1}{1000}$ Kubikmeter und enthält 1000 Kubikzentimeter.

Als Masseneinheit gilt die Menge Wasser von $4^0$ Celsius, also im Zustand der größten Dichte, welche 1 Liter (bzw. 1 ccm) faßt. Da nun Gewichte den Massen proportional sind [§ 11], so bezeichnet man (nicht ganz zweckmäßig) auch das Gewicht dieser Wassermenge, nämlich 1 Kilogramm bzw. 1 Gramm, als Masseneinheit [vgl. Anhang I]. Auch hier gilt wieder das kilogramme des archives in Paris als Urmaß.

1 Kilogramm (kg) = 1000 Gramm (g oder gr). 1 Gramm = 10 Dezigramm (dg) = 100 Zentigramm (cg) = 1000 Milligramm (mg).

Es besteht also die wichtige Beziehung, daß 1 l Wasser von $4^0$ 1 kg wiegt somit 1 ccm Wasser 1 g.

Als Zeiteinheit gilt die Sekunde oder der 86400. Teil des mittleren Sonnentages.

§ 6. Nonius. Um die Länge eines Körpers auch in Bruchteilen eines Maßstabes auszudrücken, gebraucht man den sogenannten Nonius (NUÑEZ 1550; VERNIER 1631). Es ist dies ein kleiner, an dem Hauptmaßstab verschieblicher Maßstab, bei dem $n + 1$ oder

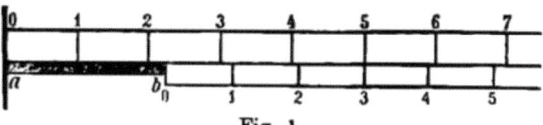

Fig. 1.

$n - 1$ Teile n Teilen des ersteren entsprechen; im ersten Falle heißt er vorläufig, im zweiten rückläufig. Um z. B. mit einem vorläufigen Nonius, bei dem 10 Teile 9 Teilen des Hauptmaßstabes entsprechen, den Körper $a\,b$ (Fig. 1) zu messen, bringt man $a$ an den Nullpunkt des Hauptmaßstabes, schiebt dann den Nullpunkt des Nonius an $b$ heran und sieht nach, welcher Teilstrich des letzteren mit einem Teilstrich des ersteren zusammenfällt. Ist es, wie in der Figur, der dritte, so bedeutet dies, daß $a\,b$ 2,3 Teilstriche des Hauptmaßstabes lang ist.

---

[1] Es sei daran erinnert, daß die lateinischen Vorsilben Dezi-, Zenti-, Milli- den zehnten, hundertsten, tausendsten Teil, die griechischen Deka-, Hekto-, Kilo- das Zehn-, Hundert-, Tausendfache des Grundmaßes bedeuten. Mega- ($\mu\acute{e}\gamma\alpha\varsigma$ groß) bezeichnet das Millionenfache, Mikro- ($\mu\kappa\varrho\acute{o}\varsigma$ klein) den millionten Teil der Einheit.

# Mechanik.

## A. Allgemeine Grundbegriffe.

§ 7. Die Grundlage der Mechanik, d. h. der Lehre vom Gleichgewicht und von der Bewegung der Körper, bilden die drei **Newtonschen Bewegungsgesetze**, von denen übrigens die beiden ersten
schon GALILEI bekannt waren.

1) **Jeder Körper verharrt in seinem Zustand der Ruhe
oder der geradlinigen, gleichförmigen Bewegung, solange er nicht durch einwirkende Kräfte gezwungen
wird, seinen Zustand zu ändern.**

Dieses sogenannte Trägheitsgesetz (Trägheit = Beharrungsvermögen)
ist eine Erfahrungstatsache. Beispiele hierfür sind z. B. das Umfallen eines
Menschen beim raschen Anfahren oder Halten eines Wagens, die Fortdauer
der Bewegung eines Schwungrades nach Aufhören der antreibenden Kraft, die
Bewegung der Weltkörper usw. Eine Bewegungshemmung wird namentlich
durch die Reibung bewirkt [vgl. ·§ 35].

2) **Die Änderung der Bewegung ist proportional der
einwirkenden Kraft und erfolgt in der Richtung der
Geraden, in der jene Kraft wirkt.**

Ein starker Stoß bringt z. B. einen größeren Ausschlag eines Pendels
hervor als ein schwacher. Da beim Zusammenwirken mehrerer Kräfte jede
einzelne derselben ohne Rücksicht auf die anderen bzw. auf eine bereits vorhandene Bewegung ihren Einfluß ausübt, so heißt das Gesetz auch Unab-
hängigkeitsprinzip.

3) **Wirkung und Gegenwirkung sind einander gleich.**
(Actioni contrariam semper et aequalem esse reactionem.)

Dieses Prinzip der Wechselwirkung besagt also, daß die Wirkungen
zweier Körper aufeinander stets gleich und von entgegengesetzter Richtung
sind. So zieht z. B. nicht nur ein Magnet ein Stück Eisen an, sondern umgekehrt auch das Eisen den Magnet; ein Brett drückt ebenso stark ein auf ihm
liegendes Gewicht, wie umgekehrt; die Wagen eines Zuges ziehen die Lokomotive
ebenso stark an, wie diese die Wagen usw. Bei ungleichen Kräften kommt es
aber natürlich schließlich zu einer fortschreitenden Bewegung in der Richtung
der stärkeren Kraft, d. h. also, das Brett wird zerdrückt, die Wagen werden
fortgezogen usw. Immer ist jedoch hierbei ein Teil der stärkeren Kraft durch
das Maximum der schwächeren neutralisiert.

---

[1] In allen mir zugänglichen Lehrbüchern der Physik und theoretischen
Mechanik wird das dritte Newtonsche Gesetz als unumstößliches Axiom hin-
gestellt und kein Wort darüber gesagt, wie der offenkundige Widerspruch
zwischen seinem Wortlaut und den Tatsachen der Erfahrung zu lösen ist. Nur
A. Berliner hat in seinem Lehrbuch der Experimentalphysik (Jena 1903) einen
Versuch hierzu gemacht, der indes gänzlich mißglückt ist. Der obige Zusatz
dürfte demnach berechtigt und notwendig sein. Es sei aber auch bei dieser
Gelegenheit eindringlich darauf hingewiesen, daß es in der Wissenschaft keine
Dogmen gibt, vielmehr keine geben sollte.

Zum genaueren Verständnis dieser Bewegungsgesetze ist es nun nötig, die in ihnen enthaltenen Begriffe einzeln zu betrachten.

§ 8. **Ruhe** ist Negation der Bewegung. Da nun überall bewegende Kräfte existieren, so ist Ruhe vorhanden, wenn die einwirkenden Kräfte einander aufheben. Es gibt aber keine absolute Ruhe, nur relative. Fährt man z. B. in einem Wagen, so kann man in Beziehung auf diesen in Ruhe sein. Der Wagen aber bewegt sich auf der Erde, diese dreht sich um sich selbst und um die Sonne, und auch das ganze Sonnensystem zeigt eine fortschreitende Bewegung. In gewissem Sinne ist also alles in Bewegung (πάντα ῥεῖ des HERAKLIT). Bei der Bewegung kommt in Betracht die

§ 9. **Geschwindigkeit.** Darunter versteht man die Eigenschaft eines Körpers, in einer bestimmten Zeit (in der Regel 1 Sekunde) einen gewissen Weg zurückzulegen. Sie ist um so größer, ein je längerer Weg in derselben Zeit zurückgelegt wird, anderseits um so kleiner, je mehr Zeit man zu demselben Wege braucht. Daher sagt man: Geschwindigkeit ist direkt proportional dem Wege, umgekehrt proportional der Zeit; mathematisch[1] ausgedrückt:

$$v = \frac{s}{t}.$$

Daraus folgt: $\qquad s = vt \quad t = \frac{s}{v}.$

**Einheit der Geschwindigkeit** ist die, bei der die Einheit des Weges (1 cm) in der Zeiteinheit (1 Sek.) zurückgelegt wird.

Eine Geschwindigkeit kann nun gleichförmig sein, wenn sie in jedem Augenblick gleichgroß ist, oder ungleichförmig. Die ungleichförmige Geschwindigkeit muß nach dem ersten Bewegungsgesetze durch Kräfte bedingt sein, die entweder eine Beschleunigung oder eine Verlangsamung bewirken. Letztere kann auch negative Beschleunigung genannt werden.

§ 10. **Beschleunigung** ist demnach der Zuwachs an Geschwindigkeit bezogen auf die Zeit. Sie ist nämlich um so größer, je größer die resultierende Geschwindigkeit ist, und in je kürzerer Zeit dies geschieht.

$$a = \frac{v}{t}.$$

**Einheit der Beschleunigung** ist die, bei der die Einheit der Geschwindigkeit in der Zeiteinheit erreicht wird. Die Beschleunigung

---

[1] Die üblichen Abkürzungen sind: $v$ oder $c$ für Geschwindigkeit (velocitas oder celeritas), $a$ für Beschleunigung (acceleratio), $g$ für Beschleunigung durch Erdanziehung (gravitas), $s$ für Weg (spatium), $t$ für Zeit (tempus).

kann ebenfalls wieder gleichförmig oder ungleichförmig sein. Eine gleichförmige Beschleunigung ist z. B. beim freien Fall vorhanden, eine gleichförmige Verlangsamung beim Wurf in die Höhe.

Eine gleichförmig beschleunigte Bewegung kann man sich auch ersetzt denken durch eine Bewegung von mittlerer gleichförmiger Geschwindigkeit. Hat z. B. ein Körper zuerst die Geschwindigkeit 0, und steigt dieselbe innerhalb einer Sekunde an bis $v$, so ist das Resultat dasselbe, als hätte er sich mit der gleichförmigen Geschwindigkeit $\frac{v}{2}$ bewegt. Der Körper legt somit in 1 Sekunde $\frac{v}{2}$ cm zurück, in $t$ Sekunden einen Weg $s = \frac{1}{2} vt$.

§ 11. **Kraft** ist nach dem zweiten Newtonschen Gesetze Ursache einer Bewegungsänderung, und dadurch auch allein wahrnehmbar und meßbar. Bezeichnet man das Produkt aus Masse in ihre Geschwindigkeit ($m \cdot v$) als Bewegungsgröße, so ist eine Kraft proportional der Bewegungsgröße, die sie in der Zeiteinheit hervorbringen kann.

$$F = \frac{(m\,v)}{t}.$$

Da man $\frac{(m\,v)}{t}$ auch $m\,\frac{v}{t}$ schreiben kann, $\frac{v}{t}$ aber, wie gezeigt, = Beschleunigung ($a$) ist, so kann man Kraft auch definieren als Produkt aus Masse ($m$) mit ihrer Beschleunigung ($a$) [vgl. Anhang I]. Anderseits kann man auch sagen, daß die unter dem Einfluß einer Kraft eintretende Beschleunigung der Kraft direkt, der Masse umgekehrt proportional ist, $a = \frac{F}{m}$. Allen Massen wird nun durch die Erde die Beschleunigung $g = 9,81$ erteilt [§ 17], d. h. sie werden von der Erde angezogen mit einer Kraft $P$ (Pondus) $= m\,g$. Diese auf sie ausgeübte Kraft äußern sie durch den Druck auf ihre Unterlage, mit anderen Worten durch ihr Gewicht. Daraus folgt: 1) Kräfte können durch Gewichte gemessen werden; als praktische Einheit[1] der Kraft wird daher in der Mechanik das Kilogramm benutzt, das somit das Gravitationsmaß der Kraft vorstellt. 2) Die Gewichte sind den Massen proportional, da $g$ für jeden Ort auf der Erde eine konstante Zahl ist.

Kräfte sind sogenannte gerichtete Größen, d. h. sie haben neben einer bestimmten Größe auch eine bestimmte Richtung. Daher lassen sie sich durch Linien von bestimmter Länge und Richtung graphisch darstellen. Wenn also eine Kraft positiv genannt wird, heißt die entgegengesetzt gerichtete Kraft negativ.

---

[1] Die absolute Krafteinheit ist die Dyne, über die Näheres im Anhang I gesagt ist. 1 (Gewichts-)Gramm entspricht 981 Dynen.

Die wichtigste Form der Kraft, auf die sich in letzter Linie alle anderen zurückführen lassen, ist die Anziehung und Abstoßung zweier Massen. Die Anziehung zwischen den Teilchen desselben Körpers heißt Kohäsion, zwischen zwei verschiedenen Körpern Adhäsion[1]. Auf letzterer beruht z. B. das Leimen usw. [§ 42]. Speziell die Anziehungskraft der Weltkörper heißt Gravitation, zu der auch die Anziehungskraft der Erde, die Schwerkraft, gehört. Nach NEWTON ziehen sich nun zwei Massen $M$ und $m$ in der Entfernung $r$ an mit der Kraft

$$F = \frac{Mm}{r^2}$$

wobei $k$, der sogen. Proportionalitätsfaktor, eine Zahl darstellt, die von der Natur der Körper abhängt. In Worten: die anziehende Kraft ist direkt proportional dem Produkte der Massen, umgekehrt proportional dem Quadrate ihrer Entfernung.

Das Wesen der Gravitation ist ein bisher ungelöstes Rätsel. Jedenfalls darf man sich dieselbe nicht als Fernwirkung vorstellen, d. h. als Wirkung durch den leeren Raum; denn ein solcher existiert nicht. Vielleicht ist die Gravitation wie alle scheinbaren Fernkräfte von gewissen Spannungszuständen des Äthers abhängig.

§ 12. **Arbeit** einer Kraft im mechanischen Sinne heißt jede durch diese Kraft unter Überwindung einer Gegenkraft („Last", „Widerstand") bewirkte Verschiebung. Arbeit wird also gemessen durch das Produkt aus Kraft in den von ihr zurückgelegten Weg.

$$A = Fs.$$

Als praktisches Arbeitsmaß[2] gilt das Kilogrammeter oder Meterkilogramm, d. i. also die Arbeit, welche geleistet wird, wenn 1 kg 1 m gehoben wird.

Die Arbeit wird $= 0$, wenn in dem Produkte $Fs$ ein Faktor 0 wird. Hängt z. B. ein Gewicht an einem Faden, so wirkt hier zwar eine Kraft, nämlich die Anziehung der Erde, aber der Körper wird nicht verschoben. Folglich ist $s$ und somit auch die geleistete Arbeit $= 0$.

Gewöhnlich wird auch als Beispiel angeführt, daß, wenn ein Gewicht im ausgestreckten Arme gehalten wird, im physikalischen Sinne keine Arbeit geleistet wird. Das ist falsch. Denn jede dauernde Muskelkontraktion (Tetanus) setzt sich aus einer Reihe von Zuckungen zusammen.

Es kann aber auch $F = 0$ werden, wie dies z. B. der Fall ist, wenn sich ein Gas in einen luftleeren Raum ausdehnt [vgl. auch § 18]; dann wird ebenfalls keine Arbeit geleistet.

---

[1] Kohäsion und Adhäsion werden auch „Molekularkräfte" genannt. Dagegen handelt es sich bei der chemischen „Affinität" um anziehende Kräfte zwischen einzelnen Atomen. [2] Die absoluten Einheitsmaße der Arbeit und des Effektes sind das Erg und Joule bzw. das Sekundenerg und Watt, über die Näheres im Anhang I gesagt ist.

§ 13. **Effekt** oder **Leistung** heißt die Arbeit, die in einer gegebenen Zeit geleistet wird.[1] Als praktische Einheit[2] dient die Pferdekraft, d. i. eine Arbeit von 75 Meterkilogramm pro Sekunde. Sie entspricht ungefähr der Arbeitsleistung von $\overline{7}$ kräftigen Männern in einer Sekunde.

§ 14. **Energie.** Die Fähigkeit eines Körpers, Arbeit zu leisten, bzw. sein Arbeitsvorrat, wird Energie genannt, und zwar unterscheidet man aktuelle und potentielle Energie.

Aktuelle oder kinetische[3] Energie, Energie der Bewegung, Wucht, auch wohl lebendige Kraft[4] genannt, ist die Arbeitsfähigkeit eines bewegten Körpers, also die Energie, die ein Körper jeden Augenblick durch seine Bewegung besitzt. Sie entspricht der Arbeit, die er leistet, wenn er diese Bewegung verliert.

Ein einfaches Beispiel ist eine abgeschossene Kanonenkugel, die durch ihre Bewegung befähigt wird, die dicksten Mauern zu zertrümmern. Als eine Form der Arbeit wird die kinetische Energie ausgedrückt durch $Fs = \dfrac{m\,v}{t} \cdot s$. Da es sich hier nun um eine gleichmäßig beschleunigte Bewegung handelt, bei der die Geschwindigkeit am Anfange 0, am Ende $v$ ist, so ist hier nach § 10 $s = \dfrac{1}{2}\,vt$. Daraus folgt:

$$\text{kinetische Energie} = \frac{m\,v}{t} \cdot \frac{1}{2}\,v\,t = \frac{1}{2}\,m\,v^2.$$

Die kinetische Energie ist also direkt proportional der Masse und dem Quadrate der Geschwindigkeit. Bei der Wucht, wie die kinetische Energie auch noch genannt wird, spielt also die Geschwindigkeit des bewegten Körpers die Hauptrolle.

Potentielle Energie, auch Energie der Lage oder Spannkraft genannt, ist die in einem ruhenden Körper durch eine vorangegangene andere Arbeitsleistung gewissermaßen aufgespeicherte Energie. Hier leistet ein Körper zwar noch nicht Arbeit, aber er besitzt vermöge seiner Lage oder Spannung die Möglichkeit (potentia), sie jeden Augenblick zu leisten. So erklären sich die Namen. Ein Stein auf dem Dache hat z. B. durch seine Lage zur Erdoberfläche potentielle Energie; denn wenn er fällt, kann er Arbeit leisten. Hieraus geht

---

[1] Zuweilen gebraucht man dafür auch die Bezeichnung Nutzeffekt. Genau genommen ist aber Nutzeffekt nur derjenige Effekt, der wirklich nutzbare Verwendung findet. [2] Siehe Anm. 2 auf S. 7. [3] κινέω bewegen. [4] Die „lebendige Kraft" ist, streng genommen, keine Kraft, sondern eine Arbeit, ebenso wie die „Pferdekraft" ein Effekt ist.

schon hervor, daß potentielle Energie eine relative Größe ist, da man ja von Lage eines Punktes immer nur in Beziehung auf einen andern sprechen kann. Also ein Stein auf dem Dache hat potentielle Energie in bezug auf das Niveau der Erdoberfläche, ein Stein auf dieser potentielle Energie etwa in bezug auf einen tiefen Schacht usw. Auch die Atome in einem Molekül besitzen potentielle Energie, wie sich dies besonders markant bei den explosiven Körpern zeigt. Wenn z. B. beim Schießpulver durch äußere Einwirkung die Moleküle gesprengt werden, so nehmen die Atome zueinander ganz andere Lagen ein; es entstehen Gase mit großem Ausdehnungsbestreben, wodurch die Sprengwirkung erklärt wird. Auch eine gespannte Feder hat potentielle Energie.

Interessant ist der Gegensatz zwischen Tier- und Pflanzenwelt. Letztere bereitet durch Reduktionsprozesse Spannkräfte, die im tierischen Organismus durch Oxydation in kinetische Energie (Bewegung, Wärme, Elektrizität usw.) übergeführt werden.

§ 15. **Gesetz von der Erhaltung der Energie.** Diese beiden Formen der Energie sind der Ausdruck für alle existierenden Kräfte resp. Arbeitsleistungen. Wie die einzelnen Formen der kinetischen Energie ineinander übergeführt werden können, z. B. mechanische Arbeit in Wärme, so kann auch die kinetische Energie übergehen in potentielle, und umgekehrt. Nie aber kann Energie aus nichts entstehen, nie kann bei solchen Umwandlungen ein Plus oder Minus an Energie resultieren. In einem abgeschlossenen System, z. B. im Sonnensystem, ist die Summe der kinetischen und potentiellen Energie eine konstante Größe. Die Vermehrung der einen von beiden Formen bedingt eine Verminderung der anderen.

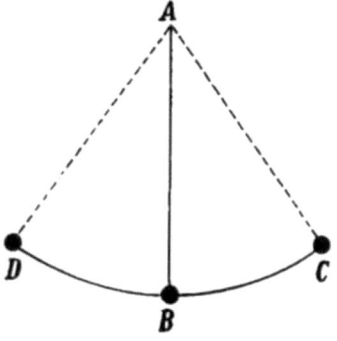

Fig. 2.

Dieses Gesetz, welches das schon durch die Erfahrung widerlegte Prinzip des Perpetuum mobile auch logisch für immer beseitigt, heißt das Gesetz von der Erhaltung der lebendigen Kraft, besser das Gesetz von der Erhaltung der Energie. Zuerst ausgesprochen wurde es 1842 von ROBERT MAYER, einem Arzte in Heilbronn, mathematisch formuliert von HELMHOLTZ.

Zwei Beispiele mögen es noch besser erläutern:

1) Wenn ein Pendel (Fig. 2) durch einen Stoß aus der Ruhelage $AB$ gebracht wird und nach einer Seite schwingt, wird seine potentielle Energie,

d. h. seine Entfernung von der Erde, größer. Nach dem Gesetze von der Erhaltung der Energie muß seine kinetische Energie um ebensoviel kleiner werden.
Das beweist auch die Erfahrung; denn nach einer gewissen Zeit bleibt der
Pendel stehen, etwa in C. Dann kommt er wieder langsam in Bewegung und
schwingt in umgekehrter Richtung ebensoweit über den Ruhepunkt hinaus,
etwa bis D, und so fort. Bei C ist also die kinetische Energie = 0, die potentielle hat ihr Maximum erreicht. Bei der umgekehrten Bewegung wird die
potentielle Energie kleiner, dafür wächst die kinetische, die dann in B ihr
Maximum hat.

2) Die Planeten bewegen sich um die Sonne in elliptischen Bahnen. In
der Sonnennähe, dem sogenannten Perihel, ist ihre potentielle Energie klein,
folglich muß ihre kinetische Energie groß sein, d. h. sie bewegen sich an dieser
Stelle schnell. Fern von der Sonne, im Aphel, ist es natürlich umgekehrt.
Daraus folgt ohne weiteres, daß ihre Verbindungslinien mit der Sonne, die
Radii vectores, in gleichen Zeiten gleiche Flächen durchmessen (zweites Gesetz
von Kepler).

# B. Gesetze der festen Körper.

§ 16. **Zusammensetzung und Zerlegung von Kräften.** Für
manche Betrachtungen ist es nötig, mehrere Kräfte durch eine einzige
zu ersetzen, und umgekehrt. Dies geschieht nach folgenden Grund-
sätzen:

1) Es handelt sich zunächst um zwei Kräfte, die an einem
Punkte angreifen. Entweder haben sie genau die gleiche oder
genau die entgegengesetzte Richtung. Im ersten Falle können sie
ersetzt werden durch eine Kraft gleich ihrer Summe, im zweiten
durch eine Kraft gleich ihrer Differenz. Zwischen
diesen Extremen liegen noch viele andere Mög-
lichkeiten, wenn nämlich die Kräfte miteinander
einen Winkel bilden. In Punkt A (Fig. 3) greifen
z. B. die Kräfte AB und AC an. Dann ist die
Wirkung die gleiche, wie wenn allein die Kraft
AD angegriffen hätte. AD heißt die Resultante,
AB und AC die Komponenten. Die Resultante
läßt sich nun leicht finden: sie ist die Diagonale
des Parallelogramms, zu dem sich die ursprüng-

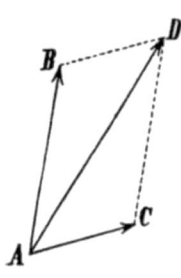

Fig. 3.

lichen Kräfte vervollständigen lassen (Gesetz vom Parallelogramm der Kräfte). In gleicher Weise kann man beliebig viele
Kräfte zu einer vereinigen, indem man nacheinander immer zu je
zwei derselben die Resultante konstruiert (Kräftepolygon). Umgekehrt läßt sich jede Kraft in zwei oder beliebig viele Komponenten
zerlegen.

2) Die Resultante zweier nicht paralleler Kräfte, die an verschiedenen Punkten angreifen, findet man, wenn man die Kräfte in ihrer eigenen Richtung verschiebt, bis sie sich schneiden, und dann wieder das Parallelogramm der Kräfte konstruiert.

3) Die Resultante paralleler Kräfte kann nur auf einem Umwege gefunden werden.

Um z. B. die Resultante der an $AB$ (Fig. 4) angreifenden parallelen Kräfte $P$ und $Q$ zu finden, denke man sich auf $A$ und $B$ die gleichgroßen, aber entgegengesetzt gerichteten Kräfte $E$ und $E^1$ wirkend, wodurch ja der Bewegungszustand des Systems nicht geändert wird. Aus $AE$ und $AP$ ergibt sich die Resultante $AC$, aus $BQ$ und $BE^1$ die Resultante $BD$. Verschiebt man nun $AC$ und $BD$ in ihrer eigenen Richtung, bis sie sich in $F$ schneiden, und zerlegt sie dort wieder in zwei Kräfte, so daß $GF$ und $FH$ gleich und parallel $AE$ und $BE^1$ sind, so ist die in $F$ angreifende Resultante erstens parallel $P$ und $Q$, und, da $FJ$ und $FL$ in einer Richtung wirken, auch gleich der Summe von $P$ und $Q$. Diese Resultante läßt

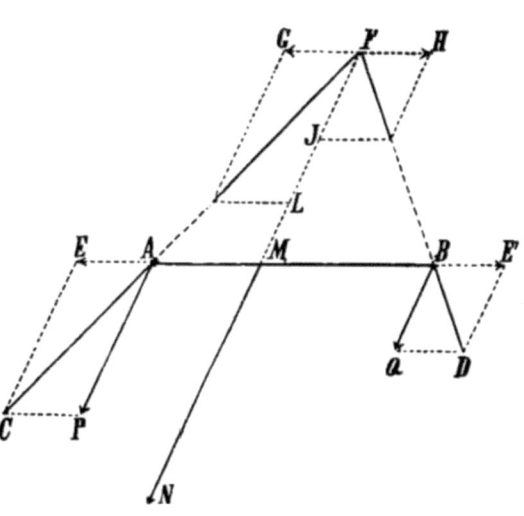

Fig. 4.

sich nun in ihrer eigenen Richtung so weit verschieben, daß ihr oberes Ende auf $AB$ fällt. $MN$ ist dann die gesuchte Größe.

Zwei (und natürlich auch beliebig viele) parallele, gleichgerichtete Kräfte lassen sich also ersetzen durch eine Resultante, die gleich ihrer Summe ist und dieselbe Richtung hat wie sie. $M$ heißt Mittelpunkt der parallelen Kräfte und ist von der Richtung der parallelen Kräfte ganz unabhängig.

4) Wenn parallele Kräfte nach entgegengesetzten Richtungen angreifen, so läßt sich eine Resultante nur finden, wenn sie verschieden groß sind. Zwei gleichgroße, parallele, entgegengesetzt gerichtete Kräfte lassen sich nämlich nicht zu einer einzigen vereinigen. Sie bewirken eine Drehung des Körpers, an dem sie angreifen, und heißen ein Kräftepaar.

§ 17. **Schwere und Schwerpunkt.** Alle Körper sind der Schwere unterworfen. Damit bezeichnet man die Kraft, mit der sie von der Erde angezogen werden. Diese Kraft denkt man sich im Mittelpunkt der Erde lokalisiert. Ein nicht unterstützter Körper fällt also in der Richtung nach dem Erdzentrum. Diese Richtung heißt vertikal, die dazu senkrechte Ebene horizontal. Die Größe der Schwerkraft (gravitas) wird gemessen durch die Beschleunigung $g$, die sie einem fallenden Körper erteilt; dieselbe ist identisch mit der Geschwindigkeit desselben am Ende der ersten Sekunde (9,81 m). Da nach dem Gravitationsgesetze die Anziehung zwischen zwei Körpern um so größer wird, je kleiner die Entfernung ist, so muß $g$ um so größer sein, je näher ein Körper dem Erdzentrum ist. Das Produkt aus Masse und Beschleunigung durch die Schwerkraft, $mg$, heißt nun das Gewicht eines Körpers [vgl. § 11]. Daraus folgt, daß ein Körper nicht überall gleichviel wiegt. An den abgeplatteten Polen wird $g$ und damit das Gewicht eines Körpers größer sein als am Äquator. Die Schwerkraft wirkt nun vom Erdmittelpunkt aus auf alle Teilchen des Körpers. Die Teilkräfte kann man sich wegen der großen Entfernung als parallel vorstellen, mithin in ihrer Gesamtheit durch eine einzige Resultante ersetzt denken, die in einem Punkte angreift [§ 16³]. Dieser Angriffspunkt aller parallelen anziehenden Kräfte der Erde in einem Körper heißt dessen **Schwerpunkt.**

Bei homogenen Körpern fällt er mit dem geometrischen Mittelpunkt zusammen und kann somit bei regelmäßiger Gestalt des Körpers durch Rechnung gefunden werden. Sonst findet man ihn experimentell: Man hängt den Körper in zwei verschiedenen Stellungen auf; da der Schwerpunkt sich immer möglichst tief stellt, liegt er im Schnittpunkt der beiden Lote, die von den zwei verschiedenen Aufhängungspunkten auf die Erdoberfläche gefällt werden.

§ 18. **Gleichgewicht.** Wie schon erwähnt, ist ein Körper in Ruhe, wenn die verschiedenen auf ihn wirkenden Kräfte sich aufheben. Man nennt den Zustand der Ruhe auch Gleichgewicht, besonders wenn eine der wirkenden Kräfte die Schwerkraft ist. Man unterscheidet nun drei Arten des Gleichgewichts:

1) **Indifferentes** oder **neutrales Gleichgewicht,** wenn Schwerpunkt und Unterstützungspunkt zusammenfallen (z. B. bei Rädern) oder wenn der Schwerpunkt stets senkrecht über dem Unterstützungspunkte liegt (z. B. bei Kugeln). Die Folge hiervon ist, daß der Körper bei jeder Verschiebung in der neuen Lage verharrt. Da also der Schwerpunkt in derselben Entfernung vom Erdmittelpunkt bleibt, bleibt auch die potentielle Energie des Körpers gleichgroß. Mit anderen Worten, die Arbeit (gegen die Schwerkraft) ist hier bei

der Verschiebung $= 0$ [vgl. § 12]. In Wirklichkeit ändert die Reibung usw. dieses Resultat. Trotzdem bleibt ein Rad und eine Kugel sehr leicht beweglich.

2) **Stabiles Gleichgewicht.** Hierbei ist ein Körper so aufgehängt, daß der Schwerpunkt unter den Unterstützungspunkt fällt. Macht man eine Verschiebung, so kehrt der Körper in die ursprüngliche Lage zurück. Das beste Beispiel hierfür ist das Pendel. Beim stabilen Gleichgewicht liegt also der Schwerpunkt so tief wie möglich, die potentielle Energie ist somit ein Minimum.

3) **Labiles Gleichgewicht.** Ist dadurch charakterisiert, daß der Schwerpunkt senkrecht über dem Unterstützungspunkt liegt, und daß der geringste Anstoß genügt, um den Körper in einen neuen Gleichgewichtszustand, nämlich den stabilen, überzuführen (z. B. ein auf die Spitze gestelltes Pendel). Anders ausgedrückt, die potentielle Energie ist hier ein Maximum. Übrigens ist auch der Mensch im labilen Gleichgewicht. Daher fallen kleine Kinder und Bewußtlose hin.

Für gewisse Betrachtungen, z. B. in der Physiologie, ist noch das sogenannte **dynamische Gleichgewicht** aufgestellt worden. Darunter versteht man denjenigen Zustand einer bewegten Masse, wenn in der Zeiteinheit ebensoviel hinzukommt wie fortgeht.

**§ 19. Maschinen** sind Vorrichtungen zur Umwandlung (Transformation) von Energieformen oder zur Übertragung derselben an einen andern Ort. Für alle Maschinen gilt der Satz, daß die Arbeitsleistung der Kraft $P$ stets der durch Überwindung der Last $Q$ verrichteten Arbeitsleistung gleich ist. Macht man also mittelst einer Maschine eine Verschiebung, so ist

$$Ps = Qs'$$
$$P : Q = s' : s.$$

Die Kraft verhält sich also zur Last wie der Weg der Last zum Wege der Kraft. Mit anderen Worten heißt dies, daß niemals eine Maschine, ohne daß von außen Energie zugeführt wird, selbsttätig Arbeit erzeugen kann, daß also ein Perpetuum mobile unmöglich ist [vgl. § 15]. Wenn daher auch durch Maschinen eine kleine Kraft eine große Last überwinden kann, so muß sie dafür einen um so größeren Weg zurücklegen. Kurz ausgedrückt: Was an Kraft gewonnen wird, geht an Weg verloren. Die Arbeit bleibt also stets dieselbe.

Auch die Organismen, die auf den ersten Blick als selbständige Kräftequellen erscheinen könnten, sind ja von den zugeführten Spannkräften, der Nahrung usw., durchaus abhängig.

Im Folgenden sollen nur die einfachen Maschinen besprochen werden.

§ 20. Die **Rolle** ist eine kreisförmige Scheibe, die um eine durch den Mittelpunkt gehende Achse drehbar ist und an ihrem Umfange Seile usw. aufnehmen kann. Es gibt feste und beweg- liche Rollen.

a) Bei der **festen Rolle** (Fig. 5) ist die Achse befestigt. Verschiebt man die Kraft $P$ um die Strecke $h$, so wird die Arbeit

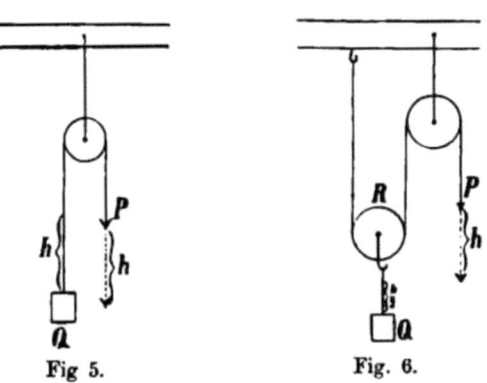

Fig 5.          Fig. 6.

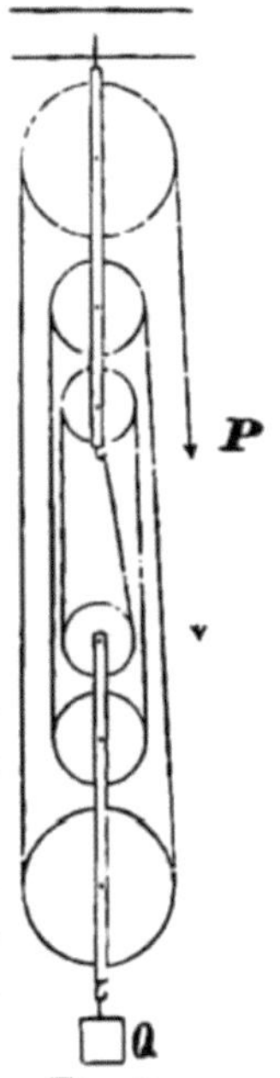

Fig. 7.

$Ph$ geleistet. Die Last $Q$ geht um ebensoviel in die Höhe, erfordert also die Arbeit $Qh$. Gleichgewicht ist vorhanden, wenn $Ph = Qh$ oder $P = Q$ ist.

Das heißt, die angewandte Kraft ist ebensogroß wie die Last. Die feste Rolle dient also nicht zur Kraftersparnis, sondern nur, um die Richtung der Kraft zu ändern, bzw. die Reibung zu vermindern.

b) Bei der beweglichen oder losen Rolle (Fig. 6) ist auch die Achse beweglich. Verschiebt man die Kraft $P$ um $h$, so wird die Arbeit $Ph$ geleistet. Diese Ver- schiebung $h$ verteilt sich nun auf beide Schnüre der beweglichen Rolle $R$. $Q$ wird also nur um $\frac{h}{2}$ gehoben, somit die Arbeit $Q\frac{h}{2}$ geleistet. Gleichgewicht besteht, wenn

$$Ph = Q\frac{h}{2} \text{ oder } P = \frac{Q}{2} \text{ ist.}$$

Um die Last zu heben, ist also nur die halbe Kraft nötig. Freilich muß sie den doppelten Weg wie die Last zurücklegen.

§ 21. Der **Flaschenzug** ist eine Kombination von festen und beweglichen Rollen.

a) Der gewöhnliche Flaschenzug (Fig. 7) besteht aus einer Anzahl fester und ebensoviel beweglicher Rollen, die durch ein Seil verbunden sind, das immer von einer festen zu der entsprechenden beweglichen Rolle geht. Verschiebt man $P$ um $h$, so wird die Arbeit $Ph$ geleistet. Dann wird $Q$ nur um den sovielten Teil von $h$ gehoben, als Rollen vorhanden sind. In Fig. 7 herrscht also Gleichgewicht, wenn

$Ph = Q\dfrac{h}{6}$ ist. Daraus folgt $P = \dfrac{Q}{6}$.

Um die Last zu heben, ist hier also nur der sechste Teil der Kraft nötig.

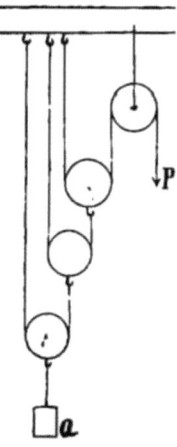

b) Der Potenzflaschenzug (Fig. 8) besteht aus einer festen und einer Anzahl beweglicher Rollen, von denen die unterste die Last trägt. Verschiebt man bei $n$ beweglichen Rollen $P$ um $h$, so wird $Q$ um den $2^n$ten Teil von $h$ gehoben.

Gleichgewicht ist also vorhanden, wenn

$Ph = Q\dfrac{h}{2^n}$ ist; daraus folgt $P = \dfrac{Q}{2^n}$.

Fig. 8.

Also zum Heben der Last ist nur ein Teil der Kraft nötig, welcher der sovielten Potenz von 2 entspricht, als bewegliche Rollen vorhanden sind. In Fig. 8 wäre somit nur der $2^3 = $ achte Teil der Kraft nötig.

§ 22. Das **Wellrad** (Fig. 9) besteht aus einer Walze, der sogenannten Welle, vom Radius $r$, die um ihre Achse drehbar ist, und aus einem mit ihr fest verbundenen Rade vom Radius $R$, das oft auch gezähnt ist. Die Kraft $P$ greift am Umfange des Rades an, die Last $Q$ am Umfange der Welle. Verschiebt man nun $P$ um $H$, so bewegt sich auch das Rad um den Bogen $H$, die damit verbundene Welle um den Bogen $h$. $Q$ wird also um $h$ gehoben. Gleichgewicht ist vorhanden, wenn

$$PH = Qh \text{ ist.}$$

Nun verhalten sich aber die Bogen $H$ und $h$ wie die entsprechenden Radien. Es ist also

$$PR = Qr$$

$$P = \frac{r}{R}Q.$$

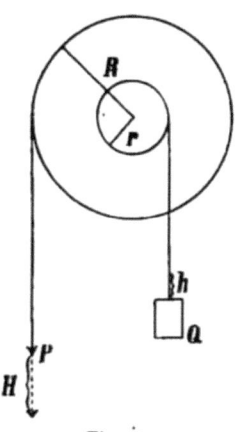

Fig. 9.

Zur Hebung der Last ist daher nur ein Bruchteil der **Kraft** nötig, der um so geringer ist, je größer das Rad und je kleiner die Welle ist. Dieselbe Wirkung erzielt man natürlich, wenn man zwei verschieden große Räder durch Ketten oder Riemen verbindet, bzw. sie mittelst Zähne ineinandergreifen läßt.

§ 23. **Schiefe Ebene** heißt eine gegen den Horizont geneigte Ebene, die zum Heben von Lasten dient (Fig. 10). $AB$ heißt die Basis ($b$), $BC$ die Höhe ($h$), $AC$ die Länge ($l$) der schiefen Ebene. Die Arbeit beim Heben über die schiefe Ebene ist natürlich nur abhängig von dem Gewicht der Last und der Höhe ($Qh$). — Die Last $Q$ soll heraufgezogen werden:

a) durch eine der schiefen Ebene parallele Kraft $P$. Wird $Q$ von $A$ nach $C$ gezogen, so legt $P$ den Weg $l$ zurück, leistet also die Arbeit $Pl$. Die Last wird dabei um $BC$ gehoben, also die Arbeit $Qh$ geleistet. Gleichgewicht ist vorhanden, wenn

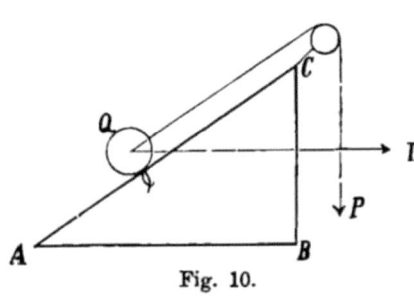

Fig. 10.

$$Pl = Qh$$
$$P:Q = h:l.$$

Die aufgewandte Kraft ist also um so geringer, je kleiner die Höhe im Verhältnis zur Länge, d. h. je weniger steil die Ebene ist. Bezeichnet man den „Neigungswinkel" $CAB$ mit $\overline{a}$, so ist $h:l = \sin a$, folglich $P = Q \cdot \sin a$. Man kann also auch sagen: Gleichgewicht ist hier vorhanden, wenn Kraft = Last $\times$ Sinus des Neigungswinkels ist.

b) Wirkt die Kraft $P^1$ parallel zur Basis, so legt sie, um $Q$ von $A$ nach $C$ zu bringen, in ihrer eigenen Richtung den Weg $AB$ zurück, leistet also die Arbeit $P^1 b$. Die Hebung der Last erfordert wieder die Arbeit $Qh$. Bedingungen des Gleichgewichts:

$$P^1 b = Qh$$
$$P^1 : Q = h : b.$$

Die angewandte Kraft ist also um so geringer, je kleiner die Höhe im Verhältnis zur Basis, d. h. wieder je weniger steil die Ebene ist. Da $h:b = \operatorname{tang} a$, ist $P^1 = Q \cdot \operatorname{tang} a$.

Diese Gesetze kommen bei Straßen, Eisenbahnen, Treppen, Rampen usw. zur Anwendung.

§ 24. Eine **Schraube** kann man sich dadurch entstanden denken, daß eine schiefe Ebene um einen Zylinder von kreisförmigem Querschnitt gewickelt wird. Bei der Schraubenspindel sind die Windungen erhaben; die Schraubenmutter ist ein Hohlzylinder mit entsprechenden Vertiefungen. Nach den Gesetzen der schiefen Ebene verhält sich hier die Kraft zur Last wie die Höhe einer ganzen Windung (Ganghöhe) zum Umfang der Schraube, also wie die Höhe zur Basis der schiefen Ebene. Es wird also um so mehr Kraft gespart, je flacher die Schraubengänge sind.

Unter anderm dient die Schraube zu feinen Dickenmessungen als Mikrometerschraube: Wird der oberste Teil der Schraube, der sogenannte Schraubenkopf, einmal ganz herumgedreht, so bewegt sich die Spindel in der Schraubenmutter um die Höhe einer Windung, die bekannt ist. Eine teilweise Umdrehung des Schraubenkopfes, deren Größe an einer Kreiseinteilung abgelesen wird, entspricht natürlich einem Bruchteil dieser Höhe. Eine Schraube z. B. mit 10 Gängen auf 1 cm Höhe, also mit einer Ganghöhe von 1 mm, würde bei $\frac{1}{100}$ Umdrehung des Schraubenkopfes eine Bewegung (Messung) von $\frac{1}{100}$ mm machen.

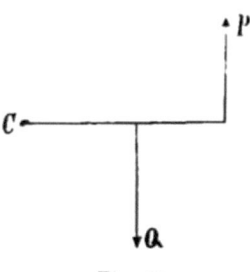

Fig. 11.

§ 25. **Hebel.** Ein mathematischer Hebel ist eine Linie, die sich um einen Punkt dreht. In Wirklichkeit gibt es nur einen physischen Hebel, d. i. eine unbiegsame, um eine feste Achse drehbare Stange, an der Kräfte angreifen. Der Punkt, um den die Drehung erfolgt, heißt Drehungsachse (auch Unterstützungspunkt, Drehungspunkt oder Hypomochlion); von ihm gehen die Hebelarme aus. Beim zweiarmigen Hebel (Fig. 12) greifen Kraft und Last auf verschiedenen Seiten des Unterstützungspunktes an, wirken aber nach derselben Richtung. Beim einarmigen Hebel[1] (Fig. 11) greifen sie auf derselben Seite an, wirken aber nach

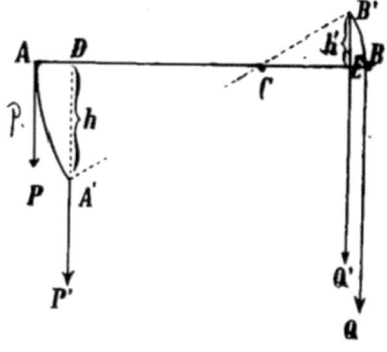

Fig. 12.

entgegengesetzten Richtungen. Beim Winkelhebel bilden die Hebelarme einen Winkel.

Um die Gleichgewichtsbedingungen am Hebel zu finden, werde (Fig. 12) die Kraft $P$ um $h$ verschoben, dann wird $Q$ um $h'$ gehoben.

---

[1] Besser „einseitiger" Hebel genannt.

Guttmann, Grundriß der Physik. 7.—9. Aufl.

Nach der Verschiebung hat der Hebel die Lage $A'CB'$. Gleichgewicht ist vorhanden, wenn

$$Ph = Qh' \text{ oder}$$
$$P:Q = h':h.$$

Aus den ähnlichen Dreiecken $A'CD$ und $B'CE$ folgt nun

$$h':h = B'C:A'C$$
$$= BC:AC.$$

Bezeichnet man $AC$ mit $p$ und $BC$ mit $q$, so ist

$$P:Q = q:p,$$

d. h. Gleichgewicht besteht, wenn Kraft und Last sich
umgekehrt wie ihre Hebelarme verhalten.

Die Senkrechte, die man von einem Punkte (z. B. dem Drehungs-
punkte) auf die Angriffsrichtung einer Kraft fällt, heißt nun Arm
der Kraft in bezug auf diesen Punkt (bzw. diese Achse), das Produkt
aus angreifender Kraft mit ihrem Kraftarm heißt Moment[1] (auch
Kraftmoment, Drehungsmoment oder statisches Moment).

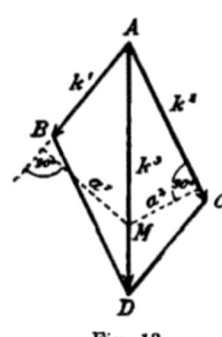

Greifen z. B. in Punkt $A$ (Fig. 13) die Kräfte
$AB = k^1$, $AC = k^2$, $AD = k^3$ an (die Komponenten bzw. Resultante eines Kräfteparallelo-
gramms sind), so ist in bezug auf Punkt $M$
das Moment von $AB$ $k^1 \cdot a^1$, das Moment von
$AC$ $k^2 \cdot a^2$, das Moment von $AD$ $k^3 \cdot 0$, also
gleich Null.

Beim Hebel liegt der spezielle Fall vor,
daß die Kraftarme in einer Geraden liegen
und in der Ruhelage gleich den Hebelarmen
sind. Man kann das Hebelgesetz demnach

Fig. 13.

auch so aussprechen: Gleichgewicht ist
am Hebel vorhanden, wenn die Momente der angreifenden Kräfte gleich sind. Aus der obigen Gleichung $P:Q = q:p$
ergibt sich ja auch direkt $P \cdot p = Q \cdot q$. Daraus folgt ohne weiteres,
daß eine kleine Kraft, die am langen Hebelarm angreift, einer
großen am kurzen Arm angreifenden das Gleichgewicht hält. Bezeichnet man entgegengesetzt wirkende Kräfte und Momente mit
verschiedenen (+ und —) Vorzeichen, so gilt ganz allgemein der
Satz: In einem starren, um eine feste Achse drehbaren System
halten sich alle angreifenden Kräfte das Gleichgewicht, rufen also

---

[1] *momentum* (von *moveo* bewegen) das, was eine Sache bewegt. Die
Namen „Drehungsmoment" und „statisches Moment" erklären sich daraus, daß
je nach den Umständen das starre System (der Hebel) eine Drehbewegung
durchmacht oder in Ruhe bleibt.

keine Drehung hervor, wenn die algebraische Summe ihrer Momente in bezug auf die Drehungsachse Null ist.

Angewandt wird der Hebel vielfach, z. B. als Schere, ein einarmiger Hebel als Nußknacker, als Hebebaum, als Schubkarren, ein Winkelhebel beim Klingelzuge usw. Eine der wichtigsten Formen des Hebels ist die

§ 26. Wage. Nur die wenigsten Wagen dienen dazu, wie man vermuten könnte, das Gewicht der Körper direkt zu bestimmen, d. h. das Produkt aus Masse und Beschleunigung durch die Schwerkraft $mg$ [§ 17].

Das ist z. B. der Fall bei der Federwage. Hier wird der zu wägende Körper an eine Feder gehängt, die er natürlich bis zu einem gewissen Punkte, der von seiner Schwere abhängt, ausdehnt. Dieser Punkt, der an einer dahinter angebrachten empirischen Skala abgelesen wird, gibt also direkt das Gewicht des Körpers an.

Die meisten Wagen dienen dagegen zur Massenvergleichung. Das ist deshalb vorteilhaft, weil ja, wie erwähnt, $g$ und damit das Gewicht der Körper an verschiedenen Orten nicht ganz gleich ist. Wenn nun auf der gewöhnlichen Hebelwage zwei Körper $m$ und $m'$ sich das Gleichgewicht halten, so ist $mg = m'g$. Dadurch wird also $g$ eliminiert, und es ist $m = m'$.

Die gewöhnliche Schalenwage, die zu den subtilsten Messungen benutzt werden kann, ist ein zweiarmiger, gleicharmiger Hebel, an dem man den Wagebalken, die Schalen und die Zunge (Zeiger) unterscheidet. Da beim Hebel Gleichgewicht herrscht, wenn die statischen Momente gleich sind, also $Pp = Qq$ ist, so besteht beim gleicharmigen Hebel und somit auch bei der Wage, wo $p = q$ ist, Gleichgewicht, wenn $P = Q$, Kraft gleich Last ist. Eine gute Wage muß folgende Bedingungen erfüllen:

1) Sie muß im stabilen Gleichgewicht sein, d. h. der Schwerpunkt des Wagebalkens muß bei horizontaler Lage desselben senkrecht unter der Drehungsachse liegen.

2) Sie muß richtig sein, d. h. beide Arme des Wagebalkens müssen in einer Ebene liegen, gleiche Länge und gleiche statische Momente haben; die Wagschalen müssen ferner gleich schwer sein und genau horizontal stehen.

3) Sie muß empfindlich sein, d. h. sie muß bei einem kleinen Übergewicht auf der einen Seite einen gewissen Ausschlag geben. Als Maß der Empfindlichkeit nimmt man gewöhnlich den Ausschlag an, den eine Mehrbelastung von 0,001 g bewirkt.

Die Empfindlichkeit ist u. a. um so größer,

a) je näher der Schwerpunkt des Wagebalkens der Drehungsachse liegt.
Es sei (Fig. 14) $C$ die Drehungsachse, $S$ der Schwerpunkt. Durch ein Uber-

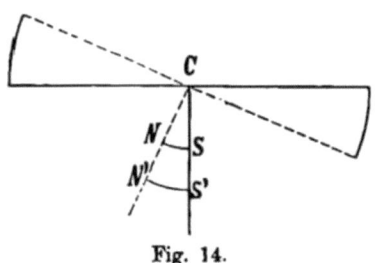

gewicht rechts nehme die Wage die
punktierte Stellung ein. Dann beschreibt $S$ den Weg $S N$. Ein in $S'$
liegender Schwerpunkt müßte bei demselben Ausschlag den größeren Weg
$S' N'$ beschreiben, wozu natürlich eine
größere Belastung nötig ist;

b) je leichter (deshalb durch-
brochen!) Wagebalken und Wagschalen sind;

Fig. 14.

c) je länger der Wagebalken ist;
denn dadurch wachsen ja die statischen Momente. Indes darf er auch wieder
nicht zu lang sein, da er sonst zu schwer wird (s. o.).

Zu genauen Resultaten ist das Mittel aus vielen Wägungen zu
nehmen, Temperatur und Barometerstand zu berücksichtigen, sowie
das gefundene Gewicht auf den leeren Raum zu reduzieren [vgl. § 51].
Sind die Wagebalken nicht genau gleich lang, so umgeht man diesen
Fehler durch Tarieren. Hierbei kommt die zu wägende Substanz
auf die eine Schale, auf die andere legt man z. B. Schrotkugeln, bis
die Zunge auf dem 0-Punkte der Skala steht. Dann ersetzt man
die Substanz durch Gewichte, bis die Zunge wieder auf 0 steht.
Wenn zwei Größen (Substanz und Gewichte) einer dritten (den
Schrotkugeln) gleich sind, sind sie untereinander gleich.

Sehr wichtig sind die Brückenwagen, wozu die Dezimal-,
Zentesimalwagen usw. gehören. Nicht das ist hierbei das Wesentliche,
daß durch 10- oder 100mal kleinere Gewichte der Last das Gleichgewicht gehalten wird; das ist ja leicht zu erreichen, wenn der Hebelarm des Gewichts 10-
oder 100mal länger
gemacht wird als der
der Last; sondern die
Hauptsache ist, daß die
Wagschale („Brücke")
für die Last stets mit
sich selbst parallel ver-
schoben wird, mag der
Körper in der Mitte
oder am Rande liegen.

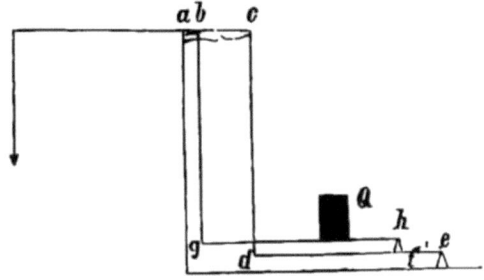

Fig. 15.

Es ist nämlich (Fig. 15) $ab$   $ac = ef : ed$ konstruiert, z. B. $= 1 : 4$.
Durch die Belastung $Q$ geht $h$ und dadurch auch $f$ ein bestimmtes Stück $n$
herunter, folglich $d$ 4mal soviel, ebenso auch der mit $d$ verbundene Punkt $c$;

$b$ und der damit verbundene Punkt $g$ wieder um $n$. $g$ und $h$ werden also gleichmäßig um $n$ verschoben, bewegen sich mithin parallel zur früheren Ebene.

Im Verkehr vielfach benutzt wird die Schnellwage oder römische Wage. Es ist dies ein ungleicharmiger Hebel, an dessen kürzerem Arm ein Haken zum Aufhängen der Last angebracht ist, während an dem längeren, graduierten Arme ein Laufgewicht verschoben werden kann. Je weiter letzteres vom Drehpunkt entfernt ist, einer desto größeren Last hält es das Gleichgewicht. Die Einteilung des längeren Armes ist derartig gemacht, daß man das Gewicht der Last direkt ablesen kann.

### § 27. Fallgesetze.

1) Der freie Fall ist eine durch die Anziehungskraft der Erde gleichmäßig beschleunigte Bewegung. Die Geschwindigkeit ist am Anfang $= 0$, am Ende der ersten Sekunde $g = 9,81$ m, am Ende der zweiten Sekunde $2g$, nach $t$ Sekunden $tg$.

$$v = gt.$$

Es sind also die Fallgeschwindigkeiten proportional den Fallzeiten. Diese Formel geht unmittelbar aus der Definition der Beschleunigung $g = \dfrac{v}{t}$ hervor [§ 10].

2) Die Fallgeschwindigkeit läßt sich auch aus der durchfallenen Strecke (Höhe) berechnen.

Um einen Stein vom Gewicht $mg$ auf ein Dach von der Höhe $h$ zu bringen, ist eine Arbeit $mgh$ (Kraft mal Weg) nötig. Die potentielle Energie des Steins ist natürlich auch $= mgh$, da nach dem Gesetze von der Erhaltung der Energie keine Kraft verschwunden oder zugekommen sein kann. Fällt der Stein dieselbe Höhe herab, so verwandelt sich die potentielle Energie in die entsprechende, gleichgroße, kinetische Energie $\dfrac{1}{2}mv^2$. Also

$$mgh = \frac{1}{2}mv^2$$

$$gh = \frac{1}{2}v^2$$

$$v = \sqrt{2gh}$$

d. h. die Fallgeschwindigkeiten sind also auch proportional den Quadratwurzeln aus den Fallhöhen.

3) Die Fallhöhe läßt sich leicht aus 1) und 2) finden, wenn man

die beiden Werte für $v$ einander gleichsetzt. Aus $gt = \sqrt{2gh}$ **folgt sofort**

$$h = \frac{1}{2} gt^2.$$

**Die Fallhöhen sind also proportional den Quadraten der Fallzeiten.** Man erhält übrigens dasselbe Resultat, wenn man in der Gleichung $s = \frac{1}{2} vt$ [§ 10] für $v$ den Wert $gt$ einsetzt.

**Alle Fallgesetze sind nur für den luftleeren Raum streng gültig.** Nur im luftleeren Raum fallen also alle Körper, unabhängig vom Gewichte und der stofflichen Beschaffenheit, gleich schnell. In Wirklichkeit hat der Widerstand der Luft und das spezifische Gewicht großen Einfluß auf die Fallgeschwindigkeit.

§ 28. Beim **Fall über die schiefe Ebene** kann man sich die auf den Körper $M$ einwirkende Schwerkraft $g$, in Fig. 16 dargestellt durch $mh$, in die beiden Komponenten $mf$ und $me$ zerlegt denken, von denen erstere parallel $AC$, letztere senkrecht dazu gerichtet ist. Da $me$ durch den Widerstand der Unterlage $AC$ aufgehoben wird,

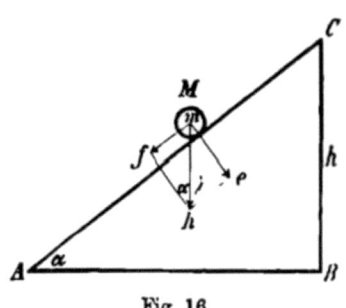

Fig. 16.

kommt für die Fortbewegung von $M$ nur $mf = g'$ in Betracht. Fällt $M$ von $C$ nach $B$, so ist $v = \sqrt{2gh}$ [§ 27]; fällt es von $C$ nach $A$, so ist $v' = \sqrt{2g' \cdot AC}$. Da nun $g' = g \cdot \sin a$ und $AC = \frac{h}{\sin a}$ ist, so folgt daraus $v' = v$, d. h. die **Endgeschwindigkeit bzw. Wucht ist beim Falle von** $C$ nach $A$ dieselbe wie beim Falle von $C$ nach $B$, also **von der Neigung der schiefen Ebene ganz unabhängig.** Dagegen dauert natürlich die Fallbewegung um so länger, je mehr die Ebene geneigt ist.

§ 29. Bei der **Wurfbewegung** erhält ein Körper eine willkürliche Anfangsbeschleunigung und wird dann der Wirkung der Schwerkraft überlassen. Die Wurfbewegung ist geradlinig, wenn der Körper senkrecht auf- oder abwärts geworfen wird. Im letzteren Falle wirkt die Summe von Anfangsgeschwindigkeit $c$ und Fallgeschwindigkeit $gt$ [§ 27], im ersteren die Differenz. Hier muß also ein Zeitpunkt kommen, wo der Körper frei in der Luft schwebt, um bald darauf zu fallen. Dieser Punkt ist erreicht, wenn die aufwärts gerichtete Geschwindigkeit $v = c - gt$ gleich Null geworden ist, wenn also $c = gt$ ist. Dann ist die **Dauer des Aufstieges** $t = \dfrac{c}{g}$. Da die Wurfhöhe identisch mit der entsprechenden Fallhöhe ist, so ergibt sie sich, wenn man in die Formel $h = \dfrac{1}{2} g t^2$ [§ 27] für $t$ den eben gefundenen Wert $\dfrac{c}{g}$ einträgt: sie ist $= \dfrac{c^2}{2 g}$. Nach dem Gesetz von der Erhaltung der Energie kommt der Körper auf der Erde wieder mit derselben Geschwindigkeit an, die er anfangs hatte. Bei allen anderen Richtungen des Wurfes ist die Wurfbahn eine Parabel, als Resultante der die Anfangsrichtung bedingenden Kraft und der Schwerkraft.

**§ 30. Winkelgeschwindigkeit. Trägheitsmoment.** Dreht sich (rotiert) ein Körper um eine Achse, so ist zu unterscheiden: 1) die **lineare**[1] Geschwindigkeit, d. i. die lineare Strecke, die der Körper in gegebener Zeit zurücklegt; 2) die sog. **Winkelgeschwindigkeit**, d. i. der Winkel, der in einer gegebenen Zeit vom **Radius** beschrieben wird. Unter **Winkelbeschleunigung** versteht man wieder die Zunahme der Winkelgeschwindigkeit in 1 Sekunde [vgl. § 10]. Die Winkelgeschwindigkeit ist für alle Massenteilchen eines rotierenden Körpers gleich groß, während ihre lineare Geschwindigkeit verschieden ist. Es

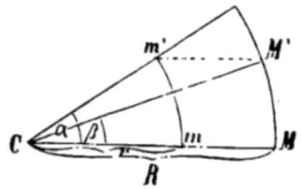

Fig. 17.

sollen sich z. B. zwei Körper $M$ und $m$ (Fig. 17) im Abstande $R$ und $r$ (dieser Abstand heißt Radius oder Radius vector) um die feste Achse $C$ bewegen. Bei gleicher Winkelgeschwindigkeit, d. h. um den Winkel $a$ in gleicher Zeit zu durchmessen, muß der entferntere Körper $M$ natürlich eine größere lineare Geschwindigkeit haben. Die linearen Geschwindigkeiten sind also bei gleicher Winkelgeschwindigkeit direkt proportional den Radien. Anderseits sind die Winkelgeschwindigkeiten bei gleicher linearer Geschwindigkeit umgekehrt proportional den Radien. Bedeutet $w$ Winkelgeschwindigkeit, $v$ lineare Geschwindigkeit, $r$ den Radius, so ist

$$ v = w\, r \qquad w = \frac{v}{r}. $$

Ist $r = 1$, so ist $w = v$. Man kann also auch sagen: Die Winkelgeschwindigkeit ist gleich der linearen Geschwindigkeit für den Radius 1.

---

[1] Auch periphere oder Bahngeschwindigkeit genannt.

Jedes Massenteilchen eines rotierenden Körpers hat nun die kinetische Energie oder Wucht $\frac{1}{2} m v^2$ [§ 14]. Da $v = wr$, so ist die Wucht eines Massenteilchens im Abstande $r$ von der Drehachse auch $\frac{1}{2} m r^2 w^2$. Die Wucht des ganzen rotierenden Körpers, bei dem es sich ja um die Summe[1] seiner Massenteilchen und die Summe der Quadrate ihrer Abstände von der Achse handelt, ist daher $\frac{1}{2} w^2 \Sigma m r^2$. Zur Vereinfachung der Betrachtungsweise denkt man sich die Gesamtmasse $M$ des rotierenden Körpers durch eine andere (verschieden große) Masse $\mathfrak{M}$ im Abstande 1 von der Drehachse ersetzt, die bei gleicher Winkelgeschwindigkeit dieselbe Wucht (also auch dasselbe Beharrungsvermögen, dieselbe Trägheit) hat wie der rotierende Körper. Diese gedachte Masse $\mathfrak{M}$ nennt man das Massen- oder Trägheitsmoment des rotierenden Körpers in bezug auf seine jeweilige Drehachse. Man kann diese Größe sowohl rechnerisch wie experimentell finden. Da, wie erwähnt, für den Radius 1 lineare und Winkelgeschwindigkeit gleich sind, so besteht die Beziehung

$$\frac{1}{2} \mathfrak{M} \cdot w^2 = \frac{1}{2} w^2 \Sigma m r^2$$
$$\mathfrak{M} = \Sigma m r^2.$$

Die Wucht eines rotierenden Körpers läßt sich demnach kurz und zweckmäßig durch das halbe Produkt aus Trägheitsmoment und Quadrat der Winkelgeschwindigkeit ausdrücken. Das Beharrungsvermögen eines Körpers ist um so größer, je größer sein Trägheitsmoment, je weiter also die Hauptmasse von der Drehachse entfernt ist. Hiervon macht man u. a. bei den Schwungrädern Gebrauch, deren größte Masse an der Peripherie konzentriert ist und die durch ihr großes Beharrungsvermögen den Gang einer Maschine gleichmäßig machen und ihr über die sog. toten Punkte hinweghelfen. —

Wie bei der fortschreitenden Bewegung Beschleunigung $= \dfrac{\text{Kraft}}{\text{Masse}}$ ist [§ 11], so gilt für die drehende Bewegung die analoge Beziehung

$$\text{Winkelbeschleunigung} = \frac{\text{Drehungsmoment}}{\text{Trägheitsmoment}}.$$

Eine wichtige Form der drehenden Bewegung ist

§ 31. die **Zentralbewegung**, bei der ein Körper in Kreisen, Ellipsen usw. sich um einen Punkt bewegt. Sie heißt **gebunden**, wenn der Körper mit demselben verbunden ist, wenn also z. B. ein Gewicht an einem Seil herumgeschwungen wird, andernfalls **frei**, wie z. B. die Bewegung der Planeten um die Sonne. Eine kreis-

---

[1] Als Summenzeichen gebraucht man den griechischen Buchstaben $\Sigma$.

förmige Bewegung, die hier allein betrachtet werden soll, setzt nun das fortwährende Bestehen einer Kraft voraus, da ohne diese nach dem Trägheitsgesetz [§ 7] der Körper gerad-linig in der Richtung der Tangente fort-fliegen würde. So würde sich z. B. (Fig. 18) eine um $C$ im Abstande $r$ mit der gleich-förmigen Geschwindigkeit $v$ rotierende Masse $m$, wenn sie, in $A$ angelangt, sich selbst überlassen würde, in der Zeiteinheit von $A$ nach $B$ bewegen. Da sie in Wirk-lichkeit aber nach $D$ gelangt, so muß eine nach dem Zentrum hin gerichtete Kraft, die sogenannte Zentripetalkraft[1], auf sie ein-

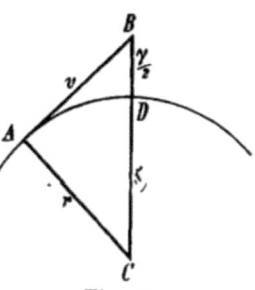

Fig. 18.

gewirkt und ihr eine gleichförmige Beschleunigung nach dem Zentrum hin erteilt haben, die in der Zeiteinheit von 0 bis $\gamma$ wächst. Der von $m$ unter dem Einfluß dieser Beschleunigung zurückgelegte Weg $BD$ entspricht daher einer mittleren Geschwindigkeit $\frac{\gamma}{2}$ [vgl. § 10].

Es ist nun $r^2 + v^2 = \left(r + \frac{\gamma}{2}\right)^2 = r^2 + r\gamma + \frac{\gamma^2}{4}$. Betrachtet man die Bewegung während eines sehr kleinen Zeitraums, rückt also $D$ dicht an $A$ heran, so wird $BD = \frac{\gamma}{2}$ so klein, daß $\frac{\gamma^2}{4}$ unberücksichtigt bleiben kann. Es ist dann die durch die Zentripetalkraft erzeugte Beschleunigung $\gamma = \frac{v^2}{r}$ und die Zentripetalkraft selbst (Kraft = Masse $\times$ Beschleunigung)

$$K = m\gamma = \frac{m\,v^2}{r}.$$

Die Zentripetalkraft ist also direkt proportional der Masse und dem Quadrate der Geschwindigkeit des rotierenden Körpers, umgekehrt proportional dem Radius seiner Bahn.

Bezeichnet man die Zeit für einen einmaligen ganzen Umlauf mit $T$, so folgt aus der Formel $v = \frac{s}{t}$ [§ 9], da $s$ hier der Peri-pherie des Kreises $2r\pi$ entspricht, $v = \frac{2r\pi}{T}$, $v^2 = \frac{4r^2\pi^2}{T^2}$. Man kann die Zentripetalkraft also auch durch die Formel

$$K = \frac{4\pi^2 r m}{T^2}$$

[1] *peto* sich nach einer Richtung hin bewegen.

ausdrücken, d. h. sie ist auch direkt proportional der Masse und
dem Radius, umgekehrt proportional dem Quadrate der Umlaufszeit.

Der Zentripetalkraft gleich, aber entgegengesetzt gerichtet, ist
die Zentrifugalkraft[1] (Flieh- oder Schwungkraft), die also strebt,
den Körper in tangentialer Richtung vom Zentrum zu entfernen.
Sie repräsentiert den Beharrungswiderstand der Masse gegen die
durch die Zentripetalkraft dauernd bewirkte Richtungsänderung der
Bewegung. Auf ihr beruht es z. B., daß man an scharfen Kurven
leicht aus dem Wagen geschleudert wird, daß man in einer Flüssigkeit suspendierte feste Bestandteile leicht von dieser trennen kann
(z. B. Urinzentrifuge), daß aus einem mittelst einer Schnur schnell
im Kreise bewegten Glase Wasser nichts ausfließt usw. Auf ihr
beruht auch die Abplattung der Erde an den Polen und die An-
häufung der größten Masse am Äquator. Die Zentrifugalkraft ist
natürlich der Schwerkraft entgegengerichtet, da diese ja zentripetal
wirkt, sie muß sie also schwächen. Auch aus diesem Grunde folgt,
daß $g$ am Äquator kleiner ist als an den Polen [§ 17].

§ 32. **Keplers Gesetze.** Für die freie Zentralbewegung der
Planeten um die Sonne gelten folgende Gesetze:

1) Die Planetenbahnen sind Ellipsen, in deren einem
Brennpunkt die Sonne steht.

2) Die Radii vectores beschreiben in gleichen Zeiten
gleiche Flächen [vgl. § 15].

3) Die Quadrate der Umlaufzeiten verhalten sich wie
die Kuben der großen Bahnachsen.

§ 33. **Pendel.** Ein Pendel[2] ist ein Körper, der um eine horizontale Achse schwingen kann (physisches Pendel). Die Pendel-
gesetze sind zunächst für das mathe-
matische Pendel abgeleitet, das man
sich als punktförmige Masse an einem
gewichtslosen Faden befestigt denkt.
Wird das Pendel $AB$ (Fig. 19)
aus der Gleichgewichtslage gebracht,
so schwingt es etwa bis $C$, bleibt
stehen, schwingt dann umgekehrt über
den Ruhepunkt $B$ hinaus bis $D$ und
wieder zurück usf. Ein mathematisches
Pendel, das aber nicht wirklich existiert,

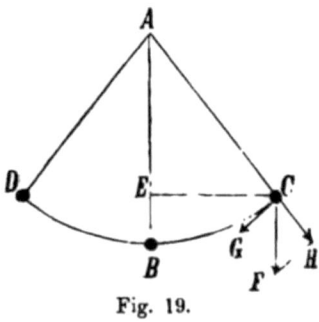

Fig. 19.

wäre somit ein Perpetuum mobile, insofern es, einmal in Gang ge-

---

[1] *fugio* fliehen.   [2] *pendulus* herabhängend.

bracht, sich selbst in Bewegung erhielte. Man nennt nun $AB$ die Länge des Pendels ($l$), die Entfernung aus der Gleichgewichtslage $EC$ bzw. $\angle BAC$ die Schwingungsweite (auch Elongation oder Amplitude), und die Zeit, in der es den Weg $BCBDB$, d. i. eine ganze Schwingung, beschreibt, Schwingungsdauer ($T$).

Die Kraft, welche das Pendel von $C$ zurückführt, ist die Schwerkraft, dargestellt durch $CF$. Diese läßt sich in zwei Komponenten zerlegen: $CH$, welche durch die Festigkeit des Fadens kompensiert wird, und die für die Pendelbewegung allein in Betracht kommende $CG = FH$. Aus den ähnlichen Dreiecken $FCH$ und $AEC$ folgt

$$HF : CF = EC : AC;\ \text{mithin}\ HF = \frac{CF \cdot EC}{AC}\quad \text{Hierbei stellt}\ CF$$

die Schwerkraft dar, gemessen durch $g$, $AC$ die Pendellänge, $EC$ die Schwingungsweite. Da die beiden ersten Größen konstant sind, folgt also als erstes Pendelgesetz:

Die Intensität der Pendelschwingung ist direkt proportional der Schwingungsweite, d. h. die Geschwindigkeitsänderung, also die Beschleunigung bzw. Verzögerung der Pendelbewegung (nicht die Geschwindigkeit!), ist am größten an den Umkehrungspunkten, am kleinsten, wenn das Pendel die Ruhelage passiert.

Das zweite Pendelgesetz, dessen mathematische Ableitung zu weit führen würde, lautet:

$$T = 2\pi \sqrt{\frac{l}{g}}.$$

Daraus folgt:

a) Die Schwingungszeit ist proportional der Quadratwurzel aus der Pendellänge (GALILEI), umgekehrt proportional der Quadratwurzel aus der Beschleunigung durch die Erdanziehung.

b) Die Schwingungszeit ist unabhängig von der Schwingungsweite (falls sie $5^{0}$ nicht übersteigt) und von dem Gewichte und der Substanz des Pendels (GALILEI, NEWTON).

Diese Formel ist sehr wichtig. Wenn von den 3 Größen $T, l, g$ zwei bekannt sind, läßt sich ja ohne weiteres die dritte finden. So kann man z. B. die Länge eines Sekundenpendels, d. h. eines Pendels, dessen Schwingungszeit 1 Sekunde beträgt, berechnen, wenn $g$ (= Fallbeschleunigung, Intensität der Schwerkraft) bekannt ist. Anderseits kann man aus der Schwingungsdauer eines Pendels von bekannter Länge (und zwar kommt hier die sogenannte korrespon-

dierende Pendellänge in Betracht) $g$ an den verschiedenen Orten
der Erde finden.

Ein physisches Pendel kann man sich aus vielen, verschieden
langen mathematischen Pendeln zusammengesetzt denken, deren
Schwingungsdauer — vorausgesetzt, daß sie für sich schwingen
würden — teils größer, teils kleiner wäre als die Schwingungsdauer der analogen Punkte der Pendelstange; denn
diese schwingen wegen ihrer starren Verbindung natürlich
alle gleichmäßig mit einer mittleren Geschwindigkeit. Es
wird nun ein mathematisches Pendel geben, das genau so
schwingt wie das physische Pendel. Der Länge dieses
mathematischen Pendels entspricht die sogenannte reduzierte oder korrespondierende Länge des physischen
Pendels. Der Punkt der Pendelstange, der um die redu-

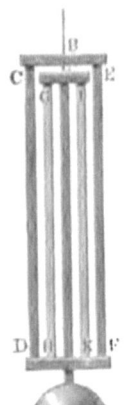

Fig. 20.

zierte Länge von der Drehungsachse entfernt ist, heißt
Schwingungspunkt. Vertauscht man Schwingungspunkt
und Unterstützungspunkt, so wird die Schwingungszeit nicht geändert (HUYGENS). Ein Pendel, das dafür eingerichtet ist, indem
die Pendelstange zwei Schneiden ($s$ und $s'$ [Fig. 20]) zum Aufhängen des Pendels besitzt, die ihre Schärfe einander
zukehren, heißt Reversionspendel[1] (BOHNENBERGER).
Durch Verschiebung von Gewichten ($g$ und $g'$), die
an der Pendelstange angebracht sind, kann man nun
erzielen, daß das Pendel gleich schwingt, mag es nun
um die eine oder die andere Schneide schwingen.
Ein solches Reversionspendel dient daher zur experimen-
tellen Bestimmung der korrespondierenden Pendellänge,
die eben dem Abstand der beiden Schneiden entspricht.

Da die Schwingungszeit eines Pendels von seiner
Länge abhängt, alle Körper aber durch Wärme ausgedehnt
werden, so gibt es sogenannte Kompensationspendel[2],
bei denen die Pendelstange aus zwei Metallen von verschiedener Ausdehnungsfähigkeit in entsprechender Anordnung so zusammengesetzt ist, daß ihre Länge unabhängig von der Temperatur gleich bleibt. Fig. 21 zeigt ein

Fig. 21.

solches Pendel; wenn sich hier die (dunkleren) Eisenstäbe nach unten
verlängern, dehnen sich die (helleren) Zinkstäbe ebensoviel nach oben aus.

Von den vielen Anwendungen des Pendels sei hier nur das Echappe-
ment der Penduluhren besprochen. An der Welle $W$ (Fig. 22) ist ein
Gewicht $P$ aufgewunden, das durch seinen Fall die Welle dreht. Um die Be-

---

[1] *reverto* umkehren.    [2] *compenso* ausgleichen.

schleunigung durch das Gewicht in eine gleichmäßige Geschwindigkeit zu verwandeln, greift der an der Pendelstange befestigte Doppelhaken $h\,h'$ in das
mit der Welle $w$ verbundene Zahnrad ein, so daß das Rad,
und damit auch die Welle, bei jeder Doppelschwingung
nur um einen Zahn vorrücken kann. Zugleich wird aber
auch die Reibung, welche die Pendelbewegung allmählich
vernichten würde, kompensiert, indem das Pendel jedesmal
einen kleinen Stoß bekommt, wenn der Haken aus dem
Zahnrad herausgeht.

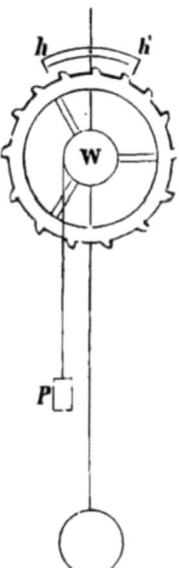

Fig. 22.

Erwähnt sei noch der Foucaultsche Pendelver-
such. Foucault zeigte nämlich, daß ein sehr langes, mit möglichst geringer Reibung aufgehängtes, schweres Pendel allmählich scheinbar seine Schwingungsebene ändert. In Wirklichkeit beruht dies auf der Achsendrehung der Erde, die
somit hierdurch zum ersten Male direkt nachgewiesen wurde.
An den Polen würde die scheinbare Drehung der Pendel-
ebene innerhalb von 24 Stunden 360° betragen; am Äquator
ist sie $= 0$, an anderen Orten dem Sinus der geographischen
Breite proportional.

§ 34. **Elastizität**[1] heißt die Eigenschaft eines
Körpers, nach einer Formänderung (Deformation)
die ursprüngliche Gestalt wieder anzunehmen. Doch
versteht man unter Elastizität auch den Widerstand
gegen eine Form- bzw. Volumsveränderung (s. u.).
Alle elastischen Körper — und dazu gehören in gewissem Sinne auch
Gase und Flüssigkeiten — sind im Pendelgleichgewicht. Die elastischen
Deformationen sind den formändernden Kräften proportional (Gesetz
von Hookes); anderseits sind die dadurch erzeugten elastischen Gegen-
kräfte den Deformationen proportional. Die Elastizität ist also
auch proportional der formändernden Kraft. Nach den einwirkenden
Kräften unterscheidet man Zug-, Biegungs-, Druck-, Drehungs- oder
Torsions-, Schub- oder Scherungselastizität. Unter letzterer versteht
man den Widerstand gegen Kräfte, die einen Teil eines Körpers über
einen andern hinwegzuschieben trachten (wie es z. B. beim Zerschneiden
eines Körpers mit einer Schere der Fall ist), bzw. die Eigenschaft,
nach einer solchen Deformation wieder die ursprüngliche Gestalt
anzunehmen. Alle diese Formen der Elastizität werden mit zu-
sammenfassendem Namen Gestaltselastizität genannt.[2] Außerdem gibt es auch eine Volumselastizität, d. h. die Eigenschaft
eines durch allseitigen Druck komprimierten Körpers, sein früheres

---

[1] $\grave{\iota}\lambda\alpha\sigma\tau\acute{\eta}\varsigma$ der Treiber, von $\grave{\epsilon}\lambda\alpha\acute{\iota}\nu\omega$ treiben, stoßen. [2] Den Widerstand
gegen Formveränderungen bezeichnet man auch als Festigkeit und unter-
scheidet eine Zug- oder absolute, Biegungs- oder relative, Druck-
oder rückwirkende, Schub- und Torsionsfestigkeit.

Volumen wiederzugewinnen, bzw. seinen Widerstand gegen die volumsverringernden Kräfte. Ein Körper heißt vollkommen elastisch, wenn er nach Aufhören der Kraft seine frühere Gestalt wieder vollkommen annimmt, z. B. Kautschuk. (Bleibt zunächst eine kleine Deformation bestehen, die sich erst allmählich ausgleicht, so nennt man das elastische Nachwirkung.) Im Gegensatz dazu steht z. B. Wachs. Elastische Wirkung findet aber stets nur bis zu einer gewissen Grenze, der Elastizitätsgrenze, statt. Wird die einwirkende Kraft zu groß, so nimmt der Körper dauernd eine andere Form an, er wird zertrümmert, reißt usw. Unter Größe der Elastizität versteht man dagegen die Kraft, die nötig ist, um eine bestimmte Formveränderung herbeizuführen, also z. B. um einen Körper von 1 qmm Durchmesser um seine eigne Länge zu dehnen, vorausgesetzt, daß er nicht reißt. Das Maß dafür, bzw. das dazu erforderliche Gewicht in Kilogrammen heißt Elastizitätsmodul.[1] Kautschuk hat also, entgegen der gewöhnlichen Ausdrucksweise, eine vollkommene, aber kleine Elastizität. Der reziproke Wert des Elastizitätsmoduls ist der Elastizitätskoeffizient. Er gibt an, um welchen Bruchteil der Länge ein Körper von 1 qmm Querschnitt durch 1 kg gedehnt wird. Er mißt also, genauer ausgedrückt, die Dehnbarkeit. Der Elastizitätskoeffizient des Kautschuks ist demgemäß groß.

§ 35. **Bewegungshindernisse.** Die Bewegungsfähigkeit der Körper findet wesentliche Einschränkungen durch die verschiedenen Bewegungshindernisse. Vor allem gehört hierzu die Reibung, die durch die Unebenheiten zweier sich gegeneinander verschiebender Körper bedingt ist. Sie ist, abgesehen vom Drucke, um so größer, je rauher die Oberflächen sind; darum schmiert man die der Reibung ausgesetzten Teile mit Öl, Fett usw. ein. Man unterscheidet gleitende Reibung, bei der immer dieselben Teile eines Körpers betroffen sind, und rollende Reibung, bei der die Berührungsfläche wechselt. Im allgemeinen ist letztere geringer; daher setzt man z. B. Wagen auf Räder und wendet beim Transport schwerer Gegenstände Rollen an. Die Reibung ist z. B. Ursache davon, daß so viel vom Nutzeffekt der Maschinen verloren geht. Anderseits ist es ihr zu danken, daß eine Lokomotive einen Zug fortbewegt; überwiegt nämlich die Schwere des Zuges über die Reibung der Lokomotivräder, so drehen diese sich nur auf derselben Stelle um ihre Achse. Reibung findet auch zwischen den kleinsten, unsichtbaren

---

[1] *modulus* kleines Maß.

Teilchen der Körper statt, sogenannte innere Reibung, die besonders bei Flüssigkeiten und Gasen eine wichtige Rolle spielt. — Ein Bewegungshindernis ist ferner der Widerstand des Mediums. Derselbe wächst mit der Dichte desselben, sowie mit der Geschwindigkeit und der Oberfläche des bewegten Körpers.

## C. Gesetze der flüssigen Körper.

**§ 36. Grundeigenschaften der Flüssigkeiten.** Flüssige Körper haben zwar ein bestimmtes Volumen, aber keine bestimmte Gestalt, da ihre Teilchen leicht gegeneinander verschieblich sind. Man kann dies auch so ausdrücken: Flüssigkeiten besitzen nur Elastizität des Volumens, aber nicht (wie die festen Körper) auch Elastizität der Gestalt. Zur Erklärung nimmt man an, daß ihre Moleküle in labilem Gleichgewicht schwingen und zugleich eine fortschreitende Bewegung haben. Aus dieser leichten Verschieblichkeit folgt, daß die einzelnen Teilchen unter dem Einflusse der Schwerkraft sich möglichst tief stellen; mit anderen Worten, die Oberfläche einer Flüssigkeit ist genau horizontal. Nur in engen Röhren findet eine Ausnahme statt [vgl. § 42]. Da den Flüssigkeiten Poren fehlen, so sind sie auch fast inkompressibel. Sehr wichtig ist ferner, daß ein an beliebiger Stelle ausgeübter Druck sich in einer Flüssigkeit gleichmäßig nach allen Richtungen mit gleicher Stärke fortpflanzt. Darauf beruht z. B. das Messen des Blutdruckes, da derselbe ja im Arterienrohr auch seitlich wahrnehmbar ist. Eine Anwendung dieses Gesetzes ist ferner die hydraulische[1] oder Bramahsche Presse, deren Prinzip aus Fig. 23 erhellt.

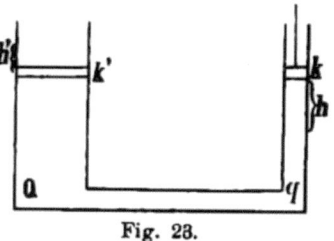

Fig. 23.

Wird der Kolben $k$ durch eine Kraft $p$ um $h$ verschoben, so wird die Arbeit $p\,h$ geleistet. Dadurch wird ein Druck auf das Wasser in dem Röhrensystem erzeugt, und der Kolben $k'$ mit einer Kraft $p'$ um $h'$ gehoben, also die Arbeit $p'\,h'$ geleistet. Gleichgewicht ist vorhanden, wenn

$$p\,h = p'\,h' \text{ oder}$$
$$p : p' = h' : h \text{ ist.}$$

Da nun in beiden Schenkeln eine gleiche Wassermasse bewegt wird, ist, wenn $q$ und $Q$ die betreffenden Querschnitte bedeuten:

$$h' : h = q : Q \text{ mithin}$$
$$p : p' = q : Q.$$

---

[1] ὕδωρ Wasser, αὐλός Röhre.

Der im weiten Rohr erzeugte Druck übertrifft also um so mehr die angewandte Kraft, je größer der Querschnitt des weiten Rohrs im Verhältnis zu
dem des engen ist. Natürlich ist dies wieder nur auf Kosten des Weges
möglich [§ 19].

§ 37. **Hydrostatischer Druck** heißt der Druck, den eine
Flüssigkeit auf die Flächeneinheit ausübt. Betrachten wir zunächst
den Bodendruck. Für diesen gilt das sogenannte hydrostatische
Paradoxon: er hängt nämlich für dieselbe Flüssigkeit ausschließlich ab von der Größe der Grundfläche und der Höhe der Flüssigkeitssäule, aber nicht von der Form des Gefäßes. Es ist also z. B.
in Fig. 24 $A-C$ der Bodendruck überall gleich groß. Dies kann
experimentell bewiesen wer-
den, ergibt sich aber auch
durch folgende Überlegung:
Das Flächenteilchen $a$ trägt
die Flüssigkeitssäule $ab$, er-
leidet also einen Druck entsprechend ihrem Gewicht. Da
sich nun in Flüssigkeiten der
Druck allseitig gleichmäßig
fortpflanzt, erleiden alle

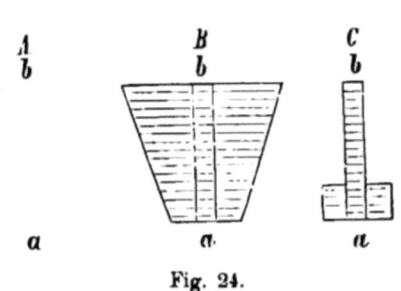

Fig. 24.

Flächenteile des Bodens denselben Druck, auch wenn direkt über
ihnen die Flüssigkeit nicht so hoch steht. Ihre Gesamtheit entspricht
aber der Grundfläche. Ferner folgt auch, daß der Seitendruck an
einer Seite der Wand nur abhängt von der Größe dieser Stelle und
von ihrer Entfernung von der Oberfläche der Flüssigkeit. Daraus
ergibt sich unmittelbar das

Gesetz der kommunizierenden Röhren: Sind zwei miteinander verbundene Röhren mit ein und derselben Flüssigkeit gefüllt
[vgl. § 40,5], so steht diese in beiden gleichhoch, ganz unabhängig
von der Form der Röhren. Denn wenn Gleichgewicht
vorhanden sein soll, muß z. B. an der Stelle $ab$
(Fig. 25) beiderseits gleicher Druck herrschen. Das
kann aber, da die Fläche $ab$ beiderseits gleichgroß
ist, nur dann der Fall sein, wenn die Flüssigkeit in
den Röhren gleichhoch steht. Kommunizierende

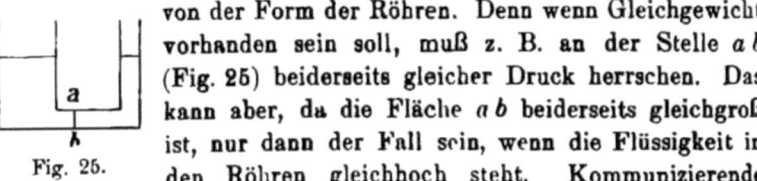

Fig. 25.

Röhren dienen z. B. als Wasserstandsgläser dazu, die Höhe des
Wassers in einem Kessel von außen zu erkennen. Ist die eine
Röhre zu kurz, so wird die Flüssigkeit herausspritzen bis zum
Niveau in der anderen Röhre. Darauf beruhen z. B. die Spring-
brunnen. Stehen die beiden kommunizierenden Röhren genau senk-

recht, so erhält man beim Hinblicken über beide Wasserspiegel die
Horizontale. Man bedient sich daher einer solchen Vorrichtung
(Wasser- oder Kanalwage) zum Nivellieren·im Felde.

Die Ausflußgeschwindigkeit einer Flüssigkeit aus einem
Gefäß unter der Wirkung ihrer eigenen Schwere ist theoretisch
$v = \sqrt{2gh}$, also ebensogroß, als wäre die Flüssigkeit die Strecke
zwischen Spiegel und Ausflußöffnung heruntergefallen (Torricellis
Theorem). In Wirklichkeit ist sie infolge der Reibung usw. etwas
kleiner, ebenso wie die Ausflußmenge um etwa $1/_3$ kleiner ist als das Produkt aus Ausflußgeschwindigkeit und Größe
der Ausflußöffnung, da die Flüssigkeit eine
Zusammenziehung (Contractio venae) erfährt.

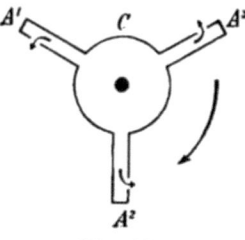

Auf dem Seitendruck beruht auch das Seg-
nersche Wasserrad: An dem um seine Achse
drehbaren vertikalen Hohlzylinder $C$, den Fig. 26
im Querschnitt darstellt, befinden sich unten die
gleichfalls hohlen Arme $A^1$, $A^2$, $A^3$, aus denen
Wasser in der Richtung der kleinen Pfeile aus-
fließt, wenn $C$ damit gefüllt wird. Da der Seitendruck an der Ausflußöffnung

Fig. 26.

verringert wird, bekommt er an der gegenüberliegenden Stelle das Übergewicht
und dreht den Apparat in der Richtung des großen Pfeiles (sog. Reaktions-
wirkung).

§ 38. **Archimedisches Prinzip.** Aus den Grundeigenschaften
der Flüssigkeiten [§ 36] folgt ferner, daß der hydrostatische Druck
auch nach oben gerichtet sein muß (sogenannter Auftrieb). Auf einen festen Körper $A$ (Fig. 27) wirkt
also in einer Flüssigkeit der hydrostatische Druck
von allen Richtungen her. Die Seiten erleiden dabei
einen gleichgroßen, aber entgegengesetzt gerichteten
Druck. Dieser kommt für das Gewicht nicht in Betracht; denn der Körper kann dadurch nur komprimiert werden, was in großen Tiefen auch wirklich
geschieht. Beeinflußt wird aber das Körpergewicht

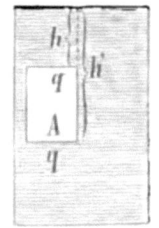

Fig. 27.

durch den hydrostatischen Druck von oben her (Abtrieb) und von
unten her (Auftrieb). Der Auftrieb muß größer sein als der Abtrieb, weil er dem Gewicht der Flüssigkeitssäule $qh'$ entspricht,
der Abtrieb nur dem der kleineren Flüssigkeitsmenge $qh$. Das
Körpergewicht wird also vermindert um die Differenz zwischen
Auf- und Abtrieb, oder um die Gewichtsdifferenz der Flüssigkeits-
säulen $qh'$ und $qh$. Nun ist aber $qh' - qh$ das Volumen des
Körpers $A$, somit auch das Volumen der von $A$ verdrängten

Flüssigkeitsmenge. Daraus ergibt sich: Jeder Körper erfährt in einer Flüssigkeit scheinbar einen Gewichtsverlust, in Wirklichkeit einen Auftrieb, der dem Gewicht der vom Körper verdrängten Flüssigkeitsmasse entspricht. Der Auftrieb wirkt dem Körpergewicht entgegen. Daraus folgt, daß ein Körper, dessen Gewicht genau so groß ist wie das eines gleichen Volumens Flüssigkeit, in dieser Flüssigkeit weder sinkt noch aufsteigt, sondern schwebt; denn Körpergewicht und Auftrieb halten sich hier das Gleichgewicht. Ist der Körper dagegen schwerer als die verdrängte Flüssigkeitsmasse, so wird er untersinken, ist er leichter, so wird er schwimmen, d. h. so weit über die Oberfläche der Flüssigkeit herausragen, daß der Auftrieb oder, was dasselbe ist, das Gewicht der durch den eingetauchten Körperteil verdrängten Flüssigkeit gleich dem (wirklichen) Gewicht des ganzen Körpers ist.

Beim Schwimmen kommt es nicht nur auf die Tiefe des Einsinkens, sondern auch auf die Stabilität an; von ersterer hängt z. B. der Tiefgang eines Schiffes, von letzterer die Sicherheit gegen das Kentern ab. Auf einen schwimmenden Körper wirken nun zwei Kräfte: nach unten die Schwerkraft, deren Angriffspunkt der Schwerpunkt ist; nach oben der Auftrieb, dessen Angriffspunkt im Schwerpunkt der verdrängten Flüssigkeit liegt. Stabilität ist nicht nur vorhanden, wenn der Schwerpunkt tiefer liegt als der Angriffspunkt des Auftriebes, sondern auch, wenn er höher liegt als dieser, aber tiefer als das sog. Metazentrum. Fig. 28 I stellt z. B. einen Schiffsrumpf, $s$ dessen Schwerpunkt, $a$ den Angriffspunkt des Auftriebes vor. Gerät das Schiff aus der lotrechten Lage (Fig. II), so bleibt $s$ an derselben Stelle, $a$ nimmt, da jetzt eine andere Flüssigkeitsmenge verdrängt wird, die Lage $a'$ ein. Es wirkt also jetzt ein Kräftepaar auf das Schiff ein und dreht es in die alte Lage zurück, wenn $s$ tiefer liegt als das Metazentrum $m$ (der Schnittpunkt der Auftriebsrichtung mit der Mittellinie). Läge dagegen der Schwerpunkt bei I etwa in $s'$, nach der Verschiebung also höher als das Metazentrum (Fig. III), so würde das Schiff umkippen. Die Stabilität ist im allgemeinen um so größer, je tiefer der Schwerpunkt liegt, daher bringt man die schwersten Lasten in den untersten Teil der Schiffe usw.

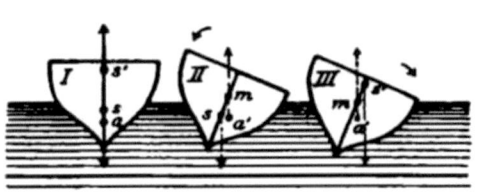

Fig. 28.

### § 39. Dichte und spezifisches Gewicht. Dichte [vgl. § 4]

ist die Masse eines Körpers bezogen auf sein Volumen

$$D = \frac{M}{V}.$$

Dies ist also eine physikalische Größe von einer bestimmten Dimension [s. Anhang 1]. Das Gewicht eines Körpers ist nach § 17 $P = Mg$ $= D \cdot V \cdot g$. Ein anderer Körper von gleichem Volumen, aber verschiedener Dichte wiegt $P' = D' V g$. Daraus folgt $P : P' = D : D'$. Das Gewicht gleicher Volumina hängt also von der Dichte der Körper ab; größere Dichtigkeit bedeutet ja eben mehr Masse in der Volumeneinheit. 1 Liter Quecksilber z. B. wiegt mehr als 1 Liter Weingeist. Es ist nun ein praktisches Bedürfnis, dadurch schnell die Dichte resp. das Gewicht eines Körpers zu beurteilen, daß man sie mit der Dichte resp. dem Gewicht eines bekannten Körpers, gewöhnlich Wasser von 4° C. vergleicht. In diesem Sinne spricht man vom spezifischen Gewichte (s) eines Körpers.

Spezifisches Gewicht eines Körpers heißt also das Verhältnis seiner Dichte zur (Einheits-)Dichte des Wassers. Anders ausgedrückt: das spezifische Gewicht gibt an, wieviel mehr ein Körper wiegt als das gleiche Volumen Wasser von 4° C. Man kann daher das spezifische Gewicht auch definieren als das Gewicht der Volumeneinheit oder das Verhältnis des Gewichts eines Körpers zu seinem Volumen.

$$s = \frac{P}{V}.$$

Nicht immer wird Wasser als Einheit gewählt, sondern bei Gasen meistens Luft, bei den Elementen der Chemie Wasserstoff oder Sauerstoff. Jedenfalls ist spezifisches Gewicht stets nur eine Verhältniszahl, der natürlich keine Dimension zukommt. Es wird jetzt klar sein, daß man die Gesetze vom Schwimmen auch so aussprechen kann: Ein Körper schwebt, schwimmt oder sinkt in einer Flüssigkeit, je nachdem er gleiches, kleineres oder größeres spezifisches Gewicht im Vergleich zur Flüssigkeit hat.

Da luftförmige Körper spezifisch leichter sind als Flüssigkeiten, so steigen sie in ihnen auf. Darauf beruht u. a. die Libelle[1] (Fig. 29), die zur Bestimmung der Horizontalebene dient. Es ist dies eine kleine Glasröhre oder Dose, die bis auf eine kleine Luftblase mit Wasser usw. gefüllt ist. Die Blase $l$ steigt nun immer so hoch wie möglich, steht also bei horizontaler Lage

Fig. 29.

des Behälters genau unter der etwas ausgebuchteten Mitte $a\,b$ seiner oberen Wand.

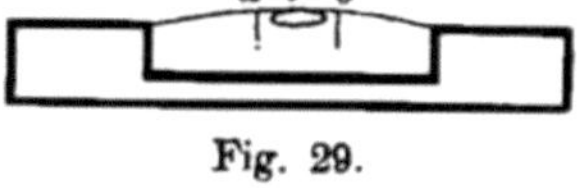

§ 40. **Bestimmung des spezifischen Gewichts.** Da das spezifische Gewicht eines Körpers $s = \frac{P}{V}$ ist [§ 39], so handelt es

---

[1] *libella* Diminutiv von *libra* Wage.

3*

sich darum, das Volumen des Körpers zu finden. Dies entspricht aber nach dem Archimedischen Prinzip dem Gewicht des von ihm verdrängten Wassers bzw. der Gewichtsdifferenz des Körpers in Luft und Wasser. Beim Wasser besteht ja bekanntlich die Beziehung, daß die Einheit des Volumens auch die Einheit des Gewichts besitzt, Volumen und Gewicht also durch dieselben Zahlen ausgedrückt werden [§ 5]. Nennt man das Gewicht des

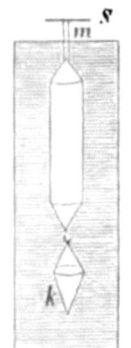

Körpers in der Luft $P$, im Wasser $P'$, so ist $s = \dfrac{P}{P-P'}$.

Darauf beruhen die meisten Methoden.

1) **Hydrostatische Wage.** Das absolute Gewicht wird festgestellt, indem der Körper an einen Wagbalken gehängt und die Wagschale der anderen Seite mit den entsprechenden Gewichten belastet wird. Dann wird unter den Körper ein Gefäß mit Wasser geschoben, so daß er ganz hineintaucht, und sein Gewicht wieder bestimmt. Die Differenz ergibt sein Volumen.

2) **Nicholsons Gewichtsaräometer.**[1] Wird der Körper auf die Schale $S$ (Fig. 80) gebracht, so sinkt der Apparat im Wasser etwa bis $m$ ein. An Stelle des Körpers werden nun so

Fig. 80.

viele Gewichte auf den Teller gelegt, bis derselbe Effekt erreicht ist. So wird das absolute Körpergewicht bestimmt. Bringt man dann den Körper in das Körbchen $k$ und legt oben auf den Teller so viel Gewichte zu, daß der Apparat wieder bis $m$ einsinkt, so erhält man den Gewichtsverlust im Wasser, mithin das Volumen des Körpers.

3) **Das Skalenaräometer** dient zur Bestimmung des spezifischen Gewichts von Flüssigkeiten. Es besteht (Fig. 81) aus einer geschlossenen, unten mit Quecksilber usw. beschwerten Glasröhre mit einer empirischen Skala, an der das spezifische Gewicht direkt abgelesen wird. Je größer nämlich das spezifische Gewicht einer Flüssigkeit ist, um so weniger tief wird das Aräometer einsinken. Auf diesem Prinzip beruhen u. a. die Urometer (für Urin). In der Technik benutzt man Aräometer, deren Skala so geeicht ist, daß sie unmittelbar den vom spezifischen Gewicht abhängigen Gehalt der Flüssigkeit an einer bestimmten Substanz, z. B. den Konzentrationsgrad von Salz- und Alkohollösungen angibt (Alkoholometer usw.).

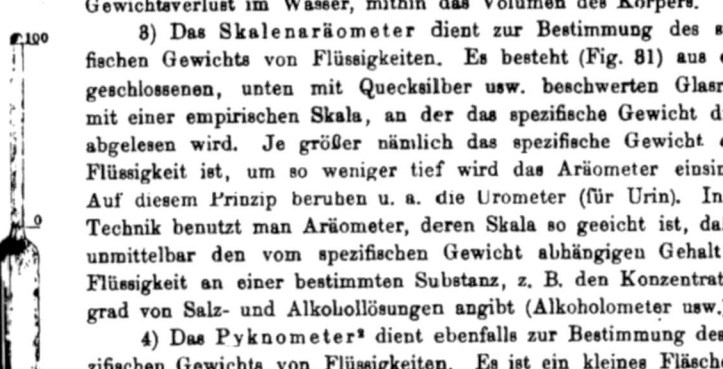

4) **Das Pyknometer**[2] dient ebenfalls zur Bestimmung des spezifischen Gewichts von Flüssigkeiten. Es ist ein kleines Fläschchen, das man bis zu einer bestimmten Marke einmal mit Wasser und dann mit der betreffenden Flüssigkeit gefüllt wiegt. Das Verhältnis der

Fig. 31.

gefundenen Gewichte (von denen natürlich das Gewicht des Fläschchens abgezogen werden muß) ergibt unmittelbar das spezifische

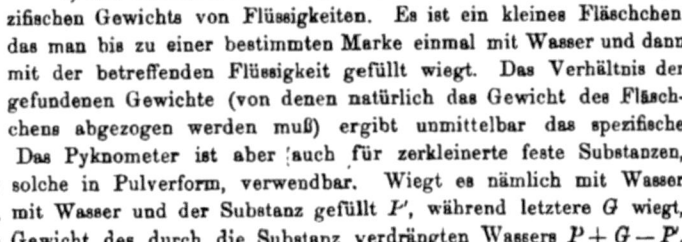

Gewicht. Das Pyknometer ist aber auch für zerkleinerte feste Substanzen, besonders solche in Pulverform, verwendbar. Wiegt es nämlich mit Wasser gefüllt $P$, mit Wasser und der Substanz gefüllt $P'$, während letztere $G$ wiegt, so ist das Gewicht des durch die Substanz verdrängten Wassers $P + G - P'$.

---

[1] ἀραιός dünn.    [2] πυκνός dicht.

5) Auch durch kommunizierende Röhren läßt sich das spezifische
Gewicht von Flüssigkeiten finden. Sind (Fig. 32) in beiden Röhren verschiedene Flüssigkeiten, so steht die spezifisch leichtere höher;
sie hat z. B. die Höhe $h'$, die spezifisch schwerere die
Höhe $h$. An einer beliebigen Stelle $ab$ vom Querschnitt
$c$ ist Gleichgewicht vorhanden, wenn

$$chs = ch's'$$
$$hs = h's'$$
$$s : s' = h' : h.$$

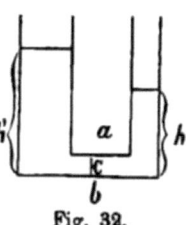

Fig. 32.

Die spezifischen Gewichte verhalten sich also umgekehrt wie die Höhen. Kennt man daher das spezifische Gewicht der einen Flüssigkeit, so läßt sich das der
anderen leicht berechnen.

**§ 41. Kohäsion und Adhäsion.** Zwischen den einzelnen
Teilchen der Flüssigkeiten (und festen Körper) findet eine Anziehung
statt (Kohäsion[1]). Darauf beruht es, daß kleine Tropfen Kugel-
gestalt annehmen. Gewöhnlich wirkt dieser Kohäsion die Schwerkraft entgegen [vgl. § 36]. Eliminiert man aber dieselbe, so nehmen
auch größere Flüssigkeitsmengen Kugelform an. Zuerst zeigte dies
PLATEAU, indem er Öl vorsichtig in eine Flüssigkeit von gleichem
spezifischem Gewicht (Gemisch von Alkohol und Wasser) brachte.
Befinden sich Flüssigkeiten in engen Röhren, so wirkt der Kohäsion
auch noch die Adhäsion[2] entgegen, d. h. die Anziehung zwischen
Gefäßwand und Flüssigkeit. Überwiegt die Adhäsion, so ist die
Oberfläche der Flüssigkeit konkav, z. B. bei Wasser in Glasröhren;
überwiegt die Kohäsion, so ist sie konvex, z. B. bei Quecksilber in
Glasröhren. Eine solche gekrümmte Oberfläche heißt auch Meniskus.[3]

**§ 42. Oberflächenspannung und Kapillarität.** Die obersten
Schichten von Flüssigkeiten zeigen die interessante Eigenschaft, daß
sie dichter sind als die übrigen. Sie bilden gewissermaßen ein
Häutchen. Darauf beruht es, daß manche Insekten auf dem Wasser
laufen können, daß eine (eingefettete) Nadel auf
Wasser schwimmt usw. Diese Eigenschaft heißt
Oberflächenspannung.

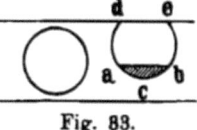

Fig. 33.

Man kann dies so erklären: Während bei
einem kugelförmigen Teilchen im Innern einer
Flüssigkeit die anziehenden Kräfte sich von allen
Seiten das Gleichgewicht halten, werden an der Oberfläche die
anziehenden Kräfte in $abc$ (Fig. 33) nicht kompensiert, sie werden
also $de$ nach unten zu ziehen suchen. Aus Fig. 34 erhellt nun
ohne weiteres, daß die Spannung bei konvexen Oberflächen größer,

---

[1] *cohaereo* zusammenhängen.   [2] *adhaereo* anhaften.   [3] μηνίσκος; Halbmond.

bei konkaven aber kleiner ist als bei ebenen. Das geht aus den betreffenden Größen des Stückes *abc* hervor, das ja durch seine Anziehung die Oberflächenspannung hervorruft. Hierdurch finden die Erscheinungen in Kapillaren[1] ihre Erklärung. Ohne auf die komplizierten Verhältnisse hier näher einzugehen, sei nur bemerkt, daß,

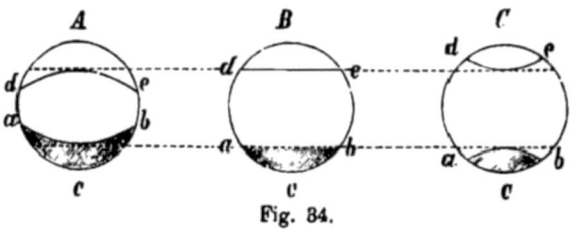

Fig. 84.

wenn man ein solches enges Röhrchen in eine Flüssigkeit einsetzt, das Niveau im Röhrchen entweder höher ist als das der anderen Flüssigkeit (Kapillarattraktion) oder tiefer (Kapillardepression). Kapillarattraktion, die gewöhnliche Erscheinung, muß stattfinden, wenn die Oberflächenspannung im Röhrchen geringer ist als in der anderen Flüssigkeit, wenn also der Meniskus in ihm konkav ist. Auf der Kapillarität beruhen viele wichtige Erscheinungen, z. B. das Sickern von Wasser durch poröse Wände, das Aufsteigen von Wasser in Zucker, wenn nur eine Stelle benetzt ist, das Eindringen von Flüssigkeiten unter das Deckgläschen bei mikroskopischen Präparaten, usw.

§ 43.  **Lösungen.**  Eine Lösung ist ein physikalisch und chemisch homogenes Gemenge verschiedenartiger Körper. Abgesehen von den Metallegierungen, die als feste Lösungen bezeichnet werden können, handelt es sich um Flüssigkeiten. Eine Lösung entsteht dadurch, daß in einer Flüssigkeit, dem sog. Lösungsmittel, gasförmige [§ 53], flüssige oder feste Stoffe aufgelöst werden. Der Gehalt einer Lösung an dem aufgelösten Stoffe heißt Konzentration; das Lösungsvermögen wächst mit der Temperatur. Gesättigt ist eine Lösung, die bei einer bestimmten Temperatur nichts mehr von dem betreffenden Stoff aufnehmen kann, also eine maximale Konzentration für diese Temperatur besitzt. Unter Umständen, z. B. durch langsames Abkühlen, kann man auch übersättigte Lösungen erhalten, bei denen also mehr Substanz aufgelöst ist, als es unter gewöhnlichen Verhältnissen bei der betreffenden Temperatur der Fall ist. In verdünnten Lösungen wird der Zustand des gelösten Körpers dem Gaszustand ähnlich. Man nennt Lösungen, welche dieselbe Anzahl Moleküle des gelösten Stoffes enthalten, äquimolekular oder isomolekular. Es verhalten sich hier die in

---

[1] *capillus* Haar; also Haarröhrchen, d. h. sehr feine Röhren.

gleichen Volumina enthaltenen Massen der gelösten Stoffe wie ihre
Molekulargewichte [vgl. §§ 44 u. 45]. Die Lösungen zeigen hin-
sichtlich ihres Dampfdruckes, Gefrier- und Siedepunktes besondere
Eigentümlichkeiten [§§ 89, 90, 93].

§ 44. **Diffusion und Osmose.** Diffusion[1] heißt die Eigenschaft zweier Flüssigkeiten (oder Gase), sich, wenn sie übereinander-
geschichtet sind, allmählich zu durchdringen. Das ist z. B. bei Wasser
und Alkohol der Fall. Flüssigkeiten, deren Kohäsion größer ist als
die gegenseitige Adhäsion, diffundieren aber nicht, z. B. Wasser und
Öl. Sind die Flüssigkeiten (oder Gase) durch poröse Scheidewände,
besonders tierische oder pflanzliche Membranen (Schweinsblasen usw.),
getrennt, so erfolgt die Vermischung eventuell durch diese hindurch
und heißt dann Osmose[2] oder Endosmose. Der Vorgang der
Osmose spielt u. a. bei der Ernährung der Zellen eine große Rolle.
Ist auf der einen Seite der Membran Wasser, auf der andern eine
beliebige Flüssigkeit, so heißt das osmotische Äquivalent dieser
Flüssigkeit die Menge Wasser, die gegen 1 Gramm dieser Flüssigkeit ausgetauscht wird. Nicht alle Körper diffundieren gleich gut
durch Membranen. GRAHAM teilte in dieser Hinsicht die Körper
ein in kolloide (leimähnliche), zu denen besonders Eiweiß gehört,
und kristalloide. Die ersteren diffundieren fast gar nicht durch
Membranen, mit anderen Worten, ihr osmotisches Äquivalent ist unendlich groß; letztere gehen leicht hindurch. Man hat somit ein
bequemes Mittel, kolloide von kristalloiden Körpern zu trennen. Das
Verfahren heißt Dialyse, der Apparat Dialysator.

Befindet sich zwischen der Lösung eines Stoffes und dem reinen
Lösungsmittel eine sog. halbdurchlässige Membran (d. h. eine
solche, die nur das Lösungsmittel, nicht aber den gelösten Stoff
hindurchläßt), so tritt auf Seite der Lösung ein Überdruck (osmotischer Druck) ein, der die Membran nach außen vorwölbt, bis
der von ihr geleistete Gegendruck einen Gleichgewichtszustand herbei-
führt. Eine Lösung, deren osmotischer Druck im Vergleich zu
einer anderen ebensogroß, größer oder kleiner ist, heißt isotonisch,
bzw. hypertonisch, bzw. hypotonisch[3]. Der osmotische Druck
hängt nach VAN'T HOFF nicht von der Natur der halbdurchlässigen
Membran, wohl aber von der chemischen Beschaffenheit der Lösung
ab und ist ferner direkt proportional mit deren Konzentration und
Temperatur. Bei hinreichender Verdünnung haben also äquimolekulare
Lösungen, die mit gleichen Volumina desselben Lösungsmittels

---

[1] *diffundo* ausbreiten. [2] ὠσμός das Stoßen. [3] τόνος Spannung, ἴσος gleich,
ὑπέρ über, ὑπό unter.

hergestellt sind, bei gleicher Temperatur den gleichen osmotischen Druck; und zwar ist dieser (von den Molekülen ausgeübte) osmotische Druck gleich dem Druck eines Gases von gleicher Temperatur, das in gleichen Raumteilen ebensoviel Moleküle enthält wie die Lösung Moleküle gelösten Stoffes (van't Hoffsche Gesetze).

Der osmotische Druck läßt sich also bei bekannter Temperatur aus dem Molekulargewicht berechnen. Bezeichnet man nämlich als Gramm-Molekel oder Mol eine solche Anzahl Gramm, die dem Molekulargewicht der betreffenden Substanz entspricht (also z. B. 2 Gramm Wasserstoff, 32 Gramm Sauerstoff, 28 Gramm Stickstoff usw.), und berücksichtigt, daß nach AVOGADRO alle Gase in gleichgroßen Volumina gleichviel Moleküle enthalten [§ 46], so folgt zunächst der Satz: Die Gramm-Moleküle der Gase besitzen bei gleichen Druck- und Temperaturverhältnissen alle dasselbe Volumen. Was für Gase gilt, gilt aber auch nach VAN'T HOFF für verdünnte Lösungen [s. o.]. Da nun 1 Mol Wasserstoff bei 0° und 760 mm Druck das Volumen von 22,4 Liter besitzt, muß auch jedes andere Mol eines Gases bzw. einer Substanz in sehr verdünntem Lösungsmittel das gleiche Volumen einnehmen. 1 Mol Rohrzucker z. B. ($C_{12}H_{22}O_{11}$) wiegt 342 Gramm. 1 Gramm Rohrzucker würde daher in Gasform bei 0° und 760 mm Druck $\frac{22,4}{342}$ Liter = 65,5 Kubikzentimeter ausfüllen. Löst man dagegen 1 Gramm Rohrzucker in 100 Gramm Wasser auf, so beträgt das Volumen dieser Lösung bei 0° und 760 mm Druck 100,6 Kubikzentimeter. Zur Berechnung des osmotischen Druckes dient nun das Boyle-Mariottesche Gesetz [§ 48], das auch für verdünnte Lösungen gilt. Es verhält sich also der (osmotische) Druck in der Lösung zum Druck des Dampfes umgekehrt wie die entsprechenden Volumina, $x : 760 = 65,5 : 100,6$. Der osmotische Druck in der 1 % Zuckerlösung beträgt somit bei 0° $x = \dfrac{760 \cdot 65,5}{100,6} = $ zirka 495 mm Quecksilber. Bei $t°$ beträgt er nach dem Gay-Lussacschen Gesetze [§ 83] $\dfrac{495 \cdot T}{273}$. Danach kann man auch den osmotischen Druck bei der Gefrierpunktstemperatur berechnen [vgl. § 89].

## D. Gesetze der luftförmigen Körper.

§ 45. **Grundeigenschaften.** Die luftförmigen Körper oder gasförmigen Flüssigkeiten teilt man ein in Gase und Dämpfe, die sich dadurch unterscheiden, daß Gase schon bei gewöhnlicher Temperatur luftförmig sind, Dämpfe erst bei erhöhter Temperatur [vgl. § 95]. Luftförmige Körper sind ohne bestimmtes Volumen und ohne bestimmte Gestalt; sie haben das Bestreben, sich auszudehnen und jeden gegebenen Raum als homogene Masse auszufüllen. Das erklärt man durch die Annahme, daß die Moleküle sich gegenseitig nicht anziehen, sondern im Gegenteil eine geradlinige, fortschreitende

Bewegung besitzen, bis sie aneinander oder an die Wand anprallen (sog. kinetische Gastheorie). Die Gesamtheit der die Wand treffenden Stöße der Moleküle äußert sich als Druck des Gases gegen die Wand. Da die Größe der Molekel gegenüber den Intermolekularräumen verschwinden klein ist, so sind nach der Hypothese von AVOGADRO in gleichen Volumina von Gasen bei gleichem Druck und gleicher Temperatur die gleiche Anzahl Moleküle enthalten. Gase und Dämpfe haben mit Flüssigkeiten das gemein, daß ein Druck in ihnen allseitig fortgepflanzt wird, daß sie infolge ihres Gewichts einen bestimmten Druck auf den Boden ausüben, der allerdings gewöhnlich sehr klein ist, und daß ein Körper in ihnen so viel an Gewicht verliert, als das gleiche Volumen des betreffenden Gases wiegt. Sie unterscheiden sich aber dadurch von ihnen, daß sie sehr leicht kompressibel sind, und daß abgeschlossene, nicht zu große Gasvolumina auf alle Wände des Gefäßes an allen Stellen gleichen Druck ausüben. Letztere Tatsache findet ihre Erklärung darin, daß die Moleküle fortwährend an die Wände des Gefäßes anprallen.

§ 46. **Luftdruck.** Daß luftförmige Körper auch der Schwere unterworfen sind, erkennt man wegen ihrer geringen Dichte (1 l Luft wiegt z. B. ca. 1 g) nur bei großen Gasmassen, z. B. bei der Atmosphäre[1]. Diese ist im wesentlichen ein Gemenge von 80% Stickstoff und 20% Sauerstoff und hat eine Höhe von ca. 150 km. Die große Bedeutung des Luftdrucks erkannte zuerst TORRICELLI, indem er auf ihn die Erscheinung zurückführte, daß Wasser in lufleere Räume eindringt. Vorher hatte man angenommen, dies geschehe, weil die Natur keine leeren Räume dulde (horror vacui). Um zu zeigen, daß doch ein Vakuum vorkommt, füllte er eine am oberen Ende geschlossene 1 m lange Röhre mit Quecksilber und stülpte sie in ein ebenfalls mit Quecksilber gefülltes Gefäß um; dann fiel zuerst das Quecksilber in der Röhre, blieb dann aber in einer Höhe von 76 cm stehen; darüber ist ein luftleerer Raum (Torricellis Vakuum). Der Luftdruck, der von oben auf das Gefäß drückt, hält also der 76 cm hohen Quecksilbersäule in der Röhre das Gleichgewicht. Man sagt dann: der Luftdruck beträgt 76 cm Quecksilber. (Da Wasser leichter ist als Quecksilber [spez. Gew. 13,6], so gehört eine 10 m hohe Wassersäule dazu, dem Luftdruck das Gleichgewicht zu halten.) Demnach ist die Größe des Luftdrucks auf 1 qcm = 76 · 13,6, also ca. 1 kg. Diese Druckeinheit

---

[1] ἀτμός Dunst, σφαῖρα Kugel = die die Erde umgebende Luft.

nennt man eine Atmosphäre; demnach ist z. B. ein Druck von
2 Atmosphären vorhanden, wenn ein Dampf oder eine Flüssigkeit
auf 1 qcm ihrer Wandung einen Druck von 2 kg ausübt. Der
Luftdruck auf die gesamte Oberfläche eines Menschen beträgt
ca. 15000 kg. Daß dadurch der Mensch nicht zerdrückt wird,
beruht darauf, daß auch im Innern des Körpers der gleiche Luftdruck herrscht. Der Luftdruck ist es auch z. B., der den Ober-
schenkelknochen in der Pfanne des Beckens hält.

§ 47. Das **Barometer**[1] dient zum Messen des Luftdrucks.

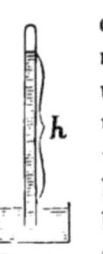

1) Die Gefäßbarometer (Fig. 35) entsprechen genau
dem TORRICELLIschen Apparate [§ 46] und sind deshalb
nicht sehr praktisch, weil sie schlecht transportabel sind,
und weil das Flüssigkeitsniveau im unteren Gefäß,
und damit auch der Nullpunkt der Skala, fortwährend
wechselt. Das beste Gefäßbarometer ist das von FORTIN,
bei dem das Quecksilber sich unten in einem Lederbeutel
befindet, der durch eine Schraube gehoben und gesenkt
werden kann. So kann das Quecksilberniveau stets auf
die gleiche Höhe eingestellt werden.

Fig. 35.

2) Die Heberbarometer (Fig. 36) bestehen aus einer
heberartigen Glasröhre mit offenem kurzen und geschlossenem
langen Schenkel. Die Größe des Luftdrucks wird hier
durch den Niveauunterschied der Quecksilbersäulen in beiden
Röhren gemessen.

Gute (Gefäß- und Heber-) Barometer müssen folgende Bedingungen erfüllen:

1) Das TORRICELLIsche Vakuum muß ganz luftleer sein. Man
erreicht das durch Auskochen des Quecksilbers in der Röhre; dadurch
wird nämlich die der Glaswand anhaftende Wasserhaut ausgetrieben,
die sonst in das Vakuum verdampfen würde.

Fig. 36.

2) Die Glasröhre muß genau kalibriert sein, d. h. die einzelnen Striche
der Skala müssen gleichen Volumteilen der Röhre entsprechen.

3) Das Quecksilber muß rein sein, da sonst sein spezifisches Gewicht
beeinflußt wird. Da auch die Temperatur einen Einfluß hat, indem das Quecksilber durch die Ausdehnung bei der Erwärmung ein kleineres spezifisches Gewicht bekommt, so reduziert man die Beobachtungen auf eine Temperatur von
0°, d. h. man berechnet, welche Höhe das Quecksilber bei 0° haben würde.
Man spricht dann von reduziertem Barometerstand. Abgelesenen
Barometerstand nennt man dagegen die Niveaudifferenz des Quecksilbers in
dem luftleeren und in dem mit Luft in Verbindung stehenden Gefäß.

4) Die Barometerröhre darf nicht zu eng sein, weil sonst die Kapillardepression zu groß wird. Beim Heberbarometer ist dieses Übel eliminiert, da
es in beiden Röhren gleich ist.

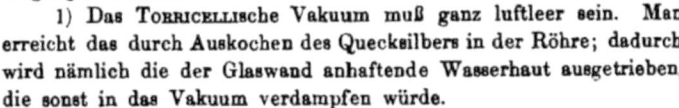

[1] βάρος Schwere, μέτρον Maß.

3) Die Aneroid[1]- oder Metallbarometer beruhen darauf, daß eine kreisförmig gebogene, luftleere Röhre aus dünnem Blech, die sog. Hohlfeder (*a b* Fig. 37), sich um so stärker krümmt, je größer der äußere Luftdruck wird. Dabei nähern sich also ihre Enden, während sie bei abnehmendem Luftdruck auseinandergehen. Diese Bewegung der Enden wird durch Hebel-übersetzungen vergrößert und auf einen Zeiger übertragen, der an einer empirisch bestimmten Skala vorbeigeht. Diese Barometer sind bequem zum Transport, aber nicht sehr genau.

Fig. 37.

Das Barometer dient also vor allem zur Bestimmung des Luftdrucks, dann aber auch zur Höhenmessung. Es ist ja klar, daß in höheren Regionen, auf denen eine kleinere und weniger dichte Luftsäule lastet, der Luftdruck geringer sein muß. Eine einfache Rechnung ergibt als annähernd richtige barometrische Höhenformel $h = 18400 (\log b_0 — \log b_h)$ wenn $b_0$ und $b_h$ den mittleren Barometerstand im unteren bzw. oberen Niveau bedeuten. Schließlich dient das Barometer auch zur Wetterbestimmung. Es steigt z. B., wenn die Lufttemperatur sinkt, wenn die Luft trockner wird, dagegen fällt es, wenn starke Luftströmungen herrschen. Die Linien, welche Orte gleichen Luftdrucks verbinden, heißen Isobaren. Sie wechseln natürlich beständig.

§ 48. **Boyle-Mariottesches Gesetz.** Unter Spannung eines Gases (oder Dampfes) versteht man sein mehr oder minder großes Bestreben sich auszubreiten, mithin auch den Druck, den es auf die Wand des einschließenden Gefäßes ausübt. Dieser Druck ist natürlich ebensogroß wie der Druck der Wand auf das Gas. Wird nun ein Gas von bestimmtem Volumen *v* in einen engeren Raum *v'* zusammengepreßt, so wird es unter höheren Druck $p_1$ gebracht, oder, anders ausgedrückt, seine Spannung wird größer:

$$p : p_1 = v_1 : v.$$

Also: bei gleichbleibender Temperatur ist die Spannung eines Gases dem Volumen umgekehrt proportional. Da nun ein und dieselbe Gasmenge in einem größeren Raume weniger dicht ist als in einem kleinen, so heißt das Gesetz auch:

Bei gleichbleibender Temperatur ist die Spannung eines Gases der Dichte proportional.

---

[1] *a* privativum, *ηρός* feucht, flüssig.

Da $p_1 v_1 = p_2 v_2 = p_x v_x$ ist, so folgt daraus, daß $pv$ für eine bestimmte Gasmenge (bei derselben Temperatur) eine konstante Größe vorstellt [vgl. § 82]. Das BOYLE-MARIOTTEsche Gesetz gilt indes nur innerhalb bestimmter Grenzen.

§ 49. Auf diesen Gesetzen beruhen u. a. folgende Erscheinungen :

Das **Saugen** geschieht dadurch, daß im Munde ein luftverdünnter Raum hergestellt wird, in den durch den äußeren Luftdruck Flüssigkeit hinein-getrieben wird. Man benutzt oft eine Pipette dazu, d. i. eine beiderseits offene graduierte Glasröhre mit Bauch in der Mitte (Fig. 38). Nimmt man sie nach dem Ansaugen aus dem Munde und hält schnell das obere Ende mit dem Finger zu, so kann die Flüssigkeit nicht herausfließen, da sie vom äußeren Luftdruck ge-tragen wird.

Fig. 38.

Das **Einatmen** beruht darauf, daß der Brustraum durch die Atemmuskeln erweitert wird. Dadurch wird der Luftdruck zwischen Lungen und Brustwand kleiner als der äußere; es strömt Luft in die Lungen. Beim Ausatmen ist es umgekehrt.

Der **Schenkelheber** (Fig. 89) besteht aus einer gekrümmten Röhre, deren eines Ende in die Flüssigkeit $c$ taucht. Solange bei $a$ gesaugt wird, fließt natürlich wieder wegen der Differenz des Luft-druckes die Flüssigkeit durch die Röhre nach unten. Dies dauert aber noch fort, auch nachdem das Saugen aufgehört hat. Denn sonst würde ja bei $b$ ein luftleerer Raum entstehen. Es ist ohne weiteres klar, daß der aufsteigende Schenkel des Hebers, wenn die Flüssigkeit z. B. Quecksilber ist, nicht höher als 76 cm sein darf.

Fig. 89.

**Wasserpumpen** sind Apparate, um Wasser in die Höhe zu befördern.

Die Saugpumpen haben folgendes Prinzip: In dem Saugrohr $a$ (Fig. 40) ist oberhalb des Wasserspiegels ein Ven-til $b$ (Bodenventil), das sich nur nach oben öffnet. Dar-über kann der in der Mitte durchbohrte Kolben $c$ durch das Hebelwerk $d$ wasser- und luftdicht auf- und niederbewegt werden. Die Öffnung im Kolben ist durch ein Kolben-ventil geschlossen, das sich auch nur nach oben öffnet. Wird nun der Kolben von unten nach oben gezogen, so entsteht unter ihm ein luftverdünnter Raum, in den Wasser einströmt. Da nun durch das Bodenventil nichts zurückfließen kann, sammelt sich nach einigen Zügen über demselben so viel Wasser an, daß es durch den Kolben hindurchdringt. Ist es einmal über dem Kolben, so kann es nicht mehr zurück und wird bis zur Ausfluß-öffnung $e$ gehoben. Es ist leicht einzusehen, daß Saug-pumpen Wasser nie über 10 m heben können.

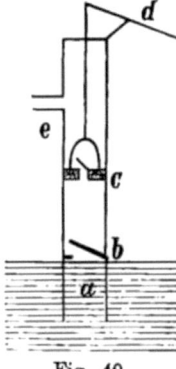
Fig. 40.

Die Druckpumpen haben ebenfalls ein Boden-ventil $a$ (Fig. 41). Der Kolben ist aber nicht durchbohrt; über dem Boden-ventil ist seitlich eine Steigröhre mit einem Ventil, das sich in der Richtung des Pfeils öffnet. Wenn hier das Wasser über das Bodenventil gekommen ist, wird es durch den niedergehenden Kolben, der eventuell durch Dampfkraft getrieben wird, in die Steigröhre zu beliebiger Höhe gepreßt.

**Manometer**[1] sind Apparate, um die Spannung (Druck) von Gasen in einem Raum von außen anzuzeigen. Die offenen M. bestehen aus doppelt gebogenen Röhren (Fig. 42), die mit einer Flüssigkeit, z. B. Quecksilber, gefüllt sind und durch das eine Ende *b* mit der Luft, durch das andere *a* mit dem betreffenden Raum, z. B. einem Dampfkessel, kommunizieren. Ist der Druck in letzterem gleich dem Atmosphärendruck, so steht beiderseits die Flüssigkeit gleich hoch. Ist aber der Druck im Kessel höher, so steigt die Flüssigkeit im Schenkel *b*. Die Höhendifferenz plus dem Barometerstande entspricht dann dem Druck im Kessel. Für hohe Spannungen verwendet man geschlossene M., bei denen der Schenkel *b* oben geschlossen ist und über der Sperrflüssigkeit eine bestimmte Luftmenge enthält. Ist deren Volumen bei einem Atmosphärendruck bekannt, so entspricht nach dem MARIOTTEschen Gesetze der halben Länge der Luftsäule ein Druck von 2 Atmosphären usw. — Für technische Zwecke gebraucht man u. a. Metallmanometer, die ähnlich konstruiert sind wie die Metallbarometer. Man verbindet hier das Innere der Hohlfeder *ab* (Fig. 37) mit dem Raume, dessen Gasdruck gemessen werden soll.

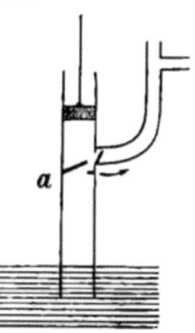

Fig. 41.

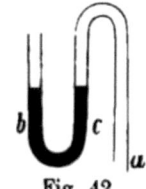

Fig. 42.

Der **Heronsball** ist ein Gefäß, aus dem durch komprimierte Luft Flüssigkeit herausgespritzt wird. Hierher gehört z. B. die Spritzflasche der Chemiker (Fig. 43). Wird durch *a* Luft eingeblasen, so wird die Luft in der Flasche komprimiert und drückt das Wasser durch die Röhre *b* heraus. Auf diesem Prinzip beruht auch der Windkessel der Feuerspritze.

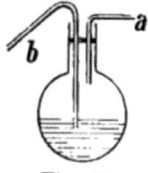

Fig. 43.

§ 50. Die **Luftpumpe** dient dazu, die Luft in einem Raum zu verdünnen; ein vollständig luftleerer Raum läßt sich natürlich nicht herstellen. Erfunden wurde sie 1650 von dem Magdeburger Bürgermeister OTTO v. GUERICKE.

In der einfachsten Form besteht sie aus einem Stiefel *A A* (Fig. 44), in dem ein Kolben *B* luftdicht auf und nieder bewegt wird. Vom Stiefel geht eine Röhre zur Glasglocke *D*, dem sogenannten Rezipienten, in dem die Luft verdünnt werden soll. Der Hahn *C* hat eine doppelte Bohrung: wenn der Kolben *B* in die Höhe gezogen wird, kann die Luft aus *D* durch *C* hindurchgehen. Damit beim

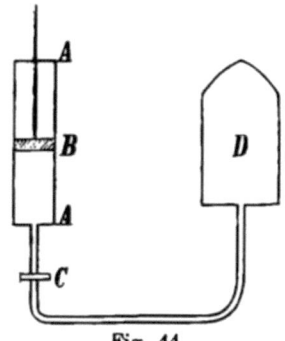

Fig. 44.

---

[1] μανό; dünn.

Niedergehen des Kolbens die Luft aber nicht zurück nach $D$ geht, wird der Hahn $C$ so gedreht, daß er diesen Weg versperrt, durch eine zweite Öffnung aber mit der Außenluft kommuniziert. Die Luftverdünnung kann wegen des sogenannten schädlichen Raums, d, i. der Raum zwischen dem am unteren Ende seines Weges angelangten Kolben $B$ und dem Hahn $C$, einen bestimmten Grad nicht übersteigen. Bei den zweistiefeligen Luftpumpen steigt immer der eine Kolben und saugt Luft aus dem Rezipienten, während der andere heruntergeht und Luft austreibt. Den Luftdruck im Rezipienten mißt man durch ein Manometer [§ 49], das hier auch Vakuummeter heißt.

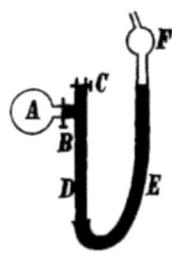

Die Wirkung der Luftpumpe demonstrierte GUERICKE durch den berühmten Versuch mit den Magdeburger Halbkugeln (1654). Er setzte zwei hohle Halbkugeln zusammen und pumpte aus ihnen die Luft so weit aus, daß jederseits acht Pferde sie nicht auseinanderbringen konnten; dies beruht natürlich auf dem Überwiegen des äußeren Luftdruckes.

Luftpumpen können bei entgegengesetzter Stellung des Hahnes auch zur Verdichtung von Luft und anderen Gasen dienen (Kompressionspumpen).

Vollkommener sind die Quecksilberluftpumpen nach GEISSLER, die auf dem TORRICELLIschen Vakuum basiert sind und Verdünnungen von $^1/_{100000}$ Atmosphäre zu erreichen gestatten.

Fig. 45.

Das Glasrohr $D$ (Fig. 45) ist durch den Gummischlauch $E$ mit dem oben offenen Gefäß $F$ verbunden und kann durch den Hahn $B$ mit dem auszupumpenden Gefäß $A$, durch den Hahn $C$ mit der atmosph. Luft verbunden resp. davon abgesperrt werden. $D$ und $E$ sind mit Quecksilber gefüllt. Wird $C$ geschlossen und $F$ gesenkt, so fällt das Quecksilber in $D$, und es entsteht oben ein luftleerer Raum, in den nach Öffnung von $B$ aus $A$ Luft abströmt. Wird nun $B$ geschlossen, $C$ geöffnet, so wird durch Heben von $F$ diese Luft durch $C$ hinausgedrängt. Dies wird öfters wiederholt.

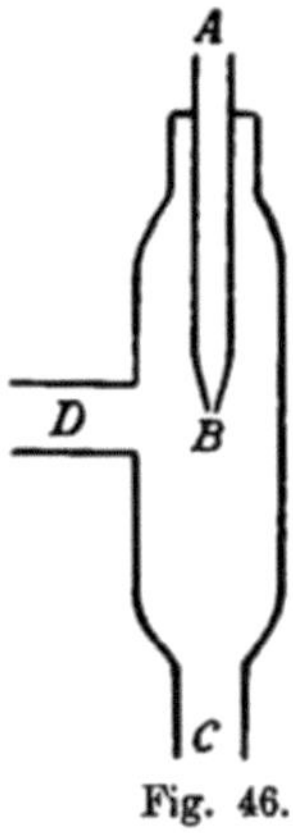

Bei den Wasserluftpumpen wird Luft durch fallendes Wasser angesaugt.

Das Rohr $A$ (Fig. 46) wird mit einer Wasserleitung verbunden. Das Wasser strömt durch $B$ nach dem Abflußrohr $C$ und reißt dabei die Luft aus dem Rohre $D$, das in den auszupumpenden Raum führt, mit sich.

Fig. 46.

§ 51. Das Archimedische Prinzip gilt auch für Luftarten; und zwar beträgt der Auftrieb in gewöhnlicher Luft 1,2 mg pro ccm, also 1,2 kg pro cbm. Da also in der Luft sowohl die zu wiegenden Körper wie die Gewichtsstücke einen Gewichtsverlust erleiden, gleich dem Gewicht der von ihnen verdrängten Luft, so ist von zwei scheinbar gleichschweren Körpern in Wirklichkeit derjenige schwerer, der das größere Volumen besitzt. Um ganz genaue Resultate zu erhalten, ist es daher nötig, die Wägungen auf den luftleeren

Raum zu reduzieren. Ist $p$ das Gewicht des Körpers, $p'$ das der Gewichtsstücke, $a$ und $a'$ der Auftrieb in Luft, so ist beim Gleichgewicht $p — a = p' — a'$, also $p = p' + a — a'$. $a$ und $a'$ findet man als Produkt aus Volumen (= Gewicht dividiert durch spezif. Gewicht) und 1,2 mg. — Ferner müssen spezifisch leichtere Körper als die Luft in ihr aufsteigen. Darauf beruht der Luftballon. Die ersten von MONTGOLFIER konstruierten waren mit erwärmter Luft gefüllt. Später wendete man Wasserstoff und jetzt meist Leuchtgas an.

§ 52. **Bewegung der Luftarten.** Auch für die Gase gilt theoretisch das Gesetz, daß die Ausflußgeschwindigkeit aus einem Gefäß $v = \sqrt{2gh}$ ist [vgl. § 37]. Da indes die Höhe einer Gassäule keine konstante Größe ist, gilt hier die etwas modifizierte Formel: $v = \sqrt{2g \cdot \dfrac{p}{s}}$, wo $p$ die Differenz zwischen dem Druck im Innern des Gefäßes und dem Außendruck, $s$ das spezifische Gewicht des Gases bedeutet. Es sind daher die Ausflußgeschwindigkeiten zweier Gase umgekehrt proportional den Quadratwurzeln aus ihren spezifischen Gewichten. Dasselbe Gesetz gilt übrigens, wie GRAHAM zeigte, auch für die Geschwindigkeit der Diffusion und Osmose von Gasen [§ 44].

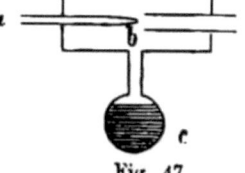

Fig. 47.

Wenn ein Gas aus einem engen Rohr in ein weites überströmt, so dehnt es sich aus, seine Dichtigkeit nimmt also an dieser Stelle ab. Es entsteht daher ein negativer Druck, der Luft und Flüssigkeiten ansaugen kann. Sehr schön zeigt dies ein Versuch von FARADAY: Bläst man durch die Spalten der ausgestreckten, aneinandergelegten Finger gegen ein nicht zu großes Stück Papier auf der andern Seite, so wird dieses angesaugt. Wird z. B. bei $a$ (Fig. 47) stark geblasen, so steigt die Flüssigkeit in $c$. Darauf beruhen die Inhalatorien, Flüssigkeitszerstäuber usw., u. a. auch der

Bunsenbrenner. Durch $R$ (Fig. 48) zugeleitetes Leuchtgas strömt bei $a$ aus und saugt durch die Öffnungen $b$ des Mantels Luft an, mit der es sich innig mengt. Zündet man das Gasgemenge an der oberen Öffnung des Brenners an, so resultiert infolge der reichlichen Sauerstoffzufuhr eine vollkommene Verbrennung des Kohlenstoffes, und man erhält eine sehr heiße, nicht

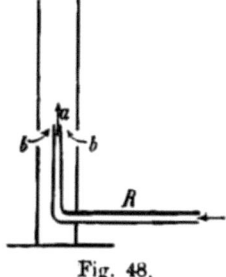

Fig. 48.

rußende, aber wenig leuchtende Flamme. Durch Verschluß von *b* entsteht
natürlich ·eine gewöhnliche Gasflamme.

§ 53. **Adsorption und Absorption.** Zwischen Gasen und der
Oberfläche fester Körper findet eine starke Anziehung statt. Die
Gase bilden dort eine dicke Schicht, sie werden verdichtet (Ad-
sorption). So haben verschiedene Körper (z. B. Chlorkalzium)
die Fähigkeit, den Wasserdampf der Luft zu Wasser zu verdichten;
sie heißen daher hygroskopisch.[1] Bei der Verdichtung muß
Wärme entstehen, die mitunter sehr groß ist. Wenn z. B. Wasser-
stoff auf mit Sauerstoff gesättigten Platinschwamm (d. i. fein poröses
Platin) strömt, wird diese Wärmeentwicklung so stark, daß das
Platin glühend wird und der Wasserstoff sich entzündet (DOEBEREINERS
Feuerzeug). Hierauf beruhen auch einige moderne Gasselbstzünder.

Absorption[2] heißt die Erscheinung, daß Gase von festen und
flüssigen Körpern „verschluckt" werden. Von festen Körpern kommen
besonders die porösen, z. B. Kohle, in Betracht. Die Fähigkeit gewisser Metalle, Gase aufzunehmen und so gewissermaßen Legierungen
mit ihnen einzugehen, hat den besonderen Namen Okklusion[3]. So
kann z. B. Palladium das 900fache seines Volumens an Wasserstoff
aufnehmen.

Bei der Absorption durch Flüssigkeiten ist zu unterscheiden die
chemische und physikalische. Bei ersterer verbindet sich das
Gas mit der Flüssigkeit zu einer festen Verbindung, aus der es nur
auf chemischem Wege freigemacht werden kann, z. B. Absorption
von Kohlensäure in Kalilauge.

Die physikalische Absorption hängt ab 1) von der Natur der
Flüssigkeit und des Gases; so absorbiert Wasser bei gleichem Druck
doppelt so viel Sauerstoff wie Stickstoff, die im Wasser absor-
bierte Luft enthält daher mehr Sauerstoff (35 %) als die atmo-
sphärische Luft. Das Gasvolumen, das von der Volumeneinheit der
Flüssigkeit bei 760 mm Quecksilberdruck aufgenommen wird, bezeichnet man als Absorptionskoeffizienten. Die physikalische
Absorption hängt 2) ab vom Drucke. Nach dem Gesetze von
Henry absorbiert ein bestimmtes Volumen Flüssigkeit bei verschiedenen Drucken stets gleiche Volumina Gas; da nun diese Gasvolumina nach dem BOYLE-MARIOTTEschen Gesetze eine dem Druck
proportionale Gasmenge enthalten, so kann man auch sagen, daß
die unter sonst gleichen Umständen absorbierten Gasmengen den
Drucken proportional sind. Bezüglich des Druckes ist noch zu

---

[1] ὑγρός feucht. [2] *absorbeo* aufsaugen. [3] *occludo* einschließen.

bemerken, daß bei Gasgemengen nur der Partiärdruck in Frage kommt, d. h. der Druck jedes einzelnen Gases, unabhängig von dem der anderen Gase (Gesetz von DALTON). So hängt z. B. die Absorption von Sauerstoff im Wasser nicht vom ganzen Luftdruck, sondern nur vom Druck des Sauerstoffs der Luft ab. Wird also z. B. über eine Flüssigkeit, die ein Gas absorbiert enthält, ein anderes Gas geleitet, so wird, da jetzt der Partiärdruck des ersten Gases = 0 wird, das Gas aus der Flüssigkeit entweichen. Die physikalische Absorption hängt 3) auch noch ab von der Temperatur; im allgemeinen nimmt das Absorptionsvermögen mit steigender Temperatur ab. Um also Gase aus Flüssigkeiten freizumachen, hat man zwei Wege: den Druck herabzusetzen (wie das z. B. beim Öffnen einer Flasche Selterwasser geschieht) oder die Temperatur zu erhöhen.

§ 54. **Reibung.** Wenn Gase und auch Flüssigkeiten in Gefäßen strömen, so erleiden sie an der Wand und auch in ihrem Innern eine Reibung (äußere und innere R.). Bei Flüssigkeiten bedingt die innere Reibung ihre mehr oder weniger große Zähigkeit (Viskosität[1]). Man stellt sich nun vor, daß die äußerste Schicht infolge der Adhäsion zur Wand sich gar nicht bewegt, die mittelste Schicht am schnellsten, und daß zwischen beiden Extremen ein allmählicher Übergang der Geschwindigkeiten stattfindet.

# Allgemeine Wellenlehre.

§ 55. **Definition.** Unsere Wahrnehmungen von der Außenwelt beruhen darauf, daß die spezifischen Sinnesapparate in einer jedem eigentümlichen Weise durch Impulse der Außenwelt in Schwingungen versetzt werden und diese Schwingungen zum Gehirn fortpflanzen, wo sie dann ins Bewußtsein übertragen werden. Die Bewegungsvorgänge der Außenwelt können nun direkt oder indirekt auf uns einwirken. Ersteres ist der Fall, wenn der ursprünglich bewegte Körper selbst die Endigungen unserer Sinnesorgane erregt, wenn also z. B. jemand von einer Kugel getroffen wird, wenn die (gasförmigen) Riechstoffe unmittelbar auf die Enden des Riechnerven einwirken usw. Bei der zweiten Kategorie dagegen, zu der besonders Schall, Wärme und Licht gehören, gelangen nicht die ursprünglich in Bewegung

---

[1] *viscosus* klebrig, zähe; *viscum* Mistel bzw. der daraus bereitete Vogelleim.

befindlichen Körper oder Teile von ihnen zu uns, sondern ihre Bewegung wird erst durch ein Medium auf uns übertragen. Diese
Übertragung geschieht nun in einer eigentümlichen Form, nämlich
durch Wellenbewegung. Wellenbewegung ist die Fortpflanzung einer Gleichgewichtsstörung (eines Impulses) durch
pendelartige (oszillierende) Schwingungen kleinster Teilchen, wobei immer die Bewegung der folgenden durch die
der vorhergehenden hervorgerufen (induziert) wird. Die
Ortsbewegung der Teilchen selbst ist hierbei nur gering, dagegen
wird der Impuls oft außerordentlich schnell fortgepflanzt. Es findet
also nur ein Transport von Energie, nicht von Massen statt.

§ 56. **Intensität.** Da die Wellenbewegung sich (in homogenen
Medien) gleichmäßig nach allen Seiten ausbreitet, sind die Wellen-
flächen Kugelschalen, verhalten sich also wie die Quadrate der
Radien. Letztere, also die Verbindungslinien eines Punktes der
Wellenfläche mit dem Störungszentrum, heißen auch Wellenstrahlen. Da die anfängliche Gleichgewichtsstörung sich auf immer
größere Flächen verteilt, muß die Bewegung entsprechend schwächer
werden. Die Intensität der Wellenbewegung ist also umgekehrt proportional dem Quadrat der Entfernung vom
Störungszentrum.

§ 57. **Wasserwellen.** Die Bezeichnung Wellenbewegung rührt
von den Wasserwellen her, von denen auch wir zum besseren Verständnis ausgehen wollen. Fällt nämlich ein Stein ins Wasser, so
entstehen bekanntlich um diesen Punkt konzentrische Kreise, die
immer größer und zugleich schwächer werden. Hierbei wechseln
stets Erhebungen über das allgemeine Niveau (Wellenberge) mit
Senkungen (Wellentälern) ab. Durch den niederfallenden Stein
wird nämlich ein Druck aufs Wasser ausgeübt; es entsteht daher an
dieser Stelle ein Wellental. Das hierdurch verdrängte Wasser muß
ausweichen, und da dies am leichtesten nach oben möglich ist, so
entsteht rings um den Störungsmittelpunkt ein Wellenberg. Durch
den Einfluß der Schwere sinken aber die gehobenen Wasserteilchen
wieder zurück, sogar unter das Niveau, ebenso wie ein Pendel nach
einem Ausschlag über den Ruhepunkt nach der anderen Seite hinaus-
geht. Dort, wo eben ein Wellenberg war, entsteht somit jetzt ein
Wellental. Die dadurch verdrängten Teilchen bilden wieder, wie
zuerst, um das Wellental einen kreisförmigen Wellenberg, und so
setzt sich das Spiel fort, bis endlich die Welle erlischt resp. durch
ein Hindernis vernichtet wird. Schon aus dieser Beschreibung geht
hervor, daß bei der Wellenbewegung nicht die Wassermasse selbst

horizontal verschoben wird. wie es zuerst scheinen könnte. Ein einfacher Versuch bestätigt das: Ein Stückchen Holz nämlich, das auf
dem Wasser schwimmt, bleibt ruhig auf derselben Stelle, während
die Wellen unter ihm fortschreiten. Genauere Aufschlüsse gaben die
Untersuchungen der Gebrüder WEBER. Sie zeigten, daß die einzelnen
Wasserteilchen kleine Kurven beschreiben, gewöhnlich Kreise oder
Ellipsen. Fig. 49 zeigt, wie dadurch eine Wellenbewegung zustande
kommt. Es stellen I—XIII benachbarte Wasserteilchen im Stadium
der Ruhe vor. Wenn nun I eine Schwingung (Oszillation) ausführt,
werden auch die andern Teilchen, z. B. bis XII, dazu veranlaßt, nur
daß jedes folgende immer etwas später damit beginnt. In Fig. 49
ist nun der Fall dargestellt, daß I eben eine ganze Schwingung in
der Richtung des Pfeils vollendet hat, also sich in Punkt 1 seiner
Bahn befindet. Dann ist II noch nicht so weit, sondern erst in 12,
III in 11 usw. Verbindet man die Stellung der einzelnen Teilchen,

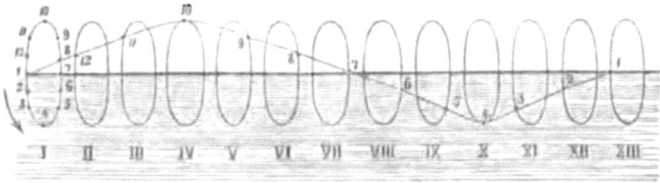

Fig. 49.

so resultiert eine Wellenlinie, und zwar stellt der Teil derselben
zwischen I und VII den Wellenberg, zwischen VII und XII das
Wellental vor. Selbstverständlich gilt diese graphische Darstellung
der Welle nur für einen Augenblick; im nächsten Moment werden
ja die Teilchen eine andere Stellung einnehmen, die Welle wird fortschreiten. Auch ist natürlich die hier gewählte Zahl der zu einer
Welle gehörenden Wasserteilchen ganz willkürlich. Die Strecke
I—XIII heißt nun Wellenlänge; mit anderen Worten, es ist diejenige Strecke, um die sich die Wellenbewegung fortpflanzt, während
Teilchen I eine ganze Oszillation ausführt. Denn wenn I nach Punkt 2
seiner Bahn kommt, fängt II an zu schwingen, kommt z. B. I nach
Punkt 5, so fängt V an zu schwingen, und wenn schließlich I am
Ende seiner Oszillation ist, so beginnt XIII seine Bewegung. Während
einer ganzen Schwingung von I hat sich also die Wellenbewegung
bis XIII fortbewegt, und diese Strecke heißt eben Wellenlänge.
Man nennt nun (wie beim Pendel) die Entfernung eines Teilchens
aus der Ruhelage während einer Oszillation seine Elongation oder

Amplitude. Die Zeit, welche ein Teilchen zu einer ganzen Schwingung braucht, also nach obigem auch die Zeit, in der die Wellenbewegung um eine Wellenlänge vorschreitet, heißt Schwingungszeit. Unter Phase versteht man den Bewegungszustand eines Teilchens, der charakterisiert ist durch seine Elongation und seine Bewegungsrichtung. Letztere ist deshalb wichtig, weil ja bei gleicher Elongation das Teilchen einmal im Wellenberg, das andere Mal im Wellental liegen bzw. bei geradliniger Schwingung denselben Punkt einmal in der Richtung von unten nach oben, das andere Mal von oben nach unten passieren kann. Im ersten Falle hat das Teilchen positive, im letzten negative Phase; die Phasen sind also dann entgegengesetzt. Aus Fig. 49 geht nun hervor, daß Teilchen, welche um eine ganze Wellenlänge (z. B. I und XIII) oder überhaupt um eine gerade Zahl von halben Wellenlängen voneinander entfernt sind, stets dieselbe Phase haben müssen. Teilchen dagegen, die voneinander um eine halbe oder überhaupt um eine ungerade Zahl von halben Wellenlängen abstehen, besitzen stets entgegengesetzte Phase.

§ 58. **Wellen durch Elastizität.** Während die Wellen an der Oberfläche des Wassers auf die Schwerkraft zurückzuführen sind, beruhen andere auf den anziehenden Kräften und der Elastizität der kleinsten Teilchen. Im übrigen sind die Verhältnisse ähnlich den oben beschriebenen. Also auch hier kommt die Wellenbewegung durch Schwingungen (Oszillationen) kleinster Teilchen zustande.

§ 59. **Transversale Wellen,** zu denen z. B. die beschriebenen Oberflächenwellen des Wassers, ferner die Licht- und Seilwellen gehören, sind solche, bei denen die kleinsten Teilchen senkrecht zur Fortpflanzungsrichtung der Welle oszillieren. Hierbei beschreiben sie entweder Kreise oder Ellipsen oder schwingen geradlinig auf und ab. Letztere Form der Bewegung ist offenbar nur ein Spezialfall der ersteren, indem der Querdurchmesser der Kurve 0 wird.

§ 60. **Longitudinalwellen,** zu denen z. B. die Schallwellen gehören, entstehen durch Schwingungen der Teilchen in der Fortpflanzungsrichtung der Wellenbewegung. Sie sind also keine Wellen im gewöhnlichen Sinne; denn bei ihnen gibt es keine Wellenberge und -täler, sondern es entstehen abwechselnd Verdichtungen und Verdünnungen des Mediums. Zur Veranschaulichung stelle man sich vor, daß in einer Reihe hintereinanderstehender Knaben, von denen jeder seine Hände auf die Schultern des Vordermannes gelegt hat, der hinterste einen Stoß nach vorn bekommt. Dann macht er natürlich eine Bewegung nach vorn, die sich der Reihe nach auf die vor ihm Stehenden überträgt. Während aber alle infolge des Widerstandes der Vordermänner sich wieder aufrichten, kann dies der Vorderste in der Reihe nicht und fällt hin. So hat sich also der Impuls durch die ganze Reihe fortgepflanzt, und der Effekt ist der gleiche, wie wenn der Vorderste den Stoß direkt erhalten hätte. Insofern kann man auch hier von einer Wellenbewegung sprechen. Au Stelle der Armmuskeln in diesem Beispiel ist in der Natur die Elastizität des Mediums wirksam. In Fig. 50 stelle z. B. die mittelste Reihe eine Anzahl von Luftmolekülen im Ruhezustande dar. Durch einen Impuls werde a nach links verschoben, so daß es die Stellung a′

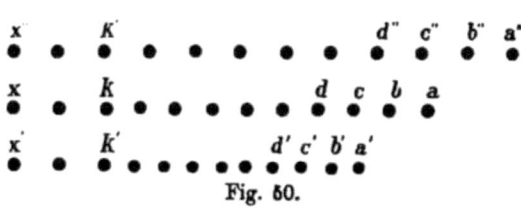

Fig. 50.

(unterste Reihe) einnimmt. Durch seine Bewegung wirkt es aber auch auf b, das nach b′ kommen wird, dieses wieder auf c usw. Kurz, in der Zeit, während a nach a′ gelangt, wird sich die Bewegung nach links eine bestimmte Strecke fortpflanzen, z. B. bis k. Diese Strecke wird um so größer sein, je größer die Elastizität zwischen den Teilchen ist (in unserem obigen Beispiel, je straffer die Armmuskeln gespannt sind). Innerhalb der Strecke a′ k′ muß also eine Verdichtung gegen vorher bestehen. Wird anderseits a nach rechts verschoben, etwa bis a″ (oberste Reihe), so muß auch b nach b″ gehen, da nun die elastische Kraft zwischen b und c größer als die zwischen b und a ist. Diese Bewegung nach rechts, die sich wieder entsprechend der Elastizität des Mediums eine gewisse Strecke in der Richtung a″ x″ etwa bis k″ fortpflanzen wird, bedingt eine Verdünnung. Sowohl die Verdichtung wie die Verdünnung machen natürlich nicht Halt in k′ resp. k″, sondern schreiten weiter fort. Bei jeder longitudinalen Wellenbewegung wechseln nun solche Verdichtungen und Verdünnungen beständig miteinander ab; denn jede Pendelbewegung — und das sind ja eben die Bewegungen der kleinsten Teilchen — geht nach zwei Richtungen. Die Strecke, um welche sich die (Verdichtungs- oder Verdünnungs-) Bewegung fortpflanzt, während ein Teilchen eine ganze Pendelschwingung ausführt, heißt wiederum Wellenlänge. Man kann auch sagen, daß eine Verdichtung und eine Verdünnung zusammen eine Wellenlänge ergeben. Trotz der verschiedenen Bewegung ist also das Wesen der Longitudinal- und Transversalwellen gleich; letztere werden daher aus Bequemlichkeit auch benutzt, um erstere graphisch darzustellen.

**§ 61. Fortpflanzungsgeschwindigkeit.** Für beide Arten der Wellenbewegung gelten folgende Sätze über die **Fortpflanzungsgeschwindigkeit** (*v*): Bezeichnet *λ* die Wellenlänge, *n* die Schwingungszahl, d. h. die Zahl, welche angibt, wie oft ein Teilchen in 1 Sekunde schwingt, so ist:

$$v = n\lambda.$$

Denn jeder ganzen Schwingung eines Teilchens entspricht das Fortschreiten der Bewegung um eine Wellenlänge. Bedeutet *T* die Schwingungszeit eines Teilchens, so ist $n = \dfrac{1}{T}$ und somit auch

$$v = \frac{\lambda}{T}.$$

Aus diesen Gleichungen folgt, daß die Fortpflanzungsgeschwindigkeit ganz unabhängig von der Amplitude ist.

Es ist nun zweckmäßig, die Fortpflanzungsgeschwindigkeit auch durch die Elastizität des Mediums auszudrücken, die, wie erwähnt, eine große Rolle spielt. Bezeichnet man dieselbe (bzw. den Elastizitätsmodul) mit *e*, die Dichtigkeit des Mediums mit *d*, so ist nach NEWTON

$$v = \sqrt{\frac{e}{d}}.$$

Dichte und Elastizität dürfen nicht miteinander verwechselt werden. Je dichter ein Körper ist, desto schwerer können seine Teilchen gegeneinander verschoben werden, je größer seine Elastizität ist, um so schneller wird eine Gleichgewichtsstörung fortgepflanzt [§ 60]. Der hypothetische Äther besitzt sehr große Elastizität, außerordentlich geringe Dichte; daher pflanzt sich in ihm das Licht so schnell fort.

**§ 62. Huygenssches Prinzip. Beugung.** Bisher wurde angenommen, daß die Wellenbewegung vom Störungszentrum aus in Form einfacher konzentrischer Kugelwellen vor sich geht. Da hierdurch manche Erscheinungen nicht erklärt werden, stellte HUYGENS die Hypothese auf, daß jeder Punkt einer Welle ebenso als Zentrum einer neuen Wellenbewegung betrachtet werden muß, wie der ursprüngliche Störungsmittelpunkt. Anders ausgedrückt, von jedem Punkte einer Welle gehen ebenfalls (Elementar-) Kugelwellen aus. Für gewöhnlich, in homogenen Medien, heben sich allerdings diese Elementarwellen auf, so daß eine einzige große Kugelwelle resultiert (Fig. 51). Kann sich aber die Wellenbewegung nicht gleichmäßig nach allen Seiten fortpflanzen, geht sie

z. B. durch einen engen Spalt, so kommt das HUYGENssche Prinzip
zur Geltung. So wird verständlich, daß auch Punkt *a* erregt wird,
zu dem die Welle nicht direkt
kommen kann. Er wird nämlich,
natürlich in schwächerem Maße,
von den Elementarwellen getroffen.
Diese Erscheinung heißt Beugung,
da ja gewissermaßen der Schall und
das Licht um die Ecke herum ge-
beugt wird.

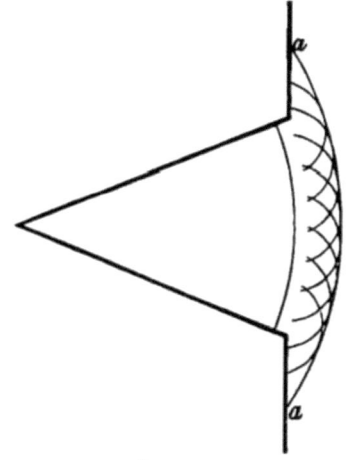

Fig. 51.

§ 63. **Reflexion und Re-
fraktion.** Kommt eine Welle an
ein Medium von anderer Dichte,
so wird ein Teil von ihr ins alte
Medium zurückgeworfen (reflektiert), der andere geht ins neue
Medium und erfährt dabei eine
Richtungsänderung (Brechung,

Refraktion). Ist das neue Medium unendlich mal dichter, so ist die
reflektierte Welle gegen die einfallende um eine halbe Wellenlänge
verschoben, sie hat also entgegengesetzte Phase. Mit anderen Worten,
wenn die Welle als Wellental ankommt, beginnt sie den Rückweg
als Wellenberg (Fig. 52). Ist das neue Medium unendlich mal dünner,
so findet keine Phasenveränderung statt. Zwi-
schen diesen beiden Extremen existieren Übergänge, wo also die Phasendifferenz den Bruchteil einer halben Wellenlänge beträgt. Diese
Verhältnisse sind ähnlich den Vorgängen beim
Anprall einer elastischen Kugel gegen eine
andere in Ruhe befindliche. Ist letztere größer

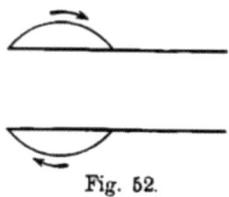

Fig. 52.

(also dem dichteren Medium vergleichbar), so prallt die erste Kugel
nach der entgegengesetzten Seite, ist jene aber kleiner, so behält
die erste ihre Richtung bei.

Es stelle nun (Fig. 53) *df* einen so kleinen Teil einer Kugelwelle dar,
daß er als eben, die vom Störungszentrum dorthin gezogenen Verbindungslinien, die Wellenstrahlen, als parallel betrachtet werden können. Schreitet
die Welle in der Richtung des Pfeiles vor, so stößt zuerst Strahl *a* in *d* auf
die Grenzschicht *MN*. Während nun die Hauptwelle von *f* nach *h* vorschreitet, gehen nach dem HUYGENschen Prinzip von *d* aus Elementarwellen
nach beiden Medien, deren Radien sich verhalten wie die Fortpflanzungsgeschwindigkeit in diesen Medien. *dr* muß natürlich == *fh* sein, da ja in
demselben Medium die Fortpflanzungsgeschwindigkeit gleich ist. In derselben

Zeit schreitet die Bewegung im mittleren Strahl $b$ von $e$ nach $g$ und von hier in die beiden Medien bis nach $s$ und $m$ vor. Entsprechend verhält es sich mit den anderen unendlich vielen Strahlen zwischen $a$ und $c$. Aus allen diesen Elementarwellen entsteht nun die reflektierte und die gebrochene Welle, dargestellt in der Figur durch die von $h$ aus an die verschiedenen Elementarwellen gelegten gemeinsamen Tangenten $hr$ und $hl$. Die Senkrechten auf letzteren sind dann die reflektierten bzw. gebrochenen Strahlen. Errichtet man

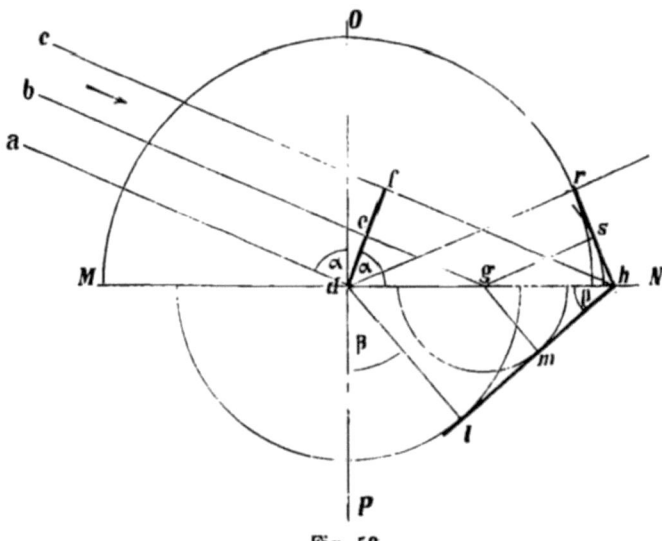

Fig. 53.

nun dort, wo die „Einfallsstrahlen“ an das neue Medium stoßen, eine Senkrechte, das „Einfallslot“ $OP$, so ergibt sich direkt aus der Figur, daß $\angle\, adO$, der „Einfallswinkel“, $= \angle\, Odr$, dem „Reflexionswinkel“ ist. $\angle\, Pdl$ heißt Brechungswinkel $(\beta)$. Es ist nun $\angle\, fdh = \alpha$, $\angle\, dhl = \beta$. Also $\sin \alpha = \dfrac{fh}{dh}$, $\sin \beta = \dfrac{dl}{dh}$. Folglich $\dfrac{\sin \alpha}{\sin \beta} = \dfrac{fh}{dl}$. Da letzteres Verhältnis nur von der Fortpflanzungsgeschwindigkeit der Wellenbewegung, nicht aber von der Größe der Winkel abhängt, so ist es für zwei bestimmte Medien stets unveränderlich. Man schreibt daher auch $\dfrac{\sin \alpha}{\sin \beta} = n$. [Vgl. § 115.]

Die so gewonnenen Gesetze heißen also:

1) Einfallsstrahl, Einfallslot, reflektierter und gebrochener Strahl liegen in einer Ebene.

2) Der Einfallswinkel ist gleich dem Reflexionswinkel.

3) Der Sinus des Einfallswinkels steht zum Sinus des Brechungswinkels für je 2 Medien in einem konstanten Verhältnis, das unabhängig ist von der Größe der Winkel,

dagegen identisch ist mit dem Verhältnis der Fortpflanzungsgeschwindigkeit in den beiden Medien.

§ 64. **Interferenz. Superposition.** Interferenz[1] heißt die
Erscheinung, daß 2 oder mehrere Wellenzüge miteinander zusammentreffen. Wir betrachten hier nur parallele Wellen. Diese können
entweder gleiche oder entgegengesetzte Richtung haben, ferner können
die Wellenlängen, Amplituden, Phasen gleich oder verschieden sein.
Immer gilt das Gesetz von der Superposition[2] kleiner Bewegungen:
Wenn einem Punkte gleichzeitig
mehrere Schwingungsimpulse erteilt
werden, so führt er die ihrer algebraischen Summe entsprechende Bewegung aus. Gleiche Phasen addieren
sich also, entgegengesetzt gerichtete
schwächen sich. Man erkennt dies
leicht aus Fig. 54, wo die gestrichelten
Linien die ursprünglichen Wellen, die
ausgezogenen die resultierenden vorstellen. III zeigt die interessante Tatsache, daß 2 Wellenbewegungen einan-

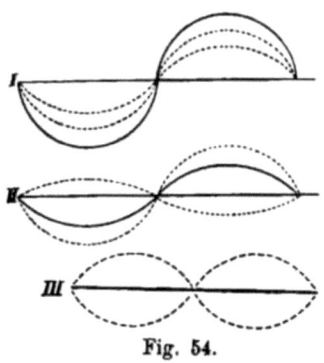

Fig. 54.

der nicht nur schwächen, sondern sogar ganz aufheben können. Dies
ist stets der Fall, wenn 2 Wellen von gleicher Wellenlänge und
Amplitude um eine halbe Wellenlänge differieren, d. h. also genau
entgegengesetzte Phase haben. Wie durch Superposition mehrerer
Wellen neue Wellenformen entstehen, so lassen sich anderseits alle
komplizierten Wellenformen in einfache pendelartige Schwingungen
zerlegen (Fourierscher Satz).

§ 65. **Stehende Schwingungen.** Die Figuren 49—54 geben
alle die betreffende Wellenform nur während eines Augenblicks
wieder. Im nächsten schon muß sie sich verschieben, weil zwei
benachbarte Teilchen stets verschiedene Phasen haben. Mit einem
Worte, bisher war nur die Rede von fortschreitenden Wellen.
Wenn dagegen ein an einem Ende befestigter Stab schwingt, so
vollführen seine Teilchen stets stehende Schwingungen, d. h. sie
bewegen sich gleichmäßig und isochron nach derselben Richtung.
Solche stehende Schwingungen können auch dadurch entstehen,
daß 2 Wellen von gleicher Wellenlänge und Amplitude gegenein-
anderlaufen. Zum besseren Verständnis betrachten wir zunächst
Seilwellen. Ist das Seil an einem Ende befestigt, und wird das

---

[1] *interfero* dazwischentragen.  [2] *superpono* darüberstellen.

freie Ende geschüttelt, so entstehen transversale Wellen, die bis zum befestigten Ende laufen; dort werden sie so reflektiert [vgl. § 63], daß sie den Rückweg mit entgegengesetzter Phase beginnen. Wenn nun diese reflektierten Wellen mit den ankommenden interferieren, so finden an gewissen Stellen, den Knotenpunkten, gar keine Schwingungen statt, die dazwischen liegenden Strecken, die Schwingungsbäuche, bewegen sich dafür um so mehr. Die Schwingungsrichtung der Teilchen zwischen zwei Knoten ist immer gleich, so daß die Wellenberge und -täler nicht fortschreiten, sondern auf derselben Stelle miteinander abwechseln; es handelt sich hier also um stehende Wellen. Es stelle z. B. Fig. 55 ein Stück dieses Seiles vor, dessen Enden nicht gezeichnet sind. Die punktierten Linien bedeuten die ankommenden, die gestrichelten die reflektierten, die ausgezogenen die resultierenden Wellen. I zeigt den Fall, daß die Phasen genau entgegengesetzt sind. Die Folge ist, daß eine gerade Linie resultiert, d. h. die Wellenbewegungen heben sich auf. In II ist die ankommende Welle um $^1/_8$ Wellenlänge nach rechts vorgeschritten, die reflektierte um ebensoviel nach links. Es resultiert die ausgezogene Wellenform. Man sieht, daß die Knotenpunkte $C$ und $D$ in Ruhe geblieben sind, daß dagegen $E$ eine erhebliche Exkursion gemacht hat. In III ist die Verschiebung nach rechts bzw. links wieder um $^1/_8$ Wellenlänge

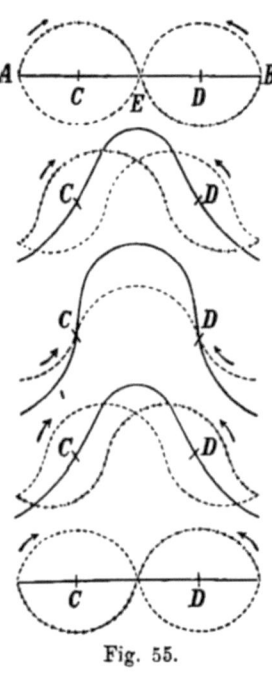

Fig. 55.

weitergegangen. Die Knotenpunkte sind wiederum unverändert; die Exkursion des Bauches hat ihr Maximum erreicht. In IV geht sie wieder zurück, und in V ist der Zustand von I erreicht, aber in entgegengesetzter Richtung. Denn nun würde, was nicht mehr gezeichnet ist, die Bewegung des Wellenbauches nach unten vor sich gehen. Immer also schwingen nur die Bäuche, die Knoten bleiben in Ruhe. Was für Seilwellen gilt, ist bei allen andern Wellen (einschließlich der longitudinalen) auch der Fall. Diese Verhältnisse lassen auch eine Umkehrung zu: wenn irgendwelche Stellen oszillierender Körper am Schwingen gehindert werden, so bilden sich daselbst Knotenpunkte.

# Akustik.

**§ 66. Definition.** Akustik[1] ist die Lehre vom Schall. Unter Schall versteht man alle Schwingungen von Körpern, die durch Vermittlung der Luft oder eines anderen Mediums von dem Gehörorgan wahrgenommen werden. Sind die Schwingungen ungleich und unregelmäßig, so entsteht ein Geräusch (z. B. Knall, Krach usw.); sind sie gleich und regelmäßig, so entsteht ein Ton.

**§ 67. Töne** sind charakterisiert durch ihre Höhe, Intensität und Klangfarbe.

1) Die Höhe eines Tones hängt von der Anzahl der Schwingungen der Tonquelle ab. Je größer die Schwingungszahl ist, desto höher ist der Ton. Hält man z. B. ein Kartenblatt gegen ein rotierendes Zahnrad, so entsteht ein Ton, der um so höher ist, je schneller sich das Rad dreht, d. h. je mehr Stöße in der umgebenden Luft entstehen.

Die Schwingungszahl findet man z. B. mittels der Sirene von Cagniard de la Tour. Durch Rohr *B* (Fig. 56) kommt aus einem Blasebalg Luft in die Trommel *T*, deren Deckel einen oder mehrere Kreise von schräg gebohrten Löchern enthält. Auf diese Löcher passen genau Löcher der beweglichen Scheibe *OP*, die aber in entgegengesetzter Richtung schief gebohrt sind. Diese Anordnung erhellt aus Fig. 56a und ist der Grund, daß sich die Scheibe *OP* beim Anblasen der Sirene nach dem Prinzip des Segnerschen Wasserrades drehen muß. Mit der Scheibe dreht sich aber zugleich die Achse *D*, die oben eine Schraube trägt Durch diese wird die Bewegung auf Zahnräder übertragen und schließlich durch ein Uhrwerk registriert. Durch die Drehung wird bewirkt, daß die Luft stoßweise durchtritt, nämlich immer nur, wenn die Löcher der Scheibe über denen des Deckels sind. Es entstehen also Stöße in der umgebenden Luft, und zwar während einer

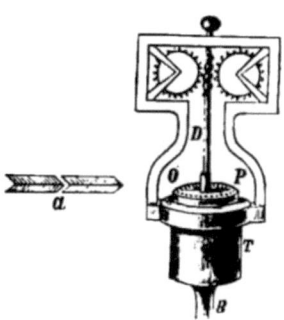

Fig. 56.

Umdrehung so viel, wie Löcher vorhanden sind. Die Anzahl der Löcher multipliziert mit der Zahl der Umdrehungen in 1 Sekunde ergibt daher die Schwingungszahl. Die Schwingungszahl einer beliebigen Tonquelle findet man, indem man die Sirene so anbläst, daß sie denselben Ton gibt.

Vibrograph nennt man eine Vorrichtung, bei der der tönende Körper, z. B. eine Stimmgabel, durch eine an ihm befestigte Feder seine Schwingungen selbsttätig auf einen berußten Zylinder aufschreibt, der sich mit gleichmäßiger Geschwindigkeit senkrecht zur Schwingungsrichtung vorbeidreht. Aus der entstehenden Wellenlinie ergibt sich, wenn zugleich die Zeit markiert wird, sofort die Schwingungszahl.

---

[1] ἀκούω hören.

2) Die Intensität (Stärke) eines Tones hängt ab von der kinetischen Energie, mit der die Enden der Hörnerven getroffen werden. Sie ist also proportional dem Quadrate der Schwingungsgeschwindigkeit, bzw. dem Quadrate der Amplitude. Ferner ist die Intensität umgekehrt proportional dem Quadrate der Entfernung von der Schallquelle [vgl. § 56]. Dies gilt natürlich nur, wenn sich der Schall allseitig ausbreiten kann. In Röhren z. B. ist die Intensität viel größer. Darauf beruht ja das Sprach- und Hörrohr. Auch die Dichte des Mediums, in dem der Schall entsteht resp. sich fortpflanzt, beeinflußt seine Stärke. Im Vakuum wird überhaupt kein Ton gehört, und Schüsse auf hohen Bergen klingen nur schwach.

3) Die Klangfarbe verleiht dem Tone die Individualität. Durch sie wird erkannt, von welchem Instrumente ein gleichhoher Ton stammt. Nach HELMHOLTZ beruht sie darauf, daß ein Ton gewöhnlich nicht isoliert erklingt, sondern zusammen mit verschiedenen seiner Obertöne [§ 68], wodurch eben nach dem Gesetz der Superposition der eigentümliche Klang entsteht, graphisch dargestellt durch die Form der Wellenlinie.

§ 68. **Tonverhältnisse.** Das menschliche Ohr kann Töne wahrnehmen, deren Schwingungszahlen zwischen 14 und 40000 liegen. Musikalisch verwendbar sind aber nur solche mit Schwingungszahlen zwischen 40 und 5000. Indes werden nicht sämtliche Töne innerhalb dieser Grenzen benutzt, sondern es wird unter ihnen eine Auswahl getroffen, die von den Intervallen abhängt.

Unter Intervall zweier Töne versteht man den Unterschied in ihrer Höhe, ausgedrückt durch das Verhältnis ihrer Schwingungszahlen. Die einfachsten Intervalle sind die zwischen einem (beliebigen) Grundton und seinen harmonischen Obertönen, deren Schwingungszahlen nämlich 2, 3, 4 usw. mal so groß wie die des Grundtons sind. Harmonisch heißen diese Obertöne, da ihr Zusammenklingen mit dem Grundton angenehm wirkt [vgl. § 75]. Verhalten sich die Schwingungszahlen wie 2:1, so heißt das Intervall Oktave. Die Oktave eines Tones von 3000 Schwingungen ist demnach ein Ton von 6000 Schwingungen. Teilt man nun eine Oktave in 8 Intervalle von möglichst einfachen Zahlenverhältnissen, so erhält man die diatonische Tonleiter:

| Prime | Sekunde | Terz | Quarte | Quinte | Sexte | Septime | Oktave |
|-------|---------|------|--------|--------|-------|---------|--------|
| 1 : 1 | 9 : 8   | 5 : 4| 4 : 3  | 3 : 2  | 5 : 3 | 15 : 8  | 2 : 1  |

Je einfacher nun das Verhältnis der Schwingungszahlen ist, desto angenehmer klingt ein Akkord. Am angenehmsten klingt also Grundton mit Oktave (1:2). Der zweite Oberton steht zum Grundton im

Verhältnis $3:1$, anders geschrieben $\frac{3}{2} \cdot 2:1$; er ist also die Quinte der ersten Oktave; der dritte Oberton $(4:1)$ ist die zweite Oktave; der vierte Oberton $(5:1$ resp. $\frac{5}{4} \cdot 4:1)$ ist die Terz der zweiten Oktave usw. Dem entspricht, daß nächst der Oktave die Quinte und Terz mit dem Grundton zusammen am besten klingen. Wie leicht auszurechnen, sind die einzelnen Intervalle der diatonischen Tonleiter ungleich. Hauptsächlich kommt das Intervall $^9/_8$ und $^{16}/_{15}$ vor; ersteres heißt ein ganzer Ton, letzteres ein halber. Um nun jeden beliebigen Ton als Grundton verwerten zu können, schaltete man zwischen die ganzen Töne noch halbe ein. So entstand die chromatische Tonleiter, die vom Grundton bis zur Quinte 7, bis zur Oktave 12 halbe Töne enthält. Wie eine einfache Rechnung lehrt, kann sie aber nie ganz rein sein. Bei der chromatischen Tonleiter, z. B. auf dem Klavier, kommt man nämlich durch 12 Quinten auf die siebente Oktave. In Wahrheit beträgt nun das Intervall von 7 Oktaven $2^7 = 128$, das Intervall von 12 Quinten $\frac{3}{2}^{12} = 129{,}74$. Es ist also eine Differenz vorhanden. Wenn die Oktaven ganz rein sind, müssen die Quinten unrein sein, und umgekehrt. Derartige Widersprüche gibt es bei der chromatischen Tonleiter noch mehr. Zu ihrer Beseitigung müßte sie mehr als 12 Töne enthalten. Da dies für gewöhnlich nicht angeht, korrigiert man den Fehler durch Änderung der Intervalle innerhalb einer Oktave und nennt dies Temperatur.[1] Die Temperatur ist gleichschwebend, wenn die Oktaven selbst alle rein sind und der Fehler gleichmäßig auf alle zwischenliegenden Töne verteilt ist, so daß nun alle genau dasselbe Intervall haben. Dieses ist leicht aus der Gleichung $x^{12} = 2$ zu finden, da ja das Intervall $x$, 12mal mit sich selbst multipliziert, die Oktave

ergeben muß. Also $x = \sqrt[12]{2}$. Eine nähere Betrachtung zeigt, daß die temperierten Intervalle nur wenig von den reinen differieren. Als Grundton der Stimmung wird das eingestrichene $a$ (Fig. 57), der sog. Kammerton, benutzt, dessen Schwingungszahl nach internationaler Abmachung 435 beträgt.

Fig. 57.

§ 69. **Entstehung der Töne.** Als Tonquellen dienen Körper, die leicht in Schwingungen versetzt werden können, also besonders feste und luftförmige. Die Schwingungen können sowohl transversale wie longitudinale sein, stets aber werden sie an den Grenzen des Körpers reflektiert, so daß sich stehende Schwingungen [§ 65] bilden. Töne entstehen also durch stehende Schwingungen

---

[1] *tempero* mischen, ordnen.

geeigneter Körper. Die Knotenpunkte sind immer an den Stellen, die am Schwingen verhindert sind, also z. B. immer an den Enden der Körper, wenn diese befestigt sind. Ein Körper kann nun in verschiedener Weise schwingen, so daß die Zahl der Knotenpunkte variabel ist; schwingt er so, daß die Zahl der stehenden Schwingungen möglichst gering, die Schwingungsdauer der einzelnen Teilchen also möglichst groß ist, so entsteht sein Grundton.

Auf Saiten werden Töne meist durch transversale Schwingungen erzeugt, die man durch Streichen mit einem Bogen, Zupfen, Anschlagen mit einem Hammer usw. hervorruft. Zum Studium der Tonverhältnisse hierbei dient das Monochord, eine über einem Kasten durch Gewichte ausgespannte Saite, bei der durch einen beweglichen Steg die Länge des schwingenden Teils beliebig verändert werden kann. So fand man, daß die Schwingungszahl einer Saite, mit anderen Worten die Tonhöhe, umgekehrt proportional ihrer Länge und Dicke, dagegen proportional der Quadratwurzel der Spannung ist. Eine Saite kann aber nicht nur als Ganzes schwingen, sondern auch in aliquoten Teilen. Stellt man z. B. in der Mitte einen Knotenpunkt durch Aufsetzen des Fingers her, so entstehen 2 Bäuche (Fig. 58), deren jeder nach obigem Gesetz doppelt soviel Schwingungen macht, wie die ganze Saite; es entsteht also die Oktave des Grundtons. Schwingt die Saite mit drei Bäuchen, so entsteht der dritte Oberton usw.

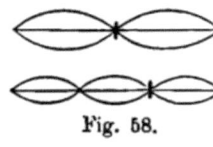

Fig. 58.

Die Knotenpunkte weist man durch Papierreiterchen nach, die nämlich an allen andern Stellen der Saite heruntergeschleudert werden.

Elastische Stäbe werden durch transversale (seltener longitudinale) Schwingungen zum Tönen gebracht. Am wichtigsten ist die Stimmgabel, ein U förmig gebogener Stahlstab mit 2 parallelen Schenkeln (Zinken). Am einfachsten schwingt sie mit 2 Knotenpunkten, die dicht aneinander liegen, und zwar so, daß beide Zinken zusammen entweder nach innen oder nach außen schwingen (Fig. 59).

Fig. 59.

Auch Platten, Glocken und gespannte Membranen können durch (transversale) Schwingungen Töne geben. Hier sind die verschiedenen Knotenpunkte zu Knotenlinien verbunden. Bestreut man daher Platten mit einem feinen Pulver, so bleibt es nur an den nicht schwingenden Stellen, den Knotenlinien, liegen, und es entstehen die CHLADNischen Klangfiguren.

Vielfach werden auch Luftsäulen als Tonquellen benutzt, die

in stehende longitudinale Schwingungen versetzt werden. Bei den Pfeifen geschieht dies durch Anblasen.

a) Bei den Lippenpfeifen, zu denen die meisten Orgelpfeifen gehören, stößt die durch $c$ (Fig. 60) eingeblasene Luft auf eine scharfe Kante, die „Lippe", $l$; ein Teil von ihr geht nach $A$, wird am oberen Ende reflektiert, so daß eben stehende Longitudinalwellen (Verdichtungen und Verdünnungen) und somit Töne entstehen [vgl. § 70]. Dasjenige Ende einer Pfeife, an dem sie angeblasen wird, ist natürlich immer offen. Je nachdem auch das andere Ende offen oder geschlossen ist, spricht man von offenen oder gedeckten (gedackten) Pfeifen. Auch bei offenen Pfeifen kommt es am oberen Ende zu einer Reflexion, somit zur Bildung stehender Wellen, da zwischen der Luft in der Pfeife und der freien Luft ein Dichtigkeitsunterschied vorhanden ist [§ 63]. Die Tonhöhe ist der Länge der Pfeifen umgekehrt proportional. Da nun an dem verschlossenen Ende einer Röhre stets ein Knotenpunkt [§ 65], am offenen Ende ein Schwingungsbauch sein muß, hat bei der einfachsten Schwingungsart eine offene Pfeife in der Mitte einen Knoten, eine gedeckte Pfeife am geschlossenen Ende einen Knoten, am offenen einen Bauch. Man kann sich also eine offene Pfeife aus 2 gedeckten Pfeifen von der halben Länge zusammengesetzt denken (Fig. 61). Eine gedeckte Pfeife, die denselben Grundton (d. h. den bei einfachster Schwingungsart entstehenden tiefsten Ton) geben soll wie eine offene Pfeife, muß halb so lang sein wie diese; oder anders ausgedrückt, der tiefste Ton einer offenen Pfeife ist die Oktave des Grundtons einer ebenso langen gedeckten Pfeife. Durch stärkeres Anblasen geben Pfeifen auch die Obertöne des Grundtons an, und zwar die offenen alle, die gedeckten nur die ungeraden Obertöne.

Fig. 60.

Fig. 61.

Fig. 62.

b) Bei den Zungenpfeifen stößt die eingeblasene Luft auf ein federndes Metallblättchen $a$ (Fig. 62), das dadurch in periodische Schwingungen kommt und diese der Luftsäule in der Pfeife mitteilt. Außer diesen federnden Metallzungen gibt es auch membranöse Zungen, bei denen zwei membranöse Platten einen zwischen ihnen befindlichen schmalen Spalt durch ihre Schwingungen abwechselnd öffnen und schließen. Hierzu gehören z. B. die Stimm-

bänder des Kehlkopfes; aber auch die Lippen des Mundes können
so wirken, wenn man sie fest schließt und dann Luft durchpreßt.

Man kann auch die Luft in einer offenen Röhre zum Tönen
bringen, wenn man die Röhre über eine Flamme, am besten von
Wasserstoff, hält (sog. singende Flammen oder chemische
Harmonika) [vgl. § 70]. Hierbei sei gleich bemerkt, daß Flammen
ein feines Reagens auf Schallschwingungen sind. Besonders wenn
sie unter hohem Druck stehen, hüpfen sie, wenn Töne in der Nähe
erklingen (sensible Flammen).

§ 70. **Mittönen und Resonanz.** Bringt man in die Nähe
einer tönenden Stimmgabel eine ruhende, die auf denselben Ton
abgestimmt ist, so ertönt auch diese, selbst nachdem die erste aufgehört hat. Ebenso erklingt, wenn man gegen die Tasten eines
Klaviers singt, der betreffende Ton spontan mit. Dieses Mittönen
ist eine Eigenschaft aller tönenden Körper und beruht darauf, daß
die Moleküle durch diejenige Art der Bewegung am leichtesten zur
Mitbewegung veranlaßt werden, die bei ihnen gewissermaßen prä-
formiert ist. Folgendes Beispiel erläutere dies: Selbst ein Knabe
kann schwere Kirchenglocken in Gang bringen, wenn er an dem
Stricke immer in der Richtung zieht, welche die Glocke schon von
selbst einzuschlagen im Begriff ist. Auf diesem Prinzip des Mit-
tönens beruhen auch die Pfeifen und singenden Flammen. An der
Lippe und Zunge der Pfeifen nämlich, sowie durch das Flackern
der Flamme entstehen eine große Zahl unregelmäßiger Schwingungen, also ein Gemisch von Tönen, von denen aber nur ganz
bestimmte die Luftsäule in den Röhren zum Mittönen bringen.
Daraus geht auch hervor, daß die Länge dieser Luftsäule bei
Pfeifen und singenden Flammen einen großen Einfluß auf die
Tonhöhe hat. Auf dem Mittönen beruhen auch die Resona-
toren[1], kugelförmige Hohlapparate (Fig. 63), die mit
einem kurzen Rohr ins Ohr gesteckt werden. Sie sind
auf einen gewissen Ton abgestimmt und dienen dazu,

Fig. 63.

ihn aus einem Tongemenge herauszufinden, da sie ja nur
diesen einen verstärken. Auf diese Weise wies z. B. HELMHOLTZ
nach, daß die verschiedenartige Klangfarbe der Musikinstrumente
durch bestimmte Obertöne bedingt ist. Verwandt mit dem Mittönen, wenn auch nicht ganz identisch, ist die Resonanz. Man
versteht darunter die Verstärkung jedes beliebigen Tones. Da z. B.
Saiten, Stäbe usw. eine zu geringe Luftmenge in Bewegung setzen,

---

[1] *resono* wiedertönen.

geben sie nur schwache Töne von sich. Um diese zu verstärken, setzt man sie auf sogenannte Resonanzböden, entweder Holzplatten oder Holzkästen usw., die durch ihr Mitschwingen mehr Luftteilchen in Schwingungen versetzen.

§ 71. **Fortpflanzung des Schalls.** Der Schall pflanzt sich ausschließlich durch longitudinale Wellen fort [vgl. § 69]. Von der Schallquelle aus gehen also abwechselnd Verdichtungs- und Verdünnungswellen in das umgebende Medium hinein. Die Träger dieser Wellen sind beim Schall materielle Moleküle (im Gegensatz zum Lichte). Bringt man daher ein Läutewerk unter eine Luftpumpe, so hört man es immer leiser, je mehr die Luft verdünnt wird, bis es schließlich ganz verstummt. Der Schall pflanzt sich nicht nur durch luftförmige, sondern auch durch flüssige und feste Medien fort, ja sogar noch schneller als durch Luft. Diese Tatsache scheint gegen die NEWTONsche Formel $v = \sqrt{\dfrac{e}{d}}$ [§ 61] zu verstoßen. Der Widerspruch ist aber nur scheinbar, denn die größere Fortpflanzungsgeschwindigkeit in festen und flüssigen Körpern beruht nicht auf deren größerer Dichte, sondern auf ihrer erhöhten Elastizität. Aus der NEWTONschen Formel ergibt sich durch Rechnung die Schallgeschwindigkeit in Luft zu ca. 280 m in der Sekunde, während experimentell stets höhere Werte gefunden wurden. Es wurde z. B. die Zeit gemessen, die zwischen dem Aufleuchten und der Wahrnehmung des Schalles eines in bekannter Entfernung abgefeuerten Geschützes verstrich. Daraus fand man eine Schallgeschwindigkeit von 330—335 m in der Sekunde. Erst LAPLACE erkannte den Fehler in der obigen Formel und zeigte, daß man sie mit einem bestimmten Faktor, nämlich $\sqrt{k}$, multiplizieren muß [vgl. § 102].

§ 72. **Schallgeschwindigkeit und Wellenlänge.** Da die Schallfortpflanzung auf Wellenbewegung beruht, gilt auch hier die Formel $v = n\lambda$ [§ 61]. Da nun $v$ für die meisten Medien experimentell festgestellt ist, $n$ sich leicht durch die Sirene, den Vibrographen usw. finden läßt [§ 67], so kann man daraus die Wellenlänge $\lambda$ berechnen. Diese kann aber auch direkt durch die Kundtschen Staubfiguren gefunden werden. Versetzt man nämlich die Luftsäule in einer Glasröhre in longitudinale (stehende) Schwingungen, so kann man diese sichtbar machen, wenn man ein leichtes Pulver (Bärlappsamen usw.) in die Röhre bringt, das sich dann an den Knotenpunkten, in denen ja keine Bewegung ist, ansammelt. Die Entfernung zwischen zwei Knotenpunkten, die leicht gemessen werden kann, entspricht einer halben Wellenlänge des Tones in der Luft.

Um die Luftsäule in einer Röhre (a b Fig. 64) bequem in stehende Schwingungen zu versetzen, führt man nach KUNDT auf der einen Seite durch einen gut schließenden Korken c eine engere Glasröhre zur Hälfte ein, die ebenfalls in einen breiteren Korken f endigt. Die andere Seite der weiten

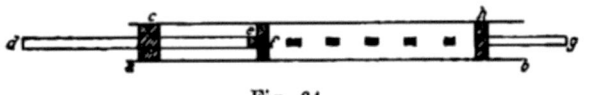

Röhre ist ebenfalls durch einen gut passenden, durch ein Stäbchen g verschiebbaren Korken h abgesperrt.

Fig. 64.

Reibt man nun den heraustehenden Teil der engen Glasröhre d e mit einem etwas feuchten Wolllappen, so entsteht ein lauter Ton, indem er in Longitudinalschwingungen gerät. Diese pflanzen sich nun durch den Korken f auf die Luftsäule zwischen f und h fort, so daß hier ebenfalls longitudinale (stehende) Schwingungen entstehen.

§ 73. **Reflexion des Schalls.** Treffen die Schallwellen auf ein Hindernis, z. B. eine feste Wand, so werden sie zurückgeworfen (Echo). Aus der Zeit, in der das Echo erfolgt, läßt sich leicht die Entfernung jenes Hindernisses annähernd berechnen, da ja der Schall in einer Sekunde ca. 330 m zurücklegt. Für die Reflexion und Refraktion des Schalles gelten dieselben Gesetze wie beim Lichte.

§ 74. **Interferenz des Schalls.** Daß es sich bei der Schallfortpflanzung wirklich um Wellenbewegung handelt, geht daraus hervor, daß unter Umständen Schall plus Schall eine Abschwächung ergibt. Dies ist mit dem geistreichen Apparat von QUINCKE (Fig. 65) leicht nachzuweisen.

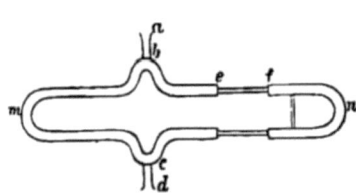

Fig. 65.

Die Röhre a b teilt sich bei b in 2 Schenkel, die über m und n nach c gehen und dort in einem gemeinsamen Rohr c d münden. Der Teil f n kann nun über e f beliebig verschoben werden, so daß, wenn an a eine Tonquelle gehalten wird, der Schall auf der rechten Seite nicht den gleichen Weg zurücklegt wie links. Entspricht diese Differenz einer geraden Zahl von halben Wellenlängen, so hört das Ohr in d die Töne laut; leise dagegen bei einer Differenz von einer ungeraden Zahl von halben Wellenlängen [vgl. § 64].

§ 75. **Konsonanz und Dissonanz.** Wirkt das Zusammenklingen von zwei oder mehreren Tönen angenehm, so heißt dies Konsonanz, das Gegenteil Dissonanz. Schon früher wußte man, daß zwei Töne um so angenehmer zusammen klingen, je einfacher das Verhältnis ihrer Schwingungszahlen ist; die richtige Erklärung dafür gab aber erst HELMHOLTZ. Zwei Stimmgabeln von genau derselben Schwingungszahl geben einen einzigen stets gleich lauten Ton. Macht aber z. B. die eine in der Sekunde 300 Schwingungen, die andere 301, so muß eine gegenseitige Phasenverschiebung stattfinden, und nach $^1/_2$ Sekunde wird die von der zweiten ausgehende Wellenbewegung genau um $^1/_2$ Wellenlänge mit der ersten differieren, d. h. direkt entgegengesetzte Phase haben. Daher wird der Ton durch Interferenz schwächer werden, um allmählich wieder die frühere Stärke zu erlangen. Figur 66 veranschaulicht diese Verhältnisse; es bedeuten

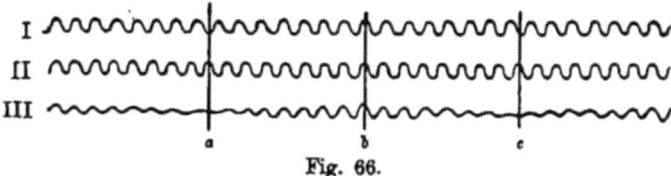

Fig. 66.

darin I und II die Kurven zweier einfachen Töne von 15 bzw. 16 Schwingungen in der Sekunde, III die resultierende Schwingungskurve, die bei *b* ihr Maximum, bei *a* und *c* ihre Minima hat, während dazwischen allmähliche Übergänge stattfinden. Dieses Schwächer- und Stärkerwerden beim Zusammenklingen zweier Töne nennt man Schwebungen oder Stöße; ihre Zahl ist immer gleich der Differenz der Schwingungszahlen beider Töne. Mehr als zwölf Schwebungen in der Sekunde werden nicht mehr einzeln wahrgenommen, sie bedingen dann die Rauhigkeit des Akkords. Am unangenehmsten werden 33 Schwebungen in der Sekunde empfunden; darüber hinaus werden sie allmählich nicht mehr wahrgenommen. Eine einfache Rechnung zeigt, daß in der Tat bei den harmonisch klingenden Intervallen die Schwebungen stets weit von dieser Grenze entfernt bleiben.

Auf diese Schwebungen wurden früher auch die Differenz- oder TARTINIschen Töne zurückgeführt, deren Schwingungszahl ebenfalls gleich der Differenz der Schwingungszahlen der zwei ursprünglichen Töne ist. Nach HELMHOLTZ ist dies aber nicht richtig, schon deshalb nicht, weil es daneben auch Summationstöne gibt.

Man kann die Konsonanz und Dissonanz mittels der sogenannten LISSAJOUschen Klangfiguren auch sichtbar machen. Stellt man nämlich zwei senkrecht zueinander schwingende Stimmgabeln, die beide an einer ihrer Zinken einen kleinen Spiegel tragen, so auf, daß ein Lichtstrahl von dem ersten Spiegel auf den zweiten und von dort auf einen Schirm reflektiert wird, so entstehen bestimmte Lichtfiguren. Schwingt nämlich nur eine Stimmgabel, so entsteht eine leuchtende gerade Linie; schwingen beide, so entsteht bei Gleichheit des Tons je nach der Phasendifferenz entweder eine gerade Linie oder ein Kreis oder eine Ellipse [vgl. § 143]. Sind dagegen die Stimmgabeln etwas verstimmt, so gehen diese Figuren wegen der nun wechselnden Phasendifferenz ineinander über. In gleicher Weise haben auch die anderen Konsonanzen charakteristische einfache Lichtfiguren, die bei Verstimmung der Stimmgabeln einen Wechsel zeigen.

§ 76. **Dopplers Prinzip.** Wenn die Entfernung zwischen einer Tonquelle und einem Beobachter rasch kleiner wird, so wird der

Ton der ersteren höher. Dies ist leicht zu konstatieren bei dem Pfeifen einer sich nähernden Lokomotive. Von einer ruhenden Tonquelle aus gelangen nämlich in einer Sekunde eine bestimmte Zahl von Schallwellen ins Ohr des Beobachters; nähert sich aber die Tonquelle in einer Sekunde um $x$ Meter, so kommen mehr Schallwellen zur Perzeption, nämlich auch die, welche sonst vom Beobachter noch $x$ Meter entfernt wären. Entfernt sich die Tonquelle oder der Beobachter, so muß natürlich der Ton tiefer werden.

# Wärmelehre.

## A. Mechanische Wärmetheorie.

§ 77. **Wesen der Wärme.** Unter Wärme versteht man dasjenige Agens, welches bestimmte Nervenendigungen so reizt, daß wir eine Temperaturempfindung haben. Früher nahm man einen Wärmestoff zwischen den Körpermolekülen an, der unter Umständen austreten, „frei werden" könne. Dagegen sprechen aber viele Tatsachen. Graf RUMFORD zeigte zuerst, daß durch Rotation eines Kolbens in einem dicht anschließenden metallischen Hohlzylinder, also durch mechanische Arbeit, eine unbegrenzte Wärmemenge erzeugt werden kann; auch hat das Metall vor und nach der Reibung dieselbe Wärmekapazität, d. h. Fähigkeit, Wärme aufzunehmen. Nach der stofflichen Theorie könnte aber in den durch Druck verkleinerten Intermolekularräumen nicht mehr so viel Wärme aufgenommen werden wie vorher. Noch entscheidender war der Versuch von DAVY: Er brachte in einem Raume von 0° zwei Eisstücke allein dadurch zum Schmelzen, daß er sie aneinander rieb. Hier ist sogar die Wärmekapazität des entstandenen Wassers größer als die des Eises. Durch diese und andere Versuche wurde festgestellt, daß Wärme kein Stoff ist, sondern ebenso wie Schall und Licht auf Molekularbewegung beruht. Während aber beim Schall die Moleküle gleichmäßig schwingen, ist die Bewegung bei Wärme und Licht eine ungeordnete. 20—400 Billionen Schwingungen in einer Sekunde werden als Wärme empfunden, bis 800 Billionen Schwingungen als Licht. Zwischen Wärme und Licht besteht also nur ein quantitativer Unterschied, wie schon die bekannte Erscheinung zeigt, daß z. B. Eisen beim fortgesetzten Erwärmen schließlich rot-, dann weißglühend wird. Es geht also hier dunkle Wärme kontinuierlich in leuchtende über. Auch die Fortpflanzung der Wärme durch Strahlung ist völlig der des Lichtes analog.

§ 78. **Wärme und mechanische Arbeit.** Da Wärme eine,

wenn auch unsichtbare, Form der Bewegung ist, so müssen zwischen
ihr und anderen Arten der Bewegung Beziehungen existieren. So
war schon lange bekannt, daß durch mechanische Arbeit, z. B.
Reibung, Wärme entsteht. Aber erst ROBERT MAYER fand, daß die
Umwandlung sichtbarer Bewegung in unsichtbare (d. h. eben Wärme)
stets nach unwandelbaren Gesetzen erfolgt. Gleichzeitig und unabhängig von ihm war JOULE durch viele mühsame Versuche zu
demselben Resultate gekommen. Bezeichnet 1 Meterkilogramm die
Arbeit, die nötig ist, um 1 kg 1 m zu heben, und 1 Kalorie die
Wärmemenge, die nötig ist, 1 kg Wasser von $0^0$ auf $1^0$ zu erwärmen [§ 98], so ist nach diesen beiden Forschern 1 Kalorie
äquivalent 427 Meterkilogrammen. (1. Hauptsatz der mechanischen Wärmetheorie.) Will man also Wärme in Arbeitsmaß,
durch das mechanische Äquivalent, ausdrücken, so multipliziert man
mit 427; will man Arbeit durch ihr thermisches Äquivalent ausdrücken, so dividiert man durch 427. Diese Beziehung zwischen
Wärme und Arbeit ist offenbar ein Spezialfall des großes Gesetzes
von der Erhaltung der Energie; von hier war übrigens MAYER dabei
auch ausgegangen. Während nun Arbeit beliebig in Wärme verwandelt werden kann, gilt für die Umkehrung dieses Satzes die
Einschränkung, daß Wärme nur dann in Arbeit übergeführt werden
kann, wenn sie dabei von einem wärmeren auf einen kälteren
Körper übergeht. (2. Hauptsatz der mechanischen Wärmetheorie.)
Da nun alle Körper beständig durch Strahlung und Leitung Wärme
verlieren, so bleibt immer weniger Wärme zur Zurückverwandlung
in Arbeit übrig, und schließlich muß ein Zeitpunkt kommen, wo
alle Arbeit erloschen ist, der absolute Tod. CLAUSIUS drückte
diesen Gedanken so aus: Die Entropie der Welt strebt einem
Maximum zu, indem er mit Entropie[1] den in Wärme (von niedriger Temperatur) übergeführten Teil des gesamten Energievorrates
bezeichnete, der eben nicht mehr in Arbeit umgesetzt werden kann.

§ 79. **Wärme durch chemische Vorgänge.** Mehr noch als
durch mechanische Arbeit entsteht auf der Erde Wärme durch
chemische Prozesse. Besonders kommen hier die Verbindungen von
Körpern mit Sauerstoff, d. h. also Verbrennungen, in Betracht.
So entsteht z. B. bei der Verbrennung von 1 kg Wasserstoff eine
Wärme von 34 000 Kalorien. Diese ist der Ausdruck dafür, daß
vorher getrennte Moleküle, die eine große Affinität zueinander besitzen, mit großer Heftigkeit aneinanderprallen und in stürmische

---

[1] ἐντρέπω umwenden, verwandeln.

Schwingungen geraten. Auf der Verbrennung der eingeführten Nahrungsmittel resp. der Körperbestandteile beruht die Eigentemperatur der Organismen, die auch den sogenannten Kaltblütern zukommt.

§ 80. **Sonnenwärme.** In letzter Linie stammt alle Erdwärme von der Sonne ab. Um nur zwei Beispiele anzuführen, werden durch die Sonnenstrahlen mit Hilfe des Chlorophylls in den Pflanzen die komplizierten Verbindungen aufgebaut, durch deren Verbrennung der tierische Organismus seine Wärme erhält, und auf dieselbe Quelle sind die unermeßlichen Wärmevorräte zurückzuführen, die in den Steinkohlenlagern aufgespeichert sind. Über die Entstehung der Sonnenwärme gibt es natürlich nur Hypothesen. Viele nehmen mit KANT-LAPLACE an, daß durch Rotation von Nebelmassen glühende Weltkörper entstanden seien, die sich allmählich von der Rinde zum Zentrum abkühlen. Während die Sonne noch im ersten Stadium ist, hat sich die Erde bis auf einen feurigen Kern schon abgekühlt, und im Monde ist dieser Prozeß bereits ganz beendigt. Jedenfalls kann die Verdichtung, welche diese Abkühlung begleiten muß, mit Recht als ungeheuer große Wärmequelle angesehen werden. Die Sonnenwärme wird aber wahrscheinlich auch dadurch, trotz der großen Ausstrahlung, erhalten, daß fortwährend ungezählte kleine Weltkörper, Asteroiden, in sie hineinstürzen, wobei wiederum mechanische Arbeit in Wärme übergeht.

## B. Ausdehnung durch Wärme.

§ 81. **Ausdehnungskoeffizient.** Mit wenigen Ausnahmen werden alle Körper durch Wärme ausgedehnt und umgekehrt durch Kälte zusammengezogen. Am meisten dehnen sich die Gase aus, weniger die flüssigen, und am wenigsten die festen Körper. Die Zahl, welche angibt, welchen Bruchteil der ursprünglichen Größe die Ausdehnung pro Grad der Temperaturerhöhung beträgt, heißt Ausdehnungskoeffizient ($a$). Man unterscheidet einen linearen, wenn die Ausdehnung nur in einer Richtung erfolgt (nur bei festen Körpern möglich), und einen kubischen; letzterer beträgt das Dreifache des ersteren.

Dehnt sich nämlich jede Seite eines Würfels um $a$ aus, so wird sie $1 + a$. Das Volumen des ganzen Würfels wird also $(1 + a)^3 = 1 + 3a + 3a^2 + a^3$. Da aber $a$ für feste Körper schon sehr klein ist ($< 0{,}0001$), so können die höheren Potenzen unberücksichtigt bleiben. Auch der kubische Ausdehnungskoeffizient wird kurzweg mit $a$ bezeichnet.

Bei Flüssigkeiten, die in Gefäßen eingeschlossen sind, wird nur die scheinbare Ausdehnung beobachtet, d. h. die Differenz der Ausdehnung des Gefäßes und derjenigen der Flüssigkeit. Die wahre Ausdehnung von Flüssigkeiten kann man u. a. mittels kommunizierender Röhren bestimmen.

Wird der eine Schenkel kommunizierender Röhren auf der Temperatur 0 erhalten (indem man ihn z. B. mit schmelzendem Eis umgibt), der andere auf $t^0$ erwärmt, so wird eine Flüssigkeit, z. B. Quecksilber, in beiden Schenkeln verschieden hoch stehen. Dann verhalten sich die Volumina der Flüssigkeit in beiden Schenkeln wie die Höhen, $\dfrac{v}{v_0} = \dfrac{h}{h_0}$, wobei $v_0$ und $h_0$ Volumen bzw. Höhe bei $0^0$, $v$ und $h$ bei $t^0$ bedeuten. Nun ist nach § 82 $v = v_0 (1 + at)$. Daraus folgt $a = \dfrac{1}{t} \cdot \dfrac{v - v_0}{v_0} = \dfrac{1}{t} \cdot \dfrac{h - h_0}{h_0}$.

**§ 82. Ausdehnung der Gase.** Während feste und flüssige Körper sich nicht ganz regelmäßig ausdehnen, dehnen sich alle Luftarten fast ganz gleichmäßig aus, nämlich für jeden Grad Celsius um $\frac{1}{273}$ ihres Volumens (Gesetz von Gay-Lussac). Hat also ein Gas bei $0^0$ das Volumen $v_0$, dann hat es bei $1^0$ das Volumen $v_0 + av_0$, bei $t^0$ das Volumen $v_0 + tav_0$. Es ist also

$$v = v_0 (1 + at).$$

In Worten: bei gleichbleibendem Drucke sind die Gasvolumina der Temperaturzunahme proportional. Bleibt dagegen das Volumen unverändert, so wächst der Druck des Gases für jeden Grad der Temperaturzunahme um $\frac{1}{273}$ des Druckes bei $0^0$. Es ist also

$$p = p_0 (1 + at).$$

In Worten: bei gleichbleibendem Volumen sind die Gasdrucke der Temperaturzunahme proportional. Diese beiden Gesetze kann man durch eine einzige Formel ausdrücken, die zugleich auch das BOYLE-MARIOTTEsche Gesetz [§ 48] umfaßt, nämlich

$$pv = p_0 v_0 (1 + at).$$

Ist $p = p_0$ bzw. $v = v_0$, so erhält man daraus ja sofort obige Gleichungen. Für den Fall $t = 0$ ergibt sich $pv = p_0 v_0$.

**§ 83. Absoluter Nullpunkt.** Die gewöhnliche Unterscheidung zwischen Wärme und Kälte ist offenbar ganz willkürlich. Beide sind nur quantitativ, nicht qualitativ voneinander verschieden. Da Wärme auf Molekularbewegung beruht, so kann von einem Nullpunkt der Wärme nur die Rede sein, wenn keine derartige Bewegung mehr stattfindet. Nach der kinetischen Gastheorie [§ 45] kann dann das Gas aber auch keine Spannung mehr haben, da ja der ausgeübte Druck nur eine Folge der Molekularbewegung ist. Es wird also $p_0 (1 + at) = 0$. Da nun $p_0$, der Druck bei $0^0$, eine bestimmte Größe ist, so ist der andere Faktor dieses Produktes $1 + at = 0$, woraus $t = -273$ folgt. Der absolute Nullpunkt liegt also bei $-273^0$. Bis jetzt ist es noch nicht gelungen, tiefere Temperaturen als $-264^0$ herzustellen. Zur Umwandlung gewöhnlicher Temperaturangaben in absolute Temperaturen hat man nur 273 zu addieren. Bezeichnet man 273 + $t$ mit $T$, so lauten obige Formeln

$$v = v_0\,(1 + at) = \frac{v_0\,T}{273}$$

$$p = p_0\,(1 + at) = \frac{p_0\,T}{273}$$

$$p\,v = \frac{p_0\,v_0\,T}{273}.$$

Bezeichnet man die Konstante $\frac{p_0\,v_0}{273}$ mit $R$, so nimmt das BOYLE-MARIOTTE-GAY-LUSSACsche Gesetz die einfache Form an

$$p\,v = R\,T.$$

Bei gleichem Druck sind also die Volumina, bei gleichem Volumen die Spannungen der Gase direkt proportional der absoluten Temperatur

§ 84. **Ausdehnung des Wassers.** Das Wasser bildet eine bemerkenswerte Ausnahme von obigem Gesetze. Wenn es bei 0° erwärmt wird, so dehnt es sich nicht aus, sondern zieht sich zusammen, bis es bei 4° Celsius seine größte Dichtigkeit erreicht hat. Von da an dehnt es sich wieder aus. Diese Eigenschaft ist sehr wichtig für die im Wasser lebenden Organismen, da sonst stillstehende oder langsam fließende Gewässer bis auf den Grund gefrieren würden. So aber kühlt sich die oberste Schicht bis auf 4° ab und sinkt infolge ihrer größeren Dichte und Schwere nach unten. Die wärmeren Schichten steigen herauf und werden auch allmählich abgekühlt. Schließlich bleiben die kälteren Schichten oben, ebenso wie das Eis, welches spezifisch noch leichter als Wasser von 0° ist und somit eine schützende Decke bildet. Dies gilt aber nur für stehende Gewässer, da strömendes Wasser sich auch auf 0° und darunter abkühlen kann, ohne zu gefrieren. In diesem Falle kann durch Berührung mit dem Boden sogenanntes Grundeis entstehen. — Manche Körper verringern ebenfalls bei Temperaturzunahme ihr Volumen, z. B. Kautschuk, Jodsilber, Wismut.

§ 85. **Thermometer.** Da die Ausdehnung der Körper durch die Wärme Hand in Hand mit der Erwärmung geht, dient sie zur Temperaturmessung. Gewöhnlich benutzt man Quecksilberthermometer, da Quecksilber sich ziemlich regelmäßig ausdehnt [vgl. § 81 scheinbare Ausdehnung]. Ein gewöhnliches Thermometer besteht aus einem Gefäß mit Quecksilber und einer damit verbundenen luftleeren, kapillaren Röhre, neben der eine Skala angebracht ist. Die Röhre wird bei der Herstellung zugeschmolzen, nachdem durch Kochen des eingefüllten Quecksilbers alle Luft vertrieben ist. Da Quecksilber bei — 39° gefriert, wendet man in kalten Gegenden das Weingeistthermometer an. Als Fundamental- oder Fixpunkte wählt man gewöhnlich den Gefrierpunkt und Siedepunkt des Wassers. Oberhalb des Gefrier- oder Eispunktes, der mit 0 bezeichnet wird, gibt das Thermometer Wärmegrade an, unter demselben sog. Kältegrade [vgl. § 83]. Als Empfindlichkeit des Quecksilberthermometers bezeichnet man die Längenverschiebung des Quecksilberfadens für 1° Temperaturerhöhung. Den Abstand zwischen beiden Fundamentalpunkten teilte REAUMUR in 80 Grade, CELSIUS in 100; letztere Einteilung ist jetzt allgemein üblich. Nur in England und seinen Kolonien gebraucht man die Einteilung nach FAHRENHEIT. Hier wird als Nullpunkt die Temperatur einer Mischung von Kochsalz, Schnee und Salmiak angenommen; von hier bis zum Gefrierpunkt des Wassers sind 32 Grad, von diesem bis zum Siedepunkt des Wassers 180, im ganzen also 212 Grad.

Folgende Tabelle dient zur Umrechnung:

$$n° (C) = \tfrac{4}{5} n° (R) = \tfrac{5}{9} n° + 32° (F)$$
$$n° (R) = \tfrac{4}{5} n° (C) = \tfrac{4}{9} n° + 32° (F)$$
$$n° (F) = \tfrac{5}{9} (n° - 32°) (C) = \tfrac{4}{9} (n° - 32°) (R).$$

Zweckmäßiger sind die Gasthermometer, da sie sehr genau sind und bei allen Temperaturen benutzt werden können. Fig. 67 stellt schematisch einen solchen dar. Wird das in $a$ befindliche Gas (Luft oder noch besser Wasserstoff) erwärmt, so dehnt es sich aus und verdrängt das Quecksilber in $b$, aus dessen Stellung dann der Druck und somit nach § 82 auch die Temperatur der Luft gefunden wird. Am allerfeinsten sind aber die thermoelektrischen Apparate, die erst später besprochen werden sollen [§ 177]. Um die höchsten und niedrigsten Temperaturen während einer bestimmten Zeit anzuzeigen, dienen die, meist horizontal aufgestellten Maximum- und Minimumthermometer. Bei ersteren schiebt z. B.

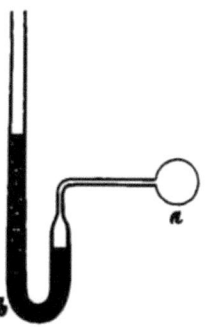

Fig. 67.

eine Quecksilbersäule ein Stahlstäbchen vor, das beim Zurückgehen derselben liegen bleibt, oder es befindet sich ein Luftbläschen zwischen dem Hauptteil der Quecksilbersäule und einem abgetrennten Stück derselben, so daß letzteres bei Abkühlung nicht mit zurückgeht; bei letzterem nimmt z. B. eine Weingeistsäule ein Glasstäbchen mit zurück, kann es aber nicht vorwärtsschieben.

## § 86. Luftströmungen.

Bei der Ausdehnung durch Wärme muß das spezifische Gewicht eines Körpers abnehmen, da ja die-

selbe Masse auf einen größeren Raum verteilt wird. Daraus folgt,
daß z. B. in einer Stube die wärmere Luft stets nach oben strömen
wird. Darauf beruht auch eine Art der Ventilation, indem in
eine Öffnung an der Decke eine Flamme gestellt wird. Auf die
ungleiche Erwärmung der Luft sind auch die Winde zurückzuführen, besonders die Passate. Am Äquator steigt die erwärmte
Luft in die Höhe, und zu ihrem Ersatze strömt von den Polen her
Luft dahin. Ebenso lassen sich die Winde erklären, die von der
Küste nach der See und umgekehrt wehen.

## C. Änderung des Aggregatzustandes.

§ 87. **Druck und Wärme.** Bei genügender Wärmezufuhr
wird die Vergrößerung der Intermolekularräume, die sich zunächst
durch Ausdehnung der Körper kundgibt, so beträchtlich, daß ein
höherer Aggregatzustand [§ 3] resultiert. Die Wärme repräsentiert
also gewissermaßen eine zentrifugale Kraft: sie entfernt die Moleküle
voneinander. Im Gegensatz dazu ist der Druck eine zentripetale
Kraft: durch Kompression werden die Moleküle genähert. Er wirkt
also in demselben Sinne wie die Kälte. Bei gleichem Druck erfolgt
der Übergang in einen neuen Aggregatzustand stets bei derselben
Temperatur. Wasser geht z. B. bei 100° (C) und 760 mm Barometerstand in Wasserdampf über. Man mag noch so viel Wärme
zuführen, die Temperatur steigt nicht eher, als bis sämtliches Wasser
in Dampf übergeführt ist. Früher sagte man, die zugeführte Wärme
sei „latent" geworden, da sie ja scheinbar verschwindet. Sie leistet
aber eine bestimmte Arbeit, indem sie die Moleküle so weit voneinander entfernt, wie es eben für den luftförmigen Zustand charakteristisch ist. Man nennt sie heute Verdampfungswärme, und
analog spricht man von Schmelzungswärme. Umgekehrt wird
beim Übergang von einem höheren zu einem niedrigeren Aggregatzustand Wärme frei, da für die verminderte potentielle Energie der
Moleküle die kinetische größer wird. Druck muß nun den Übergang in einen höheren Aggregatzustand erschweren, weil er ja der
Ausdehnung der Moleküle entgegenwirkt, d. h. es wird mehr Wärme
dazu nötig sein, der Übergang erfolgt bei höherer Temperatur.
Anderseits begünstigt er natürlich den Übergang in einen niedrigeren
Aggregatzustand.

§ 88. **Schmelzen und Erstarren.** Der Übergang vom festen
zum flüssigen Zustande heißt Schmelzen, der umgekehrte Vorgang
Erstarren oder Gefrieren. Schmelzpunkt und Erstarrungspunkt
sind also identisch und nur bezüglich des Ausgangspunktes ver-

schieden. Druck muß den Schmelzpunkt erhöhen [§ 87], nur das Wasser bildet eine Ausnahme [§ 84]. Wenn es sich in Eis verwandelt, dehnt es sich dabei aus, und zwar mit einer enormen Gewalt. Umgekehrt zieht sich Eis beim Schmelzen zusammen, ein Prozeß, der offenbar durch Druck begünstigt werden muß, daher erniedrigt Druck den Schmelzpunkt des Eises. So kann man Eis unter hohem Druck beliebig formen (sog. Plastizität des Eises). Ferner beruht das Fließen der Gletscher darauf. Die Eismassen der Gletscher erfahren in engen Schluchten einen solchen Druck, daß trotz der großen Kälte eine Schmelzung stattfindet und der Gletscher fließt. Kommt er in breitere Bahnen, so gefrieren die Eismassen wieder (Regelation). Wichtig ist auch, daß der Schmelzpunkt von Legierungen meist tiefer ist als der der einzelnen Bestandteile.

§ 89. **Gefrierpunktserniedrigung.** Zur Überführung eines festen Körpers in den flüssigen Zustand ist, wie gezeigt wurde, Arbeit nötig. Diese kann von außen durch Zufuhr von Wärme geleistet werden. Ein fester Körper kann sich aber auch spontan in einer Flüssigkeit auflösen, dann entzieht er die dazu nötige Wärme seiner Umgebung; es entsteht somit Abkühlung. Darauf beruhen u. a. die Kältemischungen. Bringt man z. B. gestoßenes Eis und Kochsalz zusammen, so verändern beide ihren Aggregatzustand, es entsteht eine Flüssigkeit von geringerer Temperatur. Bei manchen Lösungen findet allerdings eine Temperaturerhöhung statt; dann handelt es sich aber um chemische Verbindungen, z. B. beim Auflösen von Natrium in Wasser.

Ebenso wie Legierungen einen niedrigeren Schmelzpunkt haben, ist auch der Gefrierpunkt einer Lösung erniedrigt. Meerwasser gefriert z. B. bei — 2°. Die Gefrierpunkts- (bzw. Schmelzpunkts-) Erniedrigung (gewöhnlich mit $\Delta$ bezeichnet) ist nun erfahrungsgemäß proportional der Menge der gelösten Substanz, umgekehrt proportional der Menge des Lösungsmittels. Diejenige Gefrierpunktserniedrigung nun, die 1 Gramm Substanz in 100 Gramm Lösungsmittel bewirkt, heißt nach RAOULT reduzierte oder spezifische Gefrierpunktserniedrigung.

Die reduzierten Gefrierpunktserniedrigungen, die zwei Substanzen in einem und demselben Lösungsmittel unter sonst gleichen Verhältnissen bedingen, sind umgekehrt proportional den Molekulargewichten beider Substanzen. $t : t' = m' : m$. (RAOULTsches Gesetz.) Anders ausgedrückt: Das Produkt aus Molekulargewicht ($m$) eines gelösten Stoffes und der reduzierten Gefrierpunktserniedrigung ($t$) ist eine nur von der Natur des Lösungsmittels, nicht der gelösten Substanz, abhängige Konstante ($k$) und dient daher zur Bestimmung des

Molekulargewichts. Letzteres ergibt sich ja ohne weiteres aus der Formel $m\,t = k$, wenn eben $t$ und $k$ bekannt sind. Für Wasser ist z. B. $k = 18,7$, für Benzol 49. Bedingen $c$ Gramm Substanz in 100 Gramm Lösungsmittel gelöst eine Gefrierpunktserniedrigung $\varDelta$, so ist $\dfrac{m\,\varDelta}{c} = k$, da $t = \dfrac{\varDelta}{c}$ ist.

Durch die Gefrierpunktserniedrigung $\varDelta$ kann man aber auch die Anzahl der gelösten Moleküle, d. h. die molekulare Konzentration einer Lösung bestimmen. Denn es ist $\dfrac{c}{m} = \dfrac{\varDelta}{k}$. Da nun das Gewicht einer Substanz gleich dem Produkt aus der Anzahl ihrer Moleküle und dem Molekulargewicht ist, folgt daraus, daß die Zahl ihrer Moleküle dem Quotienten aus dem Gewicht der Masse und dem Molekulargewicht $\dfrac{c}{m}$ entspricht. $\dfrac{c}{m}$ ist also hier die Zahl der gelösten Moleküle in 100 Gramm Lösungsmittel. Aus der molekularen Konzentration kann man aber wieder den osmotischen Druck der Lösung berechnen [§ 44]. — Die Lehre von den Gesetzen der Gefrierpunktserniedrigung wird auch Kryoskopie[1] genannt und findet gegenwärtig u. a. in der Medizin ausgedehnte Anwendung.

**§ 90. Sieden.** Wird durch Erwärmung eine Flüssigkeit in Dampf verwandelt und entstehen dabei auch in ihrem Innern Dampfblasen, welche aufsteigen, so heißt das Sieden. Die Temperatur, bei der dies geschieht, wird Siedepunkt genannt. Derselbe ist bei gleichbleibendem Druck für dieselbe Substanz konstant; gewöhnlich wird er für 760 mm Barometerstand angegeben. Vermehrter Druck muß den Siedepunkt erhöhen, verminderter Druck ihn erniedrigen [§ 87]. In der Tat siedet z. B. Wasser auf dem Montblanc schon bei 84° und unter der Luftpumpe bei noch viel niedrigeren Temperaturen. Diese Abhängigkeit vom Druck geht noch deutlicher hervor, wenn man als Siedepunkt die Temperatur definiert, bei der die Spannung des gebildeten Dampfes, der sog. Sättigungsdruck [vgl. § 93], den auf der Flüssigkeit lastenden (Atmosphären-) Druck überwindet. Man kann also den Siedepunkt erhöhen, wenn man eine Flüssigkeit in einem fest verschlossenen Gefäße erhitzt, denn dann kann der Dampf nicht entweichen und vermehrt so den Druck. Darauf beruht der Papinsche Topf. Das Sieden des Wassers wird dadurch begünstigt, daß beim Erwärmen eingeschlossene Luft- und Kohlensäurebläschen ausgetrieben werden und so gewissermaßen den molekularen Zusammenhang lockern. Durch wiederholtes Auskochen kann ganz luftfreies Wasser über den Siedepunkt erhitzt werden, ohne zu verdampfen. Man spricht dann von Siedeverzug oder Überhitzung; die Verdampfung erfolgt hier plötzlich, explosionsartig. Anderseits können Flüssig-

---

[1] $\varkappa \varrho \acute{v} o \varsigma$ Kälte, $\sigma \varkappa o \pi \acute{\varepsilon} \omega$ beobachten.

keiten in geschlossenen Gefäßen, die vor Berührung geschützt sind, auch unterkühlt, d. h. bis unter den Gefrierpunkt abgekühlt werden. Sind Salze im Wasser gelöst, so wird im allgemeinen der Siedepunkt erhöht; dies und die Erniedrigung des Gefrierpunktes kann man so deuten, daß die Salzmoleküle bei Lösungen die freie Beweglichkeit der Moleküle des Lösungsmittels behindern. Jedenfalls ist die Gefrierpunktserniedrigung und Siedepunktserhöhung ebenso wie der osmotische Druck nicht von der Art, sondern von der Zahl der Moleküle abhängig [vgl. § 44 und 89].

§ 91. **Leidenfrosts Phänomen.** Kommt Flüssigkeit mit sehr heißen Metallen in Berührung, so bildet sich um sie eine Dampfhülle, die ein eigentliches Sieden verhindert. Ebenso ist die Erscheinung zu erklären, daß man die Hand in geschmolzenes Eisen stecken kann, ohne sich zu verbrennen; auch manche Gottesgerichte des Mittelalters gehören hierher. Sehr schön zeigt sich das Phänomen, wenn man eine kleine Flüssigkeitsmenge auf eine sehr heiße Unterlage von Metall bringt. Es bildet sich dann ein flachgedrückter Tropfen, der hin und her springt; er ruht gewissermaßen auf einem elastischen Polster, nämlich der Dampfhülle. Erst bei genügender Abkühlung, wenn die Spannung des Dampfes so klein geworden ist, daß er das Gewicht des Tropfens nicht mehr aushält, verpufft derselbe.

§ 92. **Verdunsten.** Das Verdunsten verhält sich zum Sieden wie die Auflösung eines Körpers zum Schmelzen. Beim Verdunsten ist also Zufuhr von Wärme nicht unbedingt nötig, um den Übergang in den luftförmigen Zustand zu bewirken, sondern dieser erfolgt auch spontan, und zwar im Gegensatz zum Sieden nur an der Oberfläche der Flüssigkeit. Man kann sich hierbei vorstellen, daß an den Grenzschichten von Flüssigkeiten die Moleküle bei ihren Schwingungen in die benachbarten Luftschichten gelangen und nicht mehr zurückkehren. Bei jeder Verdunstung wird eine bestimmte Arbeit geleistet, um den äußeren Luftdruck sowie die Kohäsion zwischen den einzelnen Flüssigkeitsteilchen zu überwinden. Da die hierzu nötige Energie nicht von außen (durch Erhitzen) zugeführt wird, so wird sie dem Körper selbst entzogen, dessen Temperatur infolgedessen sinkt. Hierauf beruhen die sogenannten Eismaschinen. Bei der von CARRÉ wird z. B. in einem Metallgefäße A eine Auflösung von Ammoniak in Wasser so lange erhitzt, bis die Ammoniakdämpfe aus A nach einem damit verbundenen kleineren Zylinder B getrieben sind, wo sie wegen des größeren Druckes verflüssigt werden [§ 87]. Nun wird A energisch abgekühlt, und

da kaltes Wasser Ammoniakdämpfe begierig absorbiert, findet in $B$
eine rasche Verdunstung und somit Kälteerzeugung statt, wodurch
man Wasser zum Gefrieren bringen kann. Auf der Verdunstungs-
kälte beruht z. B. auch die wohltätige Wirkung des Schweißes.

§ 93. **Gesättigter und ungesättigter Dampf.** Läßt man in
einer genügend langen, mit Quecksilber gefüllten Röhre, die unten
in ein weites Gefäß mit Quecksilber eintaucht, z. B. eine bestimmte
Menge Äther aufsteigen, so wird dieser in dem TORRICELLIschen
Vakuum verdampfen. Durch die Spannung (Druck) des gebildeten
Ätherdampfes wird die ursprünglich 760 mm hohe Quecksilbersäule
nach abwärts gedrängt; ihre Höhe ist somit ein Maß für die Spannkraft des Dampfes. Die Verdampfung des Äthers hört aber bald
auf, wenn nämlich die entstandenen Ätherdämpfe einen genügend
großen Gegendruck auf den noch flüssigen Äther ausüben. Man
sagt dann, der Raum über der Quecksilbersäule ist mit Ätherdampf
gesättigt, oder auch kurz, der Ätherdampf ist gesättigt. Ein gesättigter Dampf ist demnach ein solcher, der mit der Flüssigkeit, aus der er entstanden ist, noch in Berührung ist und aus ihr
nichts mehr aufnehmen kann. Sobald dieser Zustand erreicht ist,
nimmt die Quecksilbersäule eine konstante Höhe an. Wird nämlich
der Raum, in dem der flüssige und dampfförmige Äther ist, vergrößert, so verdampft noch ein Teil der Flüssigkeit, bis der ver-
größerte Raum wieder gesättigt ist; wird er verkleinert, so wird
ein Teil des Dampfes kondensiert. Stets aber bleibt die Spannung
die gleiche, was eben aus der gleichbleibenden Höhe der Quecksilbersäule hervorgeht. Die Spannung eines gesättigten
Dampfes (der sog. Sättigungsdruck) ist also vom Volumen
unabhängig und zugleich ein Maximum (für die betreffende
Temperatur). Einen größeren Druck durch Verkleinerung des Volumens zu erzielen, ist eben unmöglich, weil dann sofort ein Teil
des Dampfes verflüssigt wird. Dagegen wird eine Erhöhung des
Druckes herbeigeführt durch Erhitzen, indem dann neue Flüssigkeit verdampft, und zwar steigt der Druck gesättigter Dämpfe bei
Temperaturerhöhung mehr an, als das GAY-LUSSACsche Gesetz besagt.
Auch die Sättigungsmenge steigt mit der Temperatur. — Der
Sättigungsdruck von Lösungen ist niedriger als der des reinen
Lösungsmittels, und zwar ist die Abnahme proportional der Kon-
zentration. Äquimolekulare Lösungen haben gleichen Dampfdruck
[vgl. § 43].

Wird bei obigem Versuche der Raum über der Quecksilbersäule so sehr vergrößert, daß schließlich aller Äther verdampft, so

wird der Raum ungesättigt, oder, wie man gewöhnlich sagt, der Ätherdampf in jenem Raum ist ungesättigt. Charakteristisch für den ungesättigten Dampf ist also, daß er nicht mehr mit seiner Mutterflüssigkeit in Verbindung ist, die gewissermaßen das Magazin darstellt, aus dem das Sättigungsbedürfnis bei Volumschwankungen befriedigt werden kann. Man kann nun auch ungesättigten Dampf dadurch erhalten, daß man gesättigten so lange erhitzt, bis alle Flüssigkeit verdampft ist. Aus diesem Entstehungsmodus ist der Name überhitzter Dampf, der identisch mit ungesättigtem Dampfe ist, verständlich. Umgekehrt kann man aus ungesättigtem Dampfe auch auf zwei Wegen gesättigten herstellen, nämlich durch Druck und durch Abkühlung. Ein ungesättigter oder überhitzter Dampf verhält sich wie ein vollkommenes Gas, gehorcht also den Gesetzen von BOYLE-MARIOTTE und GAY-LUSSAC [§ 82]. Gase kann man daher auch definieren als überhitzte Dämpfe.

§ 94. **Dampfdichte.** Unter Dampfdichte (oder spezifischem Gewicht eines Dampfes) versteht man gewöhnlich das Verhältnis zwischen dem Gewicht eines Volumens Dampfes und dem Gewicht eines gleichgroßen Volumens atmosphärischer Luft bei demselben Drucke und derselben Temperatur.

1 ccm Luft wiegt bei $0°$ und einem Barometerdruck von 760 mm Quecksilber 0,001 293 Gramm, bei einem Druck von 1 mm Quecksilber $\dfrac{0,001\,293}{760}$, bei einem Druck von $b$ mm $\dfrac{0,001\,293 \cdot b}{760}$ Gramm. Bei $t°$ dehnt sich das Volumen von 1 ccm auf $(1 + a t)$ ccm aus [§ 82], folglich wiegt jetzt 1 ccm $\dfrac{0,001\,293\,b}{760\,(1 + a t)}$ und $v$ ccm $\dfrac{0,001\,293 \cdot b \cdot v}{760\,(1 + a t)}$ Gramm. Bezeichnet man dies Gewicht des Luftvolumens mit $p'$ und das eines gleichen Dampfvolumens mit $p$, so ist die Dampfdichte

$$D = \frac{p}{p'} = \frac{p \cdot 760\,(1 + a t)}{0,001\,293 \cdot b \cdot v}.$$

Es handelt sich also darum, die Größen $t$, $b$, $v$ und $p$ zu bestimmen. $p$, das Gewicht des Dampfes, ist identisch mit dem Gewicht der Substanz, durch deren Verdampfung der Dampf entsteht.

Bei der Methode von GAY-LUSSAC und HOFMANN wird eine abgewogene Menge der zu untersuchenden Substanz in einem kleinen Glaszylinderchen mit Korken (der bei der Verdampfung herausspringt) in das Vakuum einer nach Kubikzentimetern graduierten Barometerröhre gebracht und dort verdampft, indem man zwischen Barometerröhre und einen sie umgebenden Glasmantel Dämpfe einer siedenden Flüssigkeit von bekanntem Siedepunkt leitet. So ist $p$

und $t$ bekannt; $v$ wird an der Röhreneinteilung abgelesen, $b$ ergibt sich aus der Höhe der Quecksilbersäule.

Bei der Methode von DUMAS bringt man die Substanz in einen Glasballon von bekanntem Volumen, der in eine feine Spitze ausgezogen ist, und verdampft sie in einem Bade von Wasser, Öl oder Chlorzink. Nach völligem Verdampfen wird die Spitze zugeschmolzen und der Ballon gewogen. So ist also $v$ und $p$ bekannt. $b$ entspricht hier dem Luftdruck, $t$ der Temperatur des Bades im Augenblicke des Zuschmelzens.

Am meisten angewandt, weil am bequemsten, ist die Luftverdrängungsmethode von VICTOR MEYER, bei der das durch die verdampfte Substanz verdrängte, also dem Dampfvolumen gleiche Luftvolumen ermittelt wird, ohne daß es dabei nötig ist, die Temperatur des Dampfes zu bestimmen. Die Verdampfung erfolgt in dem Gefäß $B$ (Fig. 68), das sich oben in ein Rohr $R$ mit den Ansatzröhren $M$ und $H$ fortsetzt.

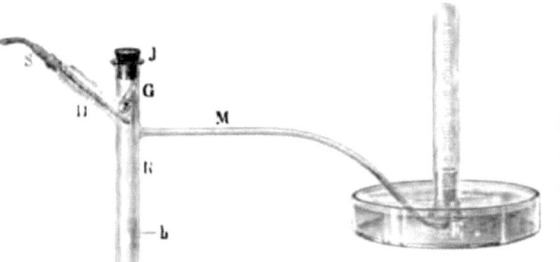

Fig. 68.

$M$ endigt in einer mit Wasser usw. gefüllten Wanne, unter einem ebenfalls mit Wasser gefüllten Meßzylinder $C$. Die zu verdampfende Substanz wird in einem Kölbchen $G$ durch $J$ eingeführt und ruht auf dem Glasstabe $S$, der in $H$ luftdicht eingefügt und verschiebbar ist. Man bringt nun die in einem Mantel um $B$ befindliche Heizflüssigkeit zum Sieden und läßt die Substanz, nachdem die Temperatur in $B$ konstant geworden ist — es treten dann durch $M$ keine Luftblasen mehr aus —, durch Zurückziehen des Stabes $S$ nach $B$ fallen. Indem sie nun hier verdampft, tritt die dem gebildeten Dampf an Volumen entsprechende Luftmenge durch $M$ in das Meßglas $C$. Dieses Volumen $v$ wird direkt an einer Teilung abgelesen. $t$ entspricht der Temperatur des Wassers, $b$ dem Barometerstande, von dem natürlich der Druck der noch im Meßglas befindlichen Wassersäule abgezogen werden muß.

Die Bestimmung der Dampfdichte ist deshalb wichtig, weil man daraus die Molekulargewichte chemischer Verbindungen berechnen kann.

Nach dem Gesetz von AVOGADRO sind in gleichen Volumina aller Gase gleichviele Moleküle enthalten. Die spezifischen Gewichte gleicher Gasvolu. mina sind daher (wenn Temperatur und Druck gleich sind) proportional den Molekulargewichten. Bezeichnet $M_x$ das Molekulargewicht der untersuchten Substanz, $M_h$ das des Wasserstoffs, und ist das spezifische Gewicht der ersteren bezogen auf Luft $= s$, das des Wasserstoffs $= 0,069$, so ist

$$M_x : M_h = s : 0,069.$$

Da nun $M_h = 2$ ist, so ergibt sich

$$M_x = \frac{2 s}{0,069} = s \cdot 28,8.$$

## § 95. Kondensation; kritischer Punkt.

Wie Flüssigkeiten in Dämpfe übergehen können, so ist auch der umgekehrte Vorgang möglich. Man spricht dann von Kondensation[1] oder Verflüssigung. Hierzu ist entweder Druck oder Kälte oder, noch besser, beides erforderlich. Früher unterschied man die sogenannten permanenten oder inkoërziblen Gase, z. B. Wasserstoff, Sauerstoff, Kohlensäure, Luft, bei denen die Kondensation nicht gelang, von den koërziblen. Heute können dieselben aber auch verflüssigt werden, seitdem man weiß, daß dazu der Druck selbst von Hunderten von Atmosphären nicht allein imstande ist, sondern daß diese Verwandlung stets unterhalb einer bestimmten Temperatur, der sogenannten kritischen Temperatur, geschehen muß. Dieselbe ist z. B. für Kohlensäure 31°. Man kann nun Dämpfe von Gasen scharf trennen, indem man sie als luftförmige Körper definiert, die sich unterhalb ihres kritischen Punktes befinden, also durch Druck allein kondensierbar sind.

## § 96. Hygrometrie.

Für viele Zwecke ist es nötig, den Feuchtigkeitsgehalt der Luft zu kennen, d. h. ihre Sättigung mit Wasserdampf. Man unterscheidet hierbei absolute Feuchtigkeit, d. h. die wirklich vorhandene Menge Wasserdampf in einem bestimmten Volumen, und relative, d. h. das Verhältnis der vorhandenen Wasserdampfmenge zu der, welche bei vollkommener Sättigung vorhanden wäre. Wärmere Luft braucht mehr Feuchtigkeit zur Sättigung als kalte; daher entstehen bei Abkühlung der Luft schließlich Niederschläge.

Der einfachste Feuchtigkeitsmesser, das Haarhygrometer[2] von SAUSSURE, beruht darauf, daß entfettetes Frauenhaar die Eigenschaft hat, sich durch Feuchtigkeit auszudehnen. Diese Bewegung wird hier auf einen Zeiger übertragen, der vor einer empirisch bestimmten Skala spielt. An Stelle eines Haares kann man auch Darmsaiten, Strohhalme usw. in derselben Weise benutzen.

---

[1] *condenso* verdichten. [2] ὑγρός feucht.

Das DANIELLsche Hygrometer benutzt den Taupunkt, d. i. diejenige Temperatur, bei der die Luft gerade mit Wasserdampf gesättigt ist; kühlt sich die Luft weiter ab, so schlägt sich der Dampf als Tau nieder.

Die Kugel a (Fig. 69) ist an der Außenseite vergoldet und halb mit Äther gefüllt; auch enthält sie ein kleines Thermometer. Sie geht über in die Röhre bc, die auf der anderen Seite ebenfalls mit einer Kugel d endigt, welche mit einem Musselinläppchen e umhüllt ist. Der ganze Apparat ist luftleer. Tropft man auf e Äther, so entsteht durch dessen Verdunstung Kälte, wodurch die Ätherdämpfe in d verflüssigt werden. Dies hat wieder zur Folge, daß der Äther in a verdampft und dadurch die Kugel a abkühlt. Wird die Abkühlung so stark, daß die Außenluft ihren Wasserdampf nicht mehr binden kann, so beschlägt sich a mit einem feinen Tau. Die Temperatur, bei der dies geschieht, wird am Thermometer in a abgelesen. Den Sättigungsdruck des Wasserdampfes für diese Temperatur und für die Lufttemperatur findet man in Tabellen; das Verhältnis beider Werte entspricht der relativen Feuchtigkeit.

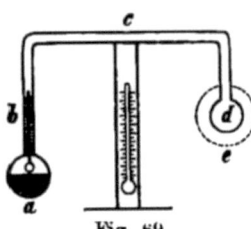
Fig. 69.

Das AUGUSTsche Psychrometer[1] besteht aus zwei gleichen Thermometern, von denen das eine die Lufttemperatur angibt. Das andere ist unten mit einem stets feucht erhaltenen Mullläppchen umhüllt und zeigt eine niedrigere Temperatur an, da infolge der Verdunstung des Wassers dem Thermometer Wärme entzogen wird. Je trockner nun die Luft, desto stärker die Verdunstung, desto niedriger also auch der Stand des zweiten Thermometers. Mit Hilfe besonderer Tabellen läßt sich dann aus den beiden Temperaturen und ihrer Differenz die absolute und relative Feuchtigkeit bestimmen.

Den absoluten Feuchtigkeitsgehalt erhält man auch, wenn man ein bestimmtes Volumen Luft durch eine Röhre mit Chlorkalzium oder einer anderen hygroskopischen Substanz leitet, deren Gewichtszunahme dann direkt den Wassergehalt der Luft angibt.

§ 97. **Verwandlung von Wärme in Arbeit.** Die Ausdehnung durch Erwärmung wird außerordentlich viel als treibende Kraft verwandt. Bei den Heißluftmaschinen oder kalorischen Maschinen wird ein Kolben in einem Zylinder durch die erhöhte Spannung erhitzter atmosphärischer Luft bewegt; bei den Gasmotoren durch Explosion eines Gemisches von atmosphärischer Luft und Leuchtgas, wobei infolge der hohen Verbrennungstemperatur

---

[1] ψυχρό; kühl.

ein starker Überdruck entsteht; bei den Dampfmaschinen durch gespannten Wasserdampf.

Letztere bestehen im wesentlichen aus dem Dampfkessel, in dem der Dampf aus Wasser gebildet wird; an diesem ist ein Wasserstandsmesser und ein Manometer zum Messen des Drucks, sowie ein Sicherheitsventil angebracht. Dann kommt der Dampf durch das Rohr $a$ (Fig. 70) in den Dampfzylinder, wo er den luftdicht schließenden Kolben $e$ aufwärts treibt. Ist dieser oben angelangt, so ändert durch selbsttätige Steuerung der Maschine der Schieber $g$ seine Stellung so, daß er den unteren Dampfweg $c$ verschließt, den oberen $f$ offen läßt. Der Dampf gelangt also nun durch $f$ über den Kolben und drückt ihn herunter, während der in $d$ befindliche Dampf durch $c$ nach $i$ ins Freie gelangt. So geht das abwechselnd weiter. Die Bewegung des Kolbens wird durch die sogenannte Pleuelstange auf ein exzentrisches Rad und

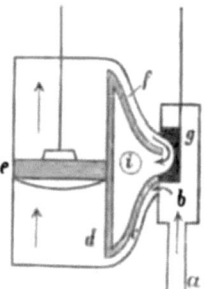

Fig. 70.

durch dieses auf eine Welle übertragen, von der Treibriemen ausgehen.

Dies ist der Typus einer Hochdruckmaschine, deren Dampf eine Spannung von über zwei Atmosphären hat. Bei den Niederdruckmaschinen, die nur mit einer Dampfspannung von weniger als zwei Atmosphären arbeiten, kann der verbrauchte Dampf nicht direkt in die freie Luft geleitet werden, weil hier durch Überwindung des äußeren Luftdruckes relativ zu viel Kraft verloren ginge. Hier wird er zu dem sogenannten Kondensator geleitet, wo er durch eingespritztes kaltes Wasser verdichtet wird, so daß seine Spannkraft herabgesetzt wird.

# D. Spezifische Wärme.

**§ 98. Wärmekapazität und spezifische Wärme.** Neben der Temperaturhöhe eines Körpers ist auch seine Erwärmungsfähigkeit wichtig. Zur bequemen Vergleichung betrachtet man nun immer die Wärmemenge, welche nötig ist, um 1 kg (oder 1 g) des betreffenden Körpers von $0^0$ auf $1^0$ zu erwärmen, und nennt diese Größe seine Wärmekapazität. Als Einheit benutzt man die Wärmekapazität des Wassers, weil diese am größten ist; sie wird auch Kalorie[1] genannt. Man unterscheidet kleine und große Kalorien, je nachdem es sich um Erwärmung von 1 g oder 1 kg handelt. Das Verhältnis der Wärmekapazität eines Körpers zu der des Wassers heißt seine spezifische Wärme. Diese ist also ebenso wie das spezifische Gewicht nur eine Verhältniszahl und muß stets ein echter Bruch sein. Von den Methoden zur Bestimmung der spezifischen Wärme (Kalorimetrie) seien nur folgende genannt:

**§ 99. Mischungsmethode.** Haben zwei Mengen einer Flüssigkeit, $m$ und $m'$, die Temperatur $t$ und $t'$ ($t > t'$), und resultiert nach

---

[1] *calor* Wärme.

ihrer Mischung die mittlere Temperatur $T$, so ist klar, daß die erste Substanz für die Masseneinheit die Wärmemenge $t - T$ abgegeben, die zweite $T - t'$ aufgenommen hat. Es ist also

$$m(t - T) = m'(T - t').$$

Denn angenommen, daß keine Wärme durch Strahlung verloren geht, muß die Summe der Wärme vor und nach der Mischung gleich sein. Daraus ergibt sich die Endtemperatur

$$T = \frac{mt + m't'}{m + m'}.$$

Diese Gleichung heißt auch Richmannsche Regel. Bei der Mischung zweier Flüssigkeiten von verschiedenen spezifischen Wärmen ($c$ und $c'$) wird die Verteilung der Wärme auch von letzteren abhängen. Es ist also

$$cm(t - T) = c'm'(T - t').$$

Ist nun Wasser eine von den beiden Flüssigkeiten, so wird $c = 1$, und da alle anderen Größen direkt meßbar sind, erhält man daraus $c'$, also die spezifische Wärme der zweiten Flüssigkeit. Man kann so auch die spezifische Wärme fester und gasförmiger Körper bestimmen; letztere leitet man hierbei in Röhren durch die Flüssigkeit. Die Apparate, in denen diese Untersuchungen gemacht werden, heißen Wasserkalorimeter.

§ 100. **Eisschmelzungsmethode.** Da festgestellt ist, daß ca. 80 Kalorien nötig sind, um 1 kg Eis zu schmelzen, so läßt sich die spezifische Wärme eines Körpers, dessen Temperatur und Gewicht bekannt sind, leicht aus der Menge des Schmelzwassers berechnen. Hat der Körper die Masse $m$, Temperatur $t$, spezifische Wärme $c$, so gibt er bei der Abkühlung auf $0^0$ die Wärmemenge $mct$ ab, da natürlich bei der Abkühlung die spezifische Wärme dieselbe Rolle spielt wie bei der Erwärmung. Entsteht die Menge $m'$ von Schmelzwasser, so wurden dazu 80 $m'$ Kalorien verbraucht. Es ist also

$$cmt = 80\,m'$$

$$c = \frac{80\,m'}{mt}.$$

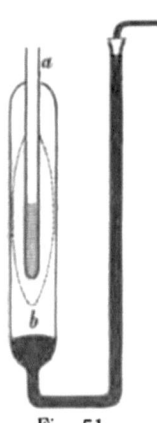

Fig. 71.

Das beste Eiskalorimeter ist das von Bunsen (Fig. 71), bei dem die Menge des Schmelzwassers nicht direkt, sondern durch die eintretende Volumsdifferenz gemessen wird.

Im Raume $b$ ist Wasser, das infolge einer Kältemischung in der Röhre $a$

um dieselbe einen Eismantel bildet, dargestellt durch die punktierte Linie. Im unteren Teile von *b*, in der Röhre *c* und der damit verbundenen Kapillaren *e* ist Quecksilber, das durch die Ausdehnung des gefrierenden Wassers bei *e* ausfließt. Nun wird nach Entfernung der Kältemischung in *a* die zu untersuchende erwärmte Substanz, deren Gewicht und ,Temperatur bekannt sind, gebracht. Der Eismantel schmilzt, und infolge der dabei eintretenden Volumsabnahme wird das Quecksilber in der Kapillare von *e* etwa bis *d* rücken. Es entspricht nun immer die Differenz von 0,09 ccm 1 g geschmolzenen Eises.

§ 101. **Atomwärme, Molekularwärme.** DULONG und PETIT fanden die merkwürdige Tatsache, daß die spezifische Wärme der Atome fester Elemente umgekehrt proportional den Atomgewichten ist. Das Produkt aus Atomgewicht und spezifischer Wärme, die sogenannte Atomwärme, ist demnach eine konstante Größe (ca. 6,4) und bietet ein wichtiges Hilfsmittel zur Bestimmung der Atomgewichte. Man kann das Gesetz so erklären, daß bei den leichteren Atomen durch schnellere Bewegung infolge vermehrter Wärmezufuhr die geringere Masse kompensiert wird, so daß also die kinetische Energie ($\frac{1}{2} m v^2$) konstant ist.

JOULE, NEUMANN und KOPP zeigten, daß auch die **Molekularwärmen** der festen chemischen Verbindungen, d. h. die Produkte aus Molekulargewichten und spezifischer Wärme, annähernd gleich den Summen der Atomwärmen ihrer Elemente sind. Man findet sie also durch Multiplizieren von 6,4 mit der Atomzahl der betreffenden Moleküle.

§ 102. **Spezifische Wärme der Gase.** Bei den Luftarten hat man zu unterscheiden zwischen der spezifischen Wärme bei gleichbleibendem Volumen, $c_v$, und derjenigen bei gleichbleibendem Druck, $c_p$. Wird z. B. in dem Gefäße *ABCD* (Fig. 72) 1 kg Luft erwärmt, wenn der Deckel *E* unbeweglich ist, so entspricht die Wärmemenge, die nötig ist, die Temperatur um 1° zu erhöhen, nach Reduktion auf die Volumenseinheit der spezifischen Wärme bei konstantem Volumen. Ist der Deckel *E* aber beweglich, so wird sich die Luft bei der Erwärmung etwa bis *E'* ausdehnen; jetzt bleibt also der Druck gleich. Da im letzteren Falle die Luft eine Arbeit leistet,

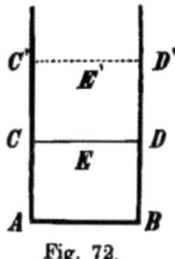

Fig. 72.

indem sie den Deckel entgegen der auf ihm lastenden Atmosphäre um das Stück *CC'* hebt, muß sie eine niedrigere Temperatur als im ersten Falle haben. Anders ausgedrückt, um Luft bei gleichbleibendem Druck ebenso zu erwärmen wie dieselbe Menge bei gleichbleibendem Volumen, ist mehr Wärme nötig. Es ist also $c_p > c_v$, und $c_p - c_v$ entspricht genau der von der Luft geleisteten Arbeit;

auf diesem Wege wurde auch von MAYER zuerst die Äquivalentzahl zwischen Wärme und Arbeit berechnet. $c_p$ kann man direkt finden, indem man Luft zuerst auf eine bestimmte Temperatur bringt und dann in Röhren durch ein Wasserkalorimeter leitet; in diesem wird die Wärme abgegeben und kann in der schon besprochenen Weise berechnet werden. $c_v$ kann man deshalb nicht direkt bestimmen, weil sich ja bei der Abkühlung im Kalorimeter das Volumen ändern muß.

Dagegen ist das Verhältnis $\dfrac{c_p}{c_v} = k$ bekannt; es beträgt für alle Gase

bei einem Atmosphärendruck 1,41. Der Ausdruck $\sqrt{k}$ ist bereits bei der Akustik [§ 71] als sogenannter LAPLACEscher Faktor erwähnt

worden, mit dem die Formel für die Schallgeschwindigkeit $v = \sqrt{\dfrac{e}{d}}$

multipliziert werden muß.

Diese Formel wäre nur richtig, wenn die an den Verdichtungsstellen der Schallwellen immer entstehende Wärme abströmen, also vernachlässigt werden könnte. Da aber Luft ein schlechter Wärmeleiter ist, da ferner die Temperaturschwankungen in den Schallwellen sehr rasch verlaufen, so ist dies hierbei nicht der Fall. (Man nennt übrigens derartige Prozesse, bei denen ein Wärmeaustausch mit der Umgebung nicht stattfindet, adiabatisch[1]). In den Verdichtungen wird daher die elastische Spannung durch die Erwärmung noch vermehrt, in den Verdünnungen durch die Abkühlung noch mehr verringert. Dadurch findet eine Erhöhung der Schallgeschwindigkeit statt, die, wie LAPLACE zeigte, dem Faktor $k$ entspricht. Umgekehrt kann natürlich aus einer bekannten Schallgeschwindigkeit $\dfrac{c_p}{c_v}$ gefunden werden. Aus $\dfrac{c_p}{c_v}$ und $c_p$ ergibt sich dann $c_v$.

# E. Fortpflanzung der Wärme.

§ 103. **Wärmeleitung.** Die Fortpflanzung der Wärme erfolgt zum Teil derartig, daß sich die Bewegung der Moleküle direkt auf benachbarte überträgt. Dieser Modus heißt Wärmeleitung, und zwar innere, wenn es sich um die Moleküle desselben Körpers handelt, äußere, wenn dabei die Bewegung auf einen anderen Körper übergeht. Gute Wärmeleiter sind besonders die Metalle, unter denen wieder Silber die erste Stelle einnimmt. Es ist bemerkenswert, daß der Leitungsfähigkeit für Wärme im allgemeinen die für Elektrizität proportional ist. Auf der guten Leitungsfähigkeit der Metalle beruht z. B. die Davysche Sicherheitslampe, eine einfache Öllampe, die von einem feinmaschigen Drahtnetz umgeben ist. Dieses

---

[1] $a$ privativum. $\delta\iota\alpha\beta\alpha\acute{\iota}\nu\omega$ hindurchgehen.

entzieht den Flammengasen bei ihrem Hindurchtreten so viel Wärme, daß sie unter ihre Entzündungstemperatur abgekühlt werden; dadurch werden Explosionen vermieden, selbst wenn in der Umgebung Grubengase („schlagende Wetter") sind. Interessant sind die Verhältnisse bei den Kristallen, deren Leitungsfähigkeit in den verschiedenen Achsen verschieden ist. Im Gegensatz zu den festen Körpern leiten flüssige und namentlich gasförmige (mit Ausnahme des auch sonst den Metallen nahe stehenden Wasserstoffes) die Wärme schlecht. Hierauf beruht z. B. die kälteschützende Wirkung der Kleider, Doppelfenster usw. Trotz ihres schlechten Wärmeleitungsvermögens können aber Flüssigkeiten und Gase Wärme gut durch Strömung (Konvektion) übertragen, indem die erwärmten Teilchen infolge ihres veränderten spezifischen Gewichtes in Bewegung geraten und die mitgeführte Wärme an andere Teilchen abgeben. So werden beim Kochen des Wassers die untersten Schichten zuerst erwärmt, steigen als spezifisch leichtere Teilchen auf und werden durch andere Teilchen ersetzt, bei denen sich der Vorgang wiederholt.

§ 104. **Wärmestrahlung.** Die schon betonte Verwandtschaft zwischen Wärme und Licht zeigt sich besonders bei der Art der Wärmefortpflanzung, die durch Strahlung geschieht. Man hat sich vorzustellen, daß durch die Bewegung der Körpermoleküle auch die zwischen ihnen befindlichen Äthermoleküle in Schwingungen geraten und diese dem angrenzenden Äther mitteilen, der sie in Form von transversalen Wellen zu anderen Körpern fortleitet, wo sie wieder in Bewegung materieller Teilchen umgewandelt werden. Dies geht u. a. daraus hervor, daß die strahlende Wärme auch durch den sog. leeren Raum geht, und daß die Schicht zwischen Wärmequelle und erwärmtem Körper ganz kalt sein kann. So ist z. B. auf hohen Bergen die Temperatur des Bodens bedeutend höher als die der Luft.

Die Fähigkeit, Wärme auszustrahlen (**Emissionsvermögen**), ist im allgemeinen um so größer, je größer die Temperaturdifferenz zwischen Körper und Umgebung und je weniger dicht die Oberfläche ist; auch die Natur der Körper ist von Einfluß. Wenn Wärmestrahlen auf einen Körper fallen, so werden sie entweder zurückgeworfen (**reflektiert**), oder sie dringen in ihn ein. In letzterem Falle werden sie entweder verschluckt (**absorbiert**), oder sie gehen unverändert durch. Gewöhnlich findet alles dieses zusammen statt, jedoch eins vornehmlich. Je nachdem Körper Wärmestrahlen ungehindert hindurchlassen oder aber sie absorbieren, wobei sie selbst erwärmt werden, heißen sie „wärmedurchsichtig",

diatherman[1], oder „wärmeundurchsichtig", atherman. Trotz
der nahen Verwandtschaft zwischen Licht und Wärme sind nun
keineswegs alle durchsichtigen Körper auch in hohem Grade diatherman und umgekehrt. Am meisten diatherman ist Steinsalz, sehr
wenig z. B. Alaun und Wasser. Ferner ist z. B. die Diathermanität
des durchsichtigen Bergkristalls gleich der des wenig durchsichtigen
Rauchtopases. Wie man nun Licht in verschiedene Farben zerlegen kann, die durch Körper in verschiedenem Maße gehen, so
kann auch Wärme durch ein Steinsalzprisma in Strahlen von verschiedener Wellenlänge zerlegt werden. Man spricht daher analog
von „Wärmefarben" und nennt diese Eigenschaft der Wärme Thermo-
chrose[2]. Die Wärmedurchlässigkeit ist für die verschiedenen Arten
von Wärmestrahlen verschieden. KIRCHHOFF zeigte, daß ein Körper
die Strahlen am stärksten absorbiert, die er selbst am stärksten
aussendet, wenn er wärmer ist als seine Umgebung. Hierauf soll
bei der Optik näher eingegangen werden, ebenso wie auf die Erscheinungen der Brechung, Polarisation und Interferenz der Wärmestrahlen, welche genau den Verhältnissen beim Lichte entsprechen.

# Optik.

## A. Ursprung und Ausbreitung des Lichtes.

§ 105. **Natur des Lichtes.** Unter Licht versteht man einmal
die subjektive Empfindung der Helligkeit, welche durch verschiedene
Reize des Sehnerven und der Sehzentra, z. B. durch Elektrizität,
Blutdruckschwankungen usw. hervorgebracht wird, dann aber besonders — im physikalischen Sinne ausschließlich — das Agens
selbst, welches diese Empfindung unter normalen Verhältnissen aus-
löst. Über die Natur dieses letzteren bestehen verschiedene Ansichten. Nach der Emanations- oder Emissionstheorie[3]
NEWTONS ist das Licht ein äußerst feiner Stoff, der von den
leuchtenden Körpern ausgesandt wird. Nach der jetzt fast allgemein akzeptierten Undulationstheorie[4] von HUYGENS entsteht es
ebenso wie Wärme durch außerordentlich schnelle Schwingungen

---

[1] διά durch, θέρμη Wärme. [2] χρῶμα Farbe. [3] emano ausfließen, emitto
aussenden. [4] undulatus wellenförmig.

der Körpermoleküle, die durch transversale Ätherschwingungen fortgepflanzt werden [vgl. § 104]. Nach der Auffassung von MAXWELL,
die immer mehr an Einfluß gewinnt, ist diese wellenförmige Fortpflanzung ihrerseits durch elektromagnetische Vorgänge zwischen
den Ätherteilchen bedingt [vgl. § 191].

§ 106. **Lichtquellen.** Die Verwandschaft zwischen Wärme
und Licht zeigt sich z. B. darin, daß durch genügende Wärmezufuhr
Körper leuchtend werden. So wird ein Platindraht durch Erhitzen
rot- und schließlich weißglühend. Auch das elektrische Glühlicht ist
durch vermehrte Wärmeentwicklung des elektrischen Stromes zu erklären. So ist auch verständlich, daß die größte Wärmequelle, die
Sonne, zugleich die stärkste Lichtquelle vorstellt. Alle derartigen
Körper, deren Moleküle also so schnell schwingen, daß die von ihnen
ausgehenden Ätherwellen (400—800 Billionen in 1 Sekunde, bei der
dunklen Wärme 20—400 Billionen) als Licht empfunden werden,
heißen selbstleuchtend. Von Himmelskörpern gehören außer der
Sonne nur noch die Fixsterne dazu, während z. B. die Planeten nur
dadurch sichtbar sind, daß sie das Sonnenlicht reflektieren. Besonders stark wird die Lichtentwicklung, wenn mit der Erwärmung
auch eine lebhafte Oxydation (Verbrennung) Hand in Hand geht.
Brennende Gase haben übrigens nur ein geringes Leuchtvermögen,
das aber durch suspendierte feste Partikelchen bedeutend erhöht wird.
So beruht die Helligkeit einer Gasflamme auf den weißglühenden
Kohlenstoffteilchen [vgl. Bunsenbrenner § 52]. Manche Körper senden
aber schon bei gewöhnlicher oder nicht sehr erhöhter Temperatur
Licht aus (Lumineszenz[1]). Hierher gehört das durch Oxydations-
prozesse bedingte Leuchten gewisser niederer Tiere und Pflanzen
(z. B. Meerleuchten, Glühwürmchen, faulendes Holz) sowie des
Phosphors. Man faßt speziell die erwähnten Erscheinungen unter
dem Namen Phosphoreszenz[2] zusammen, bezeichnet aber in der
Physik mit diesem Namen auch das Nachleuchten gewisser Körper,
nachdem sie einer starken Belichtung ausgesetzt waren [vgl. § 134].

§ 107. **Ausbreitung des Lichtes. Schatten.** Das Licht breitet
sich im allgemeinen von einem leuchtenden Punkte nach allen Seiten
hin geradlinig [vgl. aber § 137] und mit gleichmäßiger Geschwindigkeit aus. Treffen dabei die Lichtstrahlen auf einen Körper, so werden
sie entweder zurückgeworfen (reflektiert) oder verschluckt (absorbiert), oder gehen endlich durch ihn hindurch, indem sie dabei eine
Ablenkung (Brechung) erfahren. Auf der Reflexion beruht der

---

[1] *luminesco* leuchten.    [2] $\varphi\omega\sigma\varphi\delta\varrho o\varsigma$ Lichtträger.

Glanz der Körper und die Spiegelung, auf der Absorption die Farbe, Erwärmung und chemische Veränderung, auf dem Durchgang des Lichtes die Durchsichtigkeit der Körper. In dünnen Schichten sind alle Körper durchsichtig oder wenigstens durchscheinend, umgekehrt vermindert zunehmende Dicke die Durchsichtigkeit.

Da ein undurchsichtiger Körper die Ausbreitung des Lichtes stört, muß hinter ihm eine Schattenzone entstehen. Bei einer gewissen Größe der Lichtquelle unterscheidet man die Zone des Kernschattens $abc$ (Fig. 73), die gar kein Licht erhält, von der des Halbschattens $dacbe$, die

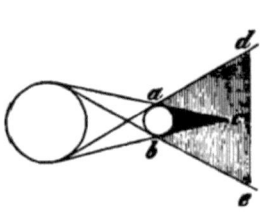

teilweise beleuchtet wird. Die Form beider ist durch die geradlinige Ausbreitung des Lichtes bedingt. Ebenso beruht darauf die Erscheinung der

Fig. 73.

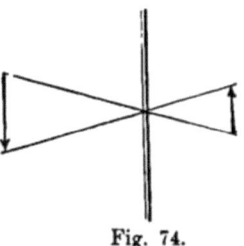

Fig. 74.

optischen Kammer. Dringt nämlich Licht von einem Gegenstande aus durch einen schmalen Spalt in einen dunklen Raum, so entsteht auf einer gegenüberstehenden Wand ein umgekehrtes Bild desselben (Fig. 74).

§ 108. **Intensität des Lichtes.** Wie für jede Wellenbewegung gilt auch für das Licht der Satz, daß die Intensität umgekehrt proportional dem Quadrate der Entfernung ist [§ 56]. Darauf beruhen die Photometer[1], Apparate zur Messung der Lichtstärke. Denn aus der leicht zu messenden Entfernung, die zwei Lichtquellen haben müssen, um dieselbe Wirkung zu erzielen, ist nach diesem Gesetze das Verhältnis ihrer Intensität ohne weiteres zu berechnen. Bei dem RUMFORDschen Photometer werden die beiden zu vergleichenden Lichtquellen so aufgestellt, daß die von ihnen auf einen Schirm geworfenen zwei Schatten eines Stabes gleich dunkel sind. Das sehr zweckmäßige Fettfleckphotometer von BUNSEN beruht darauf, daß ein Fettfleck auf Papier im durchfallenden Lichte hell, im auffallenden dunkel erscheint und ganz verschwindet, wenn die auf entgegengesetzten Seiten stehenden Lichtquellen gleiche Wirkung ausüben. Als (willkürliche) Lichteinheit, gew. als Normalkerze (NK) oder Kerze schlechtweg bezeichnet, benutzt man das Licht der v. HEFNER-ALTENECKschen Amylazetatlampe bei 40 mm Flammenhöhe. Eine Meterkerze ist die Beleuchtungsstärke, die eine Normalkerze in 1 m Abstand erzeugt. In diesem Maße drückt

---

[1] φῶς Genitiv φωτός Licht, μέτρον Maß.

man die „indizierte Helligkeit" aus, d. i. die Helligkeit an einem gegebenen Punkte. Beim Lesen soll die indizierte Helligkeit etwa 50 Meterkerzen betragen.'

Die ganze Photometrie hat den Mangel, daß es eine absolute Einheit der Lichtintensität noch nicht gibt, und daß sie ferner auf die subjektive Empfindung des Beobachters angewiesen ist. Nun hat aber selbst bei ein und demselben Beobachter die Pupille bei verschiedener Lichtstärke nie dieselbe Weite, es werden also nie gleichgroße Netzhautflächen getroffen.]

§ 109. **Lichtgeschwindigkeit.** Das Licht pflanzt sich mit großer Schnelligkeit fort. Es durchläuft in 1 Sekunde 300000 km oder 40000 Meilen. Die erste Bestimmung rührt von OLAF RÖMER her.

Befindet sich die Erde zwischen Sonne und Jupiter, etwa in $E$ (Fig. 75), so ist das Intervall zwischen zwei aufeinanderfolgenden Verfinsterungen eines der vier Jupitermonde stets gleich, [nämlich in $42^1/_2$ Stunden.] RÖMER hatte auf Grund dieser Beobachtung die Verfinsterungen für längere Zeit voraus berechnet; als nun die Erde in-zwischen auf ihrer Bahn nach $E^1$ ge-kommen war, trat die Verfinsterung ca. 1000 Sekunden später ein, als berechnet. Dies kann nur darauf be-ruhen, daß das Licht jetzt 1000 Se-kunden mehr braucht, um zur Erde zu gelangen, die jetzt um den Durch-messer der Erdbahn, 296 300 000 km, weiter vom Jupiter entfernt ist als

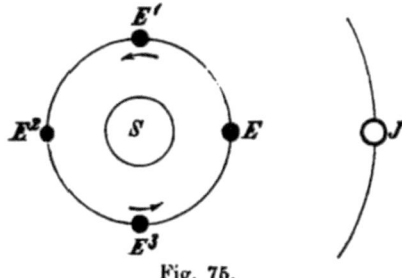

Fig. 75.

im ersten Falle. Die Lichtgeschwindigkeit ergibt sich dann nach der Formel $v = \frac{s}{t}$ zu 296300 km in 1 Sekunde.

Ein gleiches Resultat erhält man nach der Methode von BRADLEY, die auf der Aberration[1] des Lichtes der Fixsterne beruht.

Stände nämlich die Erde still, so würde das Licht des Fixsterns $a$ (Fig. 76) in gerader Linie die Netzhaut des Beobachters, etwa in $b$, treffen. Da sich aber die Erde (in der Rich-tung des Pfeils) fortbewegt, während das Licht von der vorderen bis zur hinteren Fläche des Auges geht, so fällt der Strahl nach $b'$. Der Stern wird also in der Verlängerung von $b'c$, etwa in $a'$ gesehen, macht daher die scheinbare Bewegung (Aberration) von $a$ nach $a'$. Mithin legt das Licht den Weg $cb$ in der-

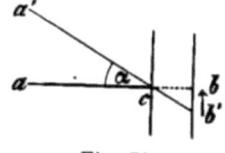

Fig. 76.

selben Zeit zurück, wie die Erde den Weg $b'b$. Es ist also $v'$ (Geschwindig-keit des Lichtes): $v$ (Geschwindigkeit der Erde) $= cb : b'b = \cotg a$. $v$ beträgt ca. 30 km, $a$, der sogenannte Aberrationswinkel, $20{,}45''$; daraus läßt sich $v'$ berechnen.

---

[1] *abei ro* abirren, abweichen.

FIZEAU gelang es dann auch, die Lichtgeschwindigkeit auf der Erde selbst zu bestimmen.

Er ließ durch eine in einem Fernrohr $L$ 45° zu dessen Achse geneigte unbelegte, also durchsichtige, Glasplatte $s$ (Fig. 77) ein seitlich von $q$ kommendes Lichtbündel so reflektieren, daß es in die Achse des Fernrohrs fiel und durch die Lücken eines daselbst befindlichen exzentrisch angebrachten Zahnrades $r\,r$ hindurch zu einem ca. 8$^1/_2$ km entfernten Fernrohr $L'$ sich fortpflanzte, in diesem an einem Spiegel $p$ reflektiert wurde, wieder durch die Zahnlücken hindurchging und schließlich ins Auge des Beobachters am hinteren Ende des ersten Fernrohrs gelangte. Letzterer sah den Lichtpunkt, von dem das Strahlen-

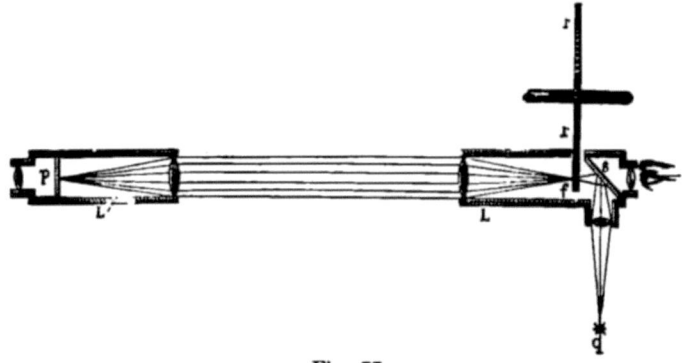

Fig. 77.

bündel ausging, wenn das Rad stillstand oder nur langsam gedreht wurde, weil eben der zurückkehrende Lichtstrahl das Rad passierte, bevor ein Zahn an die Stelle der vorangehenden Lücke getreten war. Drehte man aber das Rad so rasch, daß die Zeit eines Hin- und Herganges der Lichtstrahlen genau der Zeit entsprach, in der ein Zahn an Stelle der vorangehenden Lücke trat, so verschwand der Lichtpunkt. Bei einem Rad mit 720 Zähnen und 720 Lücken geschah dies bei 12,5 Umläufen in 1 Sekunde. Diese Zeit betrug somit $\dfrac{1}{1440 \cdot 12,5} = \dfrac{1}{18000}$ Sekunde; in dieser Zeit legte das Licht die Entfernung 16$^2/_3$ km zurück, woraus sich eine Geschwindigkeit zu $18000 \cdot 16^2/_3 = 300000$ km ergab.

## B. Reflexion des Lichtes (Katoptrik).

§ 110. **Allgemeine Gesetze der Reflexion.** Körper mit rauhen Oberflächen zerstreuen das auf sie fallende Licht nach allen Seiten und werden dadurch selbst sichtbar (z. B. Mond, Planeten usw.). Ihnen gegenüber stehen die Spiegel, glatte Flächen, welche ein Bild des lichtaussendenden Körpers entwerfen. Unter Bild eines Punktes versteht man nämlich den Punkt, an dem die von jenem ausgehenden Lichtstrahlen sich wieder vereinigen. Da nun ein

Gegenstand aus vielen Punkten zusammengesetzt gedacht werden
kann, ist die Größe seines Bildes durch die Bilder seiner äußersten
Punkte bestimmt. Wenn sich nun die Lichtstrahlen wirklich vor
dem Spiegel schneiden, so daß das Bild auch objektiv nachzuweisen
ist, indem man es z. B. auf einem Schirm auffängt, so heißt es
reell. Vereinigen sich aber die Strahlen nicht wirklich, sondern
liegt der Punkt, von dem sie scheinbar ausgehen, hinter dem Spiegel,
so heißt das Bild virtuell[1] oder imaginär. Ein solches, wie es
z. B. Planspiegel liefern, kann man natürlich nicht auffangen. Reelle
Bilder sind stets umgekehrt, virtuelle aufrecht. Betreffs
der Spiegel sei noch bemerkt, daß die gewöhnlichen Spiegel so
hergestellt werden, daß eine Glasplatte auf der Rückseite mit einer
Schicht von Zinnamalgam belegt wird. Weil aber sowohl an dieser
wie an der Vorderfläche Reflexion stattfindet, sind die Metallspiegel
vorzuziehen. — Die Hauptsätze der Reflexion sind noch einmal folgende [vgl. § 63]:

1) Einfallender Strahl, Einfallslot und reflektierter
Strahl liegen in einer Ebene.

2) Der Reflexionswinkel ist gleich dem Einfallswinkel.

§ 111. **Planspiegel.** Ebene spiegelnde Flächen erzeugen
Bilder, die dem Gegenstand symmetrisch sind und so weit hinter
dem Spiegel liegen, wie der Gegenstand vor ihm. Dieselben sind
also virtuell. Ein Auge in c (Fig. 78) er-
blickt den Gegenstand a, wenn es in die
Richtung cb sieht, und zwar in a'. Aus
derselben Figur geht auch hervor, daß
beim Planspiegel die gegenseitige Lage der
Lichtstrahlen nicht geändert wird. Diver-
gierende Strahlen z. B. bleiben divergent.

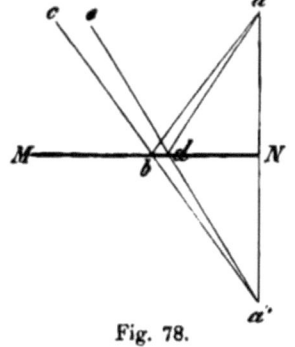

Fig. 78.

Anwendung finden Planspiegel, um
Lichtstrahlen eine andere Richtung zu
geben. Man kann durch sie „um die Ecke"
sehen. Ihre Verwendung zu den wichtigen
Spiegelablesungen beruht darauf, daß
die Winkelgeschwindigkeit des reflektierten Strahls doppelt so groß
ist wie die des Spiegels selbst. Ist also z. B. an einer Magnetnadel
ein kleiner Spiegel befestigt, auf den Licht fällt, so lassen sich

[1] *virtus* Kraft, Wirkung, also Phänomene, die wie Bilder wirken, ohne
durch Vereinigung von Lichtstrahlen entstanden zu sein.

auch kleine Ausschläge durch die doppelt so großen Exkursionen des reflektierten Strahls leicht erkennen.

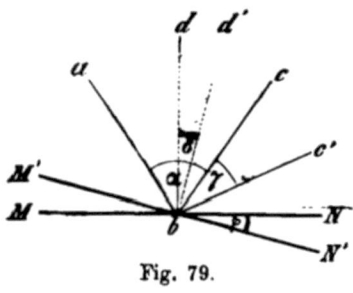

Es sei (Fig. 79) $MN$ die ursprüngliche Lage des Spiegels, $ab$ der einfallende, $bc$ der reflektierte Strahl, $bd$ das Einfallslot. Wird $MN$ um $\varphi$ in die neue Lage $M'N'$ gedreht, so bewegt sich das Einfallslot um $\angle\,\delta = \varphi$, der reflektierte Strahl um $\gamma$. Bezeichnet man $\angle\,abc$ mit $\alpha$,

Fig. 79.

so ist        $\delta = \angle\,abd' - \angle\,abd$

$$\frac{\alpha + \gamma}{2} - \frac{\alpha}{2} = \frac{\gamma}{2}.$$

Ähnlich ist das Prinzip des Spiegelsextanten, welcher dazu dient, den Winkel zu messen, den 2 Gegenstände mit dem Auge des Beobachters bilden, ohne daß dieser fest zu stehen braucht. Er ist daher z. B. unentbehrlich für die See.

Es seien z. B. $m$ und $n$ (Fig. 80) zwei Sterne, deren Sehwinkel $\alpha$ gemessen werden soll. $m$ kann von dem Auge in $a$ über den feststehenden,

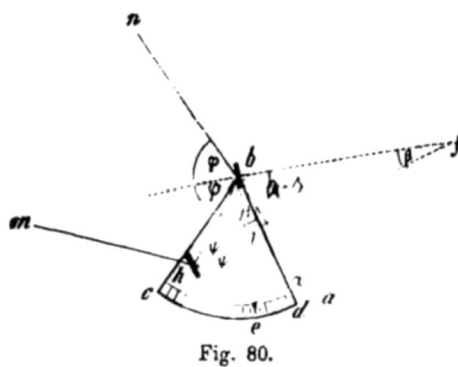

Fig. 80.

$bd$ parallelen, Spiegel $h$ hinweg direkt gesehen werden. Dann wird der Zeiger $be$ und zugleich auch der an ihm bei $b$ befestigte Spiegel so gedreht, daß die von $n$ ausgehenden Strahlen nach zweimaliger Reflexion an den Spiegeln in $b$ und $h$ ebenfalls nach $a$ gelangen. Der an der Skala $cd$ direkt ablesbare Winkel $\beta$, den der Zeiger dabei zurückgelegt hat, ist nun gleich der Hälfte des gesuchten Sehwinkels $\alpha$. Errichtet man nämlich in $b$ und $h$ die Einfallslote und verlängert sie bis zum Schnittpunkte in $f$, so ist zunächst $\angle\,hfb = \beta$, weil beide $\angle\,flb$ zu einem Rechten ergänzen. Ferner ist $\angle\,\varphi = \beta + \psi$, $\angle\,2\,\varphi = \alpha + 2\,\psi$. Daraus folgt $\alpha = 2\,\beta$.

§ 112. **Sphärische Spiegel.** Den Planspiegeln stehen die gekrümmten gegenüber, die entweder konkav (Hohlspiegel) oder konvex sind. Hier sollen nur die kugelförmig gekrümmten betrachtet werden. Der Mittelpunkt $c$ (Fig. 81) der Kugel, zu welcher ein solcher Spiegel vervollständigt werden kann, heißt geometrischer oder Krümmungsmittelpunkt, die Mitte $o$ der spiegelnden Fläche optischer

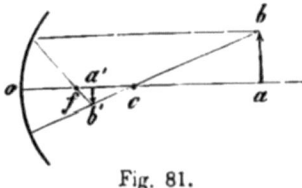

Fig. 81.

Mittelpunkt oder Scheitel, die Verbindungslinie beider Haupt-achse. Zieht man von den Punkten, in denen zwei Strahlen den Spiegel treffen, die Radien, so heißt der Winkel zwischen diesen die Öffnung (Apertur) des Spiegels. Jeder Strahl, der durch den geometrischen Mittelpunkt geht, also auch die Hauptachse, heißt Hauptstrahl und wird in sich selbst reflektiert, weil er ja als Radius senkrecht auf dem betreffenden Teil des Spiegels steht. Alle Strahlen parallel der Hauptachse gehen nach der Reflexion durch den sog. Brennpunkt (focus) $f$, der in der Mitte zwischen optischem und geometrischem Mittelpunkte liegt. Mittels dieser beiden Sätze lassen sich alle Bilder konstruieren. Bezeichnet man nun die Ent-fernung eines Gegenstandes vom Spiegel mit $a$, die seines Bildes mit $b$, die des Brennpunkts (die sog. Brennweite) mit $f$, so gilt ganz allgemein das Gesetz:

$$\frac{1}{a} + \frac{1}{b} = \frac{1}{f}.$$

**Ferner verhält sich die Größe des Bildes zu der des Gegen-standes wie die Bildweite zur Gegenstandweite.**

§ 113. **Bilder der Konkavspiegel.** Aus dem Spiegelgesetz ergibt sich sofort, daß das Bild eines unendlich fernen Gegenstandes im Brennpunkte liegen muß. Denn dann ist $\frac{1}{\infty} + \frac{1}{b} = \frac{1}{f}$, folglich $b$ $= f$. Daraus folgt, daß Hohlspiegel als Brennspiegel wirken können, indem sie die Strahlen der Sonne im Brennpunkte konzen-trieren. Umgekehrt hat ein Gegenstand im Brennpunkt sein Bild in der Unendlichkeit, d. h. die von ihm ausgehenden Strahlen ver-lassen den Spiegel nach der Reflexion in paralleler Richtung. Hierauf beruht die Anwendung von Hohlspiegeln in Leuchttürmen usw. Ist der Gegenstand zwischen Unendlichkeit und geometrischem Mittel-punkt, so liegt das Bild zwischen diesem und dem Brennpunkte. Auch hier ist wieder die Umkehrung möglich. Überhaupt sind Bild und Gegenstand einander stets konjugiert[1], d. h. sie können miteinander vertauscht werden. Ist der Gegenstand im geometrischen Mittelpunkte, so muß auch das Bild dort liegen. In diesen fünf ersten Fällen handelt es sich stets um reelle Bilder, deren Größe nach dem oben Gesagten leicht zu finden ist. Es zeigt sich, daß, je näher der Gegenstand an den Spiegel heranrückt, das Bild sich um so weiter entfernt. Rückt nun der Gegenstand in die Brennweite hinein, liegt er also zwischen Spiegel- und Brenn-

---

[1] *conjungo* miteinander verbinden.

punkt, so muß das Bild gewissermaßen über die Unendlichkeit
hinausgehen, d. h. es wird negativ und erscheint auf der anderen
Seite des Spiegels. In diesem
einen Falle geben also Hohlspiegel virtuelle Bilder. Dieselben sind aufrecht und vergrößert,
da sie ja weiter vom Spiegel entfernt
sind als der Gegenstand (Fig. 82).
Darauf beruht die Anwendung
von Hohlspiegeln als Barbier-
spiegel usw.

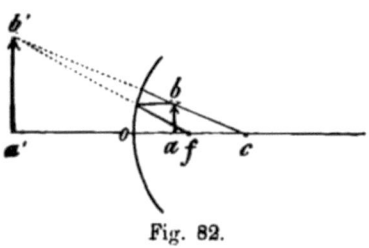

Fig. 82.

§ 114. **Bilder der Konvexspiegel.** Konvexspiegel erzeugen
stets virtuelle, aufrechte, verkleinerte Bilder (Fig. 83), die
um so kleiner sind, je weiter der Gegenstand vom Spiegel entfernt ist.

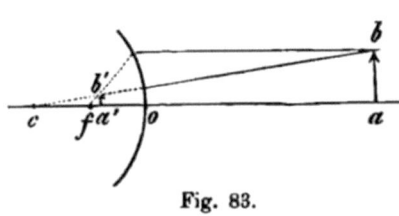

Fig. 83.

Da hier Bild- und Brennweite
negativ sind, so nimmt das
Spiegelgesetz die Form an
$$\frac{1}{a} - \frac{1}{b} = -\frac{1}{f},$$ oder anders
geschrieben
$$\frac{1}{b} - \frac{1}{a} = \frac{1}{f}.$$

Daraus folgt $b < a$, d. h. das Bild ist stets dem Spiegel näher als
der Gegenstand, mithin auch kleiner.

# C. Brechung des Lichtes (Dioptrik).

§ 115. **Allgemeine Gesetze der Brechung.** Unter Brechung
des Lichtes versteht man die Ablenkung, die ein Lichtstrahl erfährt,
wenn er in ein Medium von anderer Dichte dringt. Es gelten hierbei die Gesetze [vgl. § 63]:

1) Einfallender Strahl, Einfallslot und gebrochener
Strahl liegen in einer Ebene.

2) Der Sinus des Einfallswinkels steht zum Sinus des
Brechungswinkels für je 2 Medien in einem konstanten
Verhältnis (Gesetz von SNELLIUS).

Dieses Verhältnis $\dfrac{\sin \alpha}{\sin \beta} = n$ entspricht dem Verhältnis der Lichtgeschwindigkeit in beiden Medien [§ 63] und wird auch Brechungs-
exponent (-koeffizient, -index) genannt. Der Brechungsexponent

beim Übergang des Lichtes in den luftleeren Raum heißt absoluter Br. Da nun nach der Wellenlehre die Lichtgeschwindigkeit
beim Übergang in dichtere Medien kleiner wird[1], so wird $n > 1$,
d. h. der Lichtstrahl wird dem Einfallslote zu gebrochen. Umgekehrt ist es beim Übergange in ein dünneres Medium. Geht also
z. B. Licht aus Luft in Wasser, so ist $n = \frac{4}{3}$, geht es aus Wasser
in Luft, $= \frac{3}{4}$. Dies gilt aber nur für schräge Strahlen, senkrecht
auffallende gehen ungebrochen weiter.

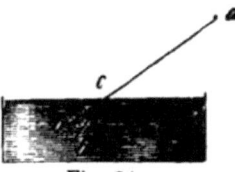

Auf der Brechung beruht es z. B., daß Gegenstände im Wasser der Oberfläche näher zu liegen scheinen. Wenn nämlich von $b$ (Fig. 84) Strahlen ausgehen, die nach der Brechung an der Oberfläche
des Wassers in das Auge bei $a$ fallen, so wird $b$
in $b'$ gesehen, weil Gegenstände immer in der Blick-
richtung, hier also $a\,c$, projiziert werden. Ebenso
erscheinen durch Brechung in den verschieden
dichten Luftschichten entfernte Gegenstände höher,
ja sie werden unter Umständen sichtbar, selbst wenn
sie unter dem Horizonte liegen (z. B. die Sonne).

Fig. 84.

Auf gleichen Ursachen beruhen zum Teil die Fata morgana genannten Luft-
spiegelungen.

§ 116. **Totale Reflexion.** Beim Übergange aus einem dichteren
in ein dünneres Medium ist der Brechungswinkel größer als der Einfallswinkel. Fallen die Strahlen schräg genug auf die Grenzfläche,
so wird also der gebrochene Strahl parallel der Oberfläche verlaufen,
z. B. $c\,o\,c'$ (Fig. 85), ja sogar
vollständig in das alte Medium
zurückkehren müssen, z. B. $d\,o\,d'$.
Diese Erscheinung heißt totale
Reflexion. Da hierbei kein
Licht durch Absorption oder
Lichtdurchtritt verloren geht, so
ist klar, daß total reflektierende
Flächen undurchsichtig sind,
stark glänzen und die vollkom-
mensten Spiegel darstellen. Für Wasser und Luft beträgt der sogenannte Grenzwinkel, d. i. derjenige, von dem an totale Reflexion

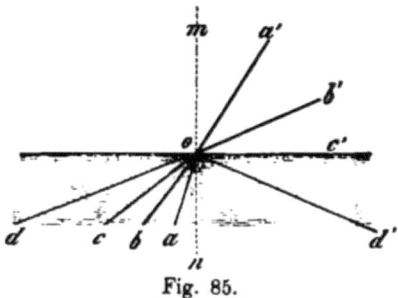

Fig. 85.

---

[1] FOUCAULT bewies dies auch experimentell und widerlegte damit die
Emanationstheorie. Denn NEWTON hatte in der Annahme, daß sein Leuchtstoff
nach dem Gravitationsgesetze von dichteren Körpern stärker angezogen würde,
theoretisch das Gegenteil behauptet.

stattfindet, ca. 48°; für Glas und Luft ca. 41°. Bei optischen
Instrumenten wird vielfach die totale Reflexion an rechtwinkligen

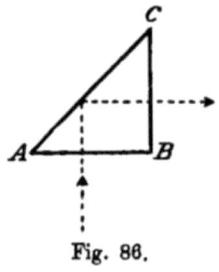

Prismen [§ 117] benutzt, um Lichtstrahlen
ohne Lichtverlust abzulenken. Geht ein Lichtstrahl senkrecht durch die eine Kathete
eines solchen „Reflexionsprismas" (Fig. 86),
so trifft er die Hypotenuse unter einem
Winkel von 45°, der also größer ist als
der Grenzwinkel; daher erfolgt eben totale
Reflexion.

Fig. 86.

**§ 117. Brechung durch Prismen.** Geht Licht durch einen
Körper, der von parallelen Flächen begrenzt ist und beiderseits an
dasselbe (dünnere) Medium stößt, so werden die Strahlen an der

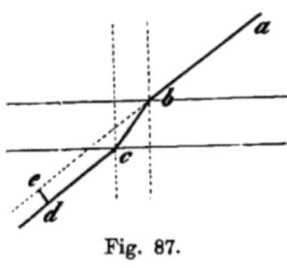

Vorderfläche um ebensoviel dem Einfallslote zu, wie an der Rückfläche von
ihm ab gebrochen. Sie behalten also
ihre ursprüngliche Richtung bei und
werden nur parallel mit sich verschoben
(Fig. 87). So sieht man z. B. auch
durch Fensterscheiben die Gegenstände
nicht an ihrem wirklichen Platze, obwohl hier die Verschiebung minimal ist.

Fig. 87.

Letztere ist nämlich um so größer, je dicker der Körper ist, je schräger
die Strahlen auffallen, und je größer der Brechungsexponent ist.

Sind dagegen die Grenzflächen des Körpers gegeneinander geneigt, so bekommen die Lichtstrahlen eine andere Richtung. Dies

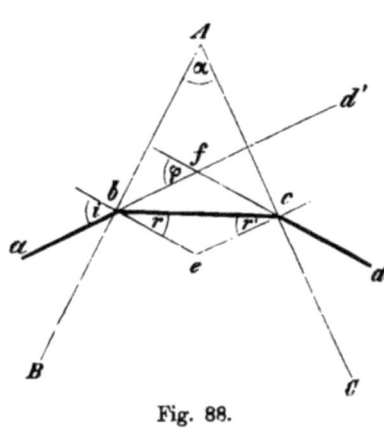

ist z. B. der Fall beim Prisma[1],
wie in der Physik ganz allgemein
zwei brechende Flächen heißen,
die in der „brechenden Kante"
zusammenstoßen; der Winkel, den
sie bilden, heißt „brechender
Winkel". Stellt z. B. Fig. 88
einen Schnitt durch ein Prisma
senkrecht zur brechenden Kante,
einen sog. Hauptschnitt vor, so
wird der Lichtstrahl $ab$ in $b$
nach der Richtung $bc$ und in $c$
nach $cd$ hin gebrochen; es findet

Fig. 88.

---

[1] τὸ πρίσμα eig. „das Gesägte".

also eine Ablenkung des Lichtstrahls nach dem dicken Ende des Prismas zu statt. Licht, welches von einem Gegenstande in $d$ ausgeht, fällt also in ein Auge bei $a$. Da dieses aber hierbei in die Richtung $a\,b$ sieht, projiziert es den Gegenstand nach $d'$. Ein Prisma wirkt demnach so, daß die Gegenstände nach der brechenden Kante hin verschoben erscheinen. Daraus ergibt sich ohne weiteres die Anwendung prismatischer Gläser für schielende Augen. Der Winkel, den die ein- und austretenden Strahlen miteinander bilden, der sog. Ablenkungswinkel ($\varphi$), ist nun, wie sich zeigen läßt, am kleinsten, wenn $b\,c$ symmetrisch durch das Prisma geht. Dieser kleinste Ablenkungswinkel ist für zwei bestimmte Medien eine konstante Größe; da er außer vom brechenden Winkel nur von dem Brechungsexponenten abhängt, so dient er zur Bestimmung des letzteren. Flüssigkeiten füllt man dazu in Hohlprismen.

Der Brechungsexponent ist nämlich $\frac{\sin i}{\sin r}$. Es ist nun stets $\angle c\,b\,e + \angle b\,c\,e$ $= \angle a$ als Supplementwinkel zu $\angle b\,e\,c$. Beim symmetrischen Durchgange ist aber $\angle c\,b\,e = \angle b\,c\,e$, folglich $r$ und $r' = \dfrac{a}{2}$. Ferner ist $\angle i = \angle e\,b\,c$ $+ c\,b\,f = \dfrac{a+\varphi}{2}$; somit $n = \sin\dfrac{a+\varphi}{2} : \sin\dfrac{a}{2}$. Um also den Brechungsexponenten zu finden, hat man nur nötig, nachdem $a$ bestimmt ist, das Prisma auf die kleinste Ablenkung einzustellen und dann $\varphi$ zu messen.

§ 118. **Brechung durch Linsen.** Unter Linsen versteht man Körper (meist aus Glas), die von 2 gekrümmten Flächen begrenzt sind. Wir betrachten hier nur solche Linsen, deren Begrenzungsflächen kugelförmig bzw. eben sind. Nach der Form unterscheidet man (Fig. 89) bikonvexe (1), plankonvexe (2), konkav-konvexe (3), bikonkave (4), plankonkave (5), konvex-konkave (6). Die Linsen 1—3 sind in der Mitte dicker als am Rande und haben die Eigenschaft, Strahlen, die durch sie hindurchgehen, konvergenter zu machen; sie heißen daher auch Sammellinsen. Umgekehrt sind 4—6 in der Mitte dünner und heißen Zerstreuungslinsen, da sie Divergenz der Strahlen verursachen. Verbindet man die beiden Krümmungsmittelpunkte — so heißen die Zentren der die Linse begrenzenden Kugelflächen —, so erhält man die optische Achse.

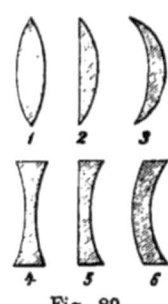

Fig. 89.

Auf ihr liegt in der Mitte der Linse der optische Mittelpunkt. Alle durch diesen gehende Strahlen heißen Hauptstrahlen und bleiben bei bikonkaven und bikonvexen Linsen ungebrochen, da für sie die Ein- und

Austrittsflächen parallel sind. Der Hauptstrahl, der in die optische
Achse fällt, bleibt bei allen Linsen ungebrochen. Alle anderen
Strahlen werden sowohl an der Vorder- wie an der Hinterfläche
gebrochen.[1] Die beiden Punkte, in denen parallel der optischen
Achse auffallende Strahlen sich wirklich oder scheinbar vereinigen,
heißen Brennpunkte. Um nun z. B. das Bild des Gegenstandes $a\,b$
(Fig. 90) zu konstruieren,
bestimmt man die Bild-
punkte seiner beiden En-
den. Das Bild von $a$ muß
natürlich auf der optischen
Achse liegen. Das Bild
von $b$ erhält man, wenn
man einmal den zuge-

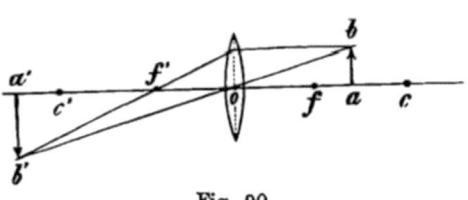

Fig. 90.

hörigen Hauptstrahl $b\,b'$ zieht, und dann den zur optischen Achse
parallelen Strahl, der nach der Brechung durch den Brennpunkt $f'$
gehen muß. Der Schnittpunkt beider Strahlen ist der gesuchte
Punkt, und $a'\,b'$ das Bild von $a\,b$. Auch für die Linsen gilt wieder
die Formel

$$\frac{1}{a}+\frac{1}{b}=\frac{1}{f},$$

wo $a$ Gegenstands-, $b$ Bild-, $f$ Brennweite bedeutet. Handelt es sich
um ungleiche Krümmungsflächen, und soll das angrenzende Medium
berücksichtigt werden, so wird für $\frac{1}{f}$ eingesetzt $(n-1)\left(\frac{1}{r}+\frac{1}{r'}\right),$
wo $n$ der Brechungsexponent ist, $r$ und $r'$ die Krümmungsradien
vorstellen. Im Gegensatz zu den Spiegeln sind natürlich diejenigen
Bilder reell, die auf der anderen Seite der Linse liegen wie der
Gegenstand, weil sich ja nur hier Strahlen wirklich vereinigen
können.

§ 119. **Konvexlinsen.** Berücksichtigt man diesen Gegensatz,
so gelten für die Konvexlinsen die gleichen Regeln wie für die Konkavspiegel. Ist also der Gegenstand unendlich fern, so liegt sein
Bild auf der anderen Seite der Linse im Brennpunkte. So kann man
durch Konvexlinsen die Sonnenstrahlen im Brennpunkte vereinigen
und dort brennbare Körper entzünden. Rückt der Gegenstand aus
der Unendlichkeit heran, so entfernt sich das Bild auf der anderen
Seite immer mehr. Ist der Gegenstand in doppelter Brennweite, so

---

[1] Der Einfachheit halber ist bei den Figuren nur eine einmalige Brechung
angenommen.

ist auch das Bild in doppelter Brennweite und ebenso groß; denn auch hier ist das Größenverhältnis zwischen Bild und Gegenstand durch das Verhältnis ihres Abstandes von der Linse bedingt. Ist der Gegenstand im Brennpunkte, so rückt das Bild in unendliche Entfernung. In allen diesen Fällen entsteht ein reelles, umgekehrtes Bild. Liegt nun aber der Gegenstand innerhalb der Brennweite, so entsteht auf derselben Seite der Linse ein aufrechtes, vergrößertes Bild, das natürlich virtuell (Fig. 91 $a'$ $b'$) und von der Linse weiter entfernt ist als der Gegenstand. Darauf gründet sich die Anwendung der Lupen, die ver-

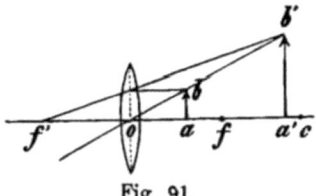

Fig. 91.

größerte Bilder in der Weite des deutlichen Sehens erzeugen. Denn die Vergrößerung von Objekten durch Annäherung an das Auge findet ihre Grenze dadurch, daß innerhalb des sogenannten Nahpunktes nicht scharf gesehen werden kann.

Da weitsichtige (hypermetropische) Augen einen kürzeren Längendurchmesser haben als normale, so werden die durch die Linse des Auges entworfenen Bilder hinter die Netzhaut fallen. Gegenstände werden aber nur dann deutlich gesehen, wenn die von ihnen ausgehenden Strahlen sich genau in der Netzhaut schneiden. Es sind hier daher solche Brillen nötig, welche die Strahlen eher zur Vereinigung zwingen, d. h. Konvexgläser.

§ 120. **Konkavlinsen.** Für Konkavlinsen gelten analoge Regeln wie für Konvexspiegel; sie erzeugen also virtuelle Bilder, die hier natürlich auf derselben Seite liegen wie der Gegenstand. Dieselben sind aufrecht und verkleinert (Fig. 92). Der Abstand des Punktes $f$ von der Linse heißt hier Zerstreuungsweite.

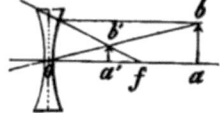

Fig. 92.

Bei kurzsichtigen (myopischen) Augen, deren Längsachse größer als normal ist, fallen die durch die Linse des Auges entworfenen Bilder vor die Netzhaut. Man wendet daher hier Konkavgläser an, um die Konvergenz der Strahlen zu verringern, so daß sie sich eben erst in der Netzhaut schneiden.

§ 121. **Sphärische Aberration.** Die angeführten Gesetze für Linsen (und auch Spiegel) gelten nur für nahe der Achse einfallende Strahlen, wenn also die „Öffnung" der Linse, d. h. der Teil zwischen den betreffenden Strahlen, klein ist. Strahlen, die weiter von der Achse entfernt sind, sogenannte Randstrahlen, werden stärker gebrochen, vereinigen sich also eher. Es existiert dann kein Brennpunkt, sondern eine Brennlinie (Diacaustica) bzw. Brennfläche

oder Brennraum. Dadurch werden natürlich die Bilder ver-
schwommen. Zur Vermeidung dieses Übelstandes, der sogenannten
sphärischen Aberration, gebraucht man Blenden. Auch die
Iris des Auges ist eine solche Blende. Ferner kann man durch
geeignete Kombination mehrerer Linsen ein sogenanntes aplana-
tisches System herstellen, welches von diesem Fehler frei ist.

§ 122. **Kardinalpunkte.** Liegen mehrere brechende Medien
hintereinander, so daß sie die Achse gemeinsam haben, so spricht
man von einem zentrierten System. Ein solches bilden z. B. die
brechenden Schichten des Auges. Gerade bei diesem kommt es nun
nicht so sehr darauf an, den Gang der Strahlen durch die einzelnen
Schichten zu verfolgen, sondern ihre Richtung im letzten Medium
(hier der Glaskörper) zu kennen. Wie Gauss zeigte, ist nun die Lage

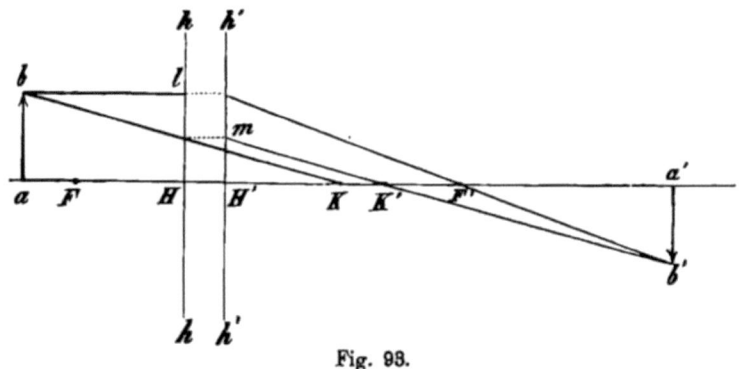

Fig. 93.

der Bilder in solchen zentrierten Systemen durch 3 Paar Kardinalpunkte resp. die durch sie senkrecht zur Achse gelegten Ebenen
bestimmt. Diese durch Rechnung zu findenden Punkte sind:

1) 2 Brennpunkte (Fig. 93, $F$ u. $F'$). Strahlen, die im ersten
Medium parallel der Achse sind, gehen im letzten durch den (zweiten)
Brennpunkt und umgekehrt.

2) 2 Hauptpunkte ($H$ u. $H'$). Ein Strahl, der vor der Brechung
in irgend einer Richtung durch den ersten Hauptpunkt geht, geht
nach der Brechung parallel verschoben durch den zweiten. In den
durch sie senkrecht zur Achse gelegten Hauptebenen ($h\,h$ und $h'\,h'$)
entsprechen daher Bildern der ersten gleichgroße und gleichgerichtete
in der zweiten.

3) 2 Knotenpunkte ($K$ u. $K'$). Jeder Strahl, der ohne Brechung
durch den ersten gehen würde, geht nach der Brechung parallel mit
sich verschoben durch den zweiten.

Um z. B. das Bild von $ab$ zu finden, zieht man von $b$ aus den Richtungs-
strahl $bK$ und zur Achse parallel $bl$. Verschiebt man beide Strahlen mit sich
selbst parallel bis zur zweiten Hauptebene, dann geht der zur Achse parallele
Strahl durch den zweiten Brennpunkt $F'$, der andere durch den zweiten Knotenpunkt $K'$. Im Schnittpunkte ihrer Verlängerung liegt das Bild von $b$, während
das von $a$ auf der Hauptachse liegt.

§ 123. **Camera obscura.** Setzt man vor die Öffnung der
optischen Kammer [§ 107] eine Sammellinse, so entsteht auf der
gegenüberliegenden Wand ein viel schärferes reelles Bild des betreffenden Gegenstandes. Der Apparat heißt dann Camera obscura.
Ihre Wichtigkeit beruht darauf, daß sie von körperlichen Gegen-
ständen Bilder entwirft, die in einer Ebene liegen. Sie ist der
Hauptbestandteil aller photographischen Apparate, kann aber auch
zum Zeichnen benutzt werden, wenn man die einfallenden Strahlen
an einem um $45^0$ geneigten Spiegel reflektieren läßt, so daß das
Bild dann horizontal liegt. Durch Verschiebung der Linse können
sowohl ferne wie nahe Gegenstände „eingestellt" werden, natürlich
nicht gleichzeitig.

Auch das Auge ist eine solche Camera obscura. Hier wird aber die Ein-
stellung für verschiedene Entfernungen nicht dadurch bewirkt, daß die Linse
der Netzhaut genähert oder von ihr entfernt wird; sondern dieselbe plattet sich
durch die Tätigkeit eines Muskels beim Sehen in die Ferne ab, beim Sehen in
die Nähe wölbt sie sich mehr, ein Vorgang, der Akkommodation heißt.

§ 124. **Mikroskop.** Das einfache Mikroskop[1] oder die Lupe
ist bereits [§ 119] erwähnt. Das zusammengesetzte (Fig. 94) besteht im wesentlichen aus zwei Linsen bzw.
Linsensystemen. Die dem Objekt zugewandte, das Objektiv $l$, ist eine Sammellinse von kleiner Brennweite. Sie entwirft
von einem kleinen Gegenstande $ab$, der
etwas außerhalb des Brennpunktes liegt, ein
umgekehrtes, vergrößertes reelles Bild $a'b'$,
das durch eine zweite, dem Auge zugewandte Linse, das Okular[2] $l'$, nochmals
vergrößert wird. Letzteres wirkt hierbei
als Lupe; das vom Objektiv entworfene

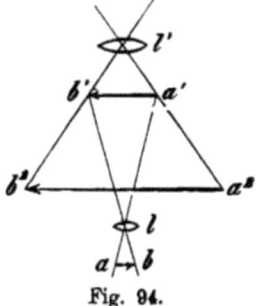

Fig. 94.

reelle Bild muß daher in die Brennweite des Okulars fallen. Die
Gesamtvergrößerung eines Mikroskops ist das Produkt aus Objektiv-
und Okularvergrößerung. Für das Erkennen von Strukturfeinheiten
des Gegenstandes kommt es indes wesentlich auf die Vergrößerung
durch das Objektiv an.

---

[1] μιχρός klein, σχοπέω blicken.   [2] oculus Auge.

**§ 125. Fernrohr.** Die Fernrohre oder Teleskope wirken teils durch Spiegel (Reflektoren), teils durch Linsen (Refraktoren).

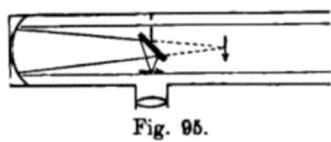

Von den Spiegelteleskopen sei das von Newton erwähnt (Fig. 95). Hier wird von einem fernen Gegenstande durch einen Hohlspiegel nahe seinem Brennpunkte ein umgekehrtes, reelles, verkleinertes Bild erzeugt.

Fig. 95.

Bevor sich die Strahlen aber wirklich vereinigen, werden sie durch einen um 45° geneigten Planspiegel seitlich dem Auge des Beobachters zugeführt und durch eine Lupe betrachtet.

Zur zweiten Art gehört das Keplersche oder astronomische Fernrohr. Hier entsteht durch eine Konvexlinse von großer Brennweite ein umgekehrtes, verkleinertes, reelles Bild des Gegenstandes, das durch eine Lupe betrachtet wird; es resultiert daher ein vergrößertes, virtuelles, umgekehrtes Bild des Gegenstandes. Schaltet man zwischen Objektiv und Okular ein System von Konvexlinsen ein, so erhält man natürlich aufrechte Bilder (terrestrisches Fernrohr).

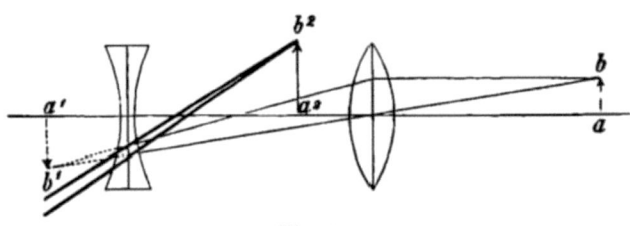

Fig. 96.

Bei den holländischen oder Galileischen Fernrohren (Fig. 96), zu denen auch die Operngucker gehören, werden die Strahlen, die infolge der Brechung durch eine Sammellinse ein reelles Bild $(a^1b^1)$ des Gegenstandes $(a\,b)$ erzeugen würden, vor ihrer Vereinigung durch eine konkave Linse aufgefangen und zerstreut. Es entsteht daher ein aufrechtes, vergrößertes, virtuelles Bild $(a^2b^2)$.

**§ 126. Stereoskop.**

Die Fähigkeit, Gegenstände als Körper, also nach drei Dimensionen, wahrzunehmen, wird erst allmählich gelernt. Hierbei wirken verschiedene Umstände mit. Einmal bedarf es einer verschiedenen Akkommodation, um das vordere und hintere Ende eines Gegenstandes deutlich zu sehen, und die dazu nötige Arbeit des Akkommodationsmuskels wird, wenn auch unbewußt, empfunden; es handelt sich also hier um eine Art des sogenannten Muskelgefühls. Ferner erhält man durch seitliche Bewegungen des Kopfes nacheinander verschiedene Ansichten des Gegenstandes, die miteinander verglichen

werden. Auf diese Weise kann man auch mit einem Auge körperlich sehen.
Das wichtigste Moment liegt aber wohl darin, daß beim binokularen Sehen
das rechte Auge einen etwas anderen Eindruck von einem Objekte erhält wie
das linke, und daß diese beiden gleichzeitigen Eindrücke im Gehirn zu einem
einzigen verschmolzen werden.

Auf letzterer Tatsache beruht das Stereoskop.[1] Sein Prinzip
ist, daß zwei (flächenhafte) Bilder desselben Gegenstandes, die dem
Eindruck des rechten bzw. linken Auges von demselben
entsprechen, übereinander gelagert werden, und daß da-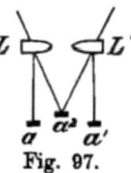
durch ein körperliches Bild entsteht. Das Stereoskop
nach BREWSTER ist nun ein Kasten, an dessen Boden
das Doppelbild liegt; eine Scheidewand bewirkt, daß
jedes Auge nur das zugehörige Bild sieht. Die Über-

Fig. 97.

einanderlagerung der beiden Bilder erfolgt durch zwei Hälften einer
Konvexlinse, die mit den brechenden Kanten gegenüberliegen
(Fig. 97) und wie Prismen wirken. Gleichzeitig dienen sie aber
als Lupen zur Vergrößerung; natürlich muß dazu das Doppelbild
in ihrer Brennweite liegen.[2]

# D. Dispersion, Absorption, Spektralanalyse.

§ 127. **Einfaches und zusammengesetztes Licht.** Als
NEWTON Sonnenlicht, das durch einen Spalt in ein dunkles Zimmer
drang, durch ein Prisma gehen ließ und dann auf einem Schirm auf-
fing, fand er, daß die Lichtstrahlen nicht nur abgelenkt, sondern
auch in eine Reihe kontinuierlich ineinander übergehende Farben
zerlegt waren. Die Gesamtheit derselben nannte er Spektrum[3]
und unterschied besonders Rot, Orange, Gelb, Grün, Blau, Indigo,
Violett. Ließ er eine dieser Spektralfarben nochmals ein Prisma
passieren, so fand zwar wieder eine Ablenkung statt, aber die Farbe
blieb dieselbe. Ließ er alle Farben noch durch ein zweites Prisma
mit entgegengesetzter brechender Kante gehen, so entstand wieder
Weiß. Diese Vereinigung der Spektralfarben zu Weiß kann man
auch durch eine Sammellinse bewirken oder durch schnelle Rotation
einer Scheibe, auf der die einzelnen Farben aufgetragen sind (Farben-
kreisel); in letzterem Falle erfolgt die Verschmelzung der Farben

---

[1] στερεός starr, fest, körperlich.   [2] Übrigens kann man auch durch Übung
ohne Prismen oder Linsen zwei getrennte Gegenstände zur Deckung bringen.
[3] eig. das Bild in der Seele, von *specio* schauen.

zu Weiß erst im Gehirn. Vereinigt man nicht alle Farben des
Spektrums, so entsteht nicht Weiß, sondern eine sog. Mischfarbe.
Nach Ausschaltung von Rot z. B. entsteht Grün. Rot und Grün
zusammen geben also Weiß. Je zwei Farben, bei denen dies der
Fall ist, heißen Komplementärfarben.

Die Erklärung dieser Erscheinungen ist nach Newton folgende:
Die Spektralfarben sind als einfaches oder homogenes Licht zu
betrachten, d. h. sie bestehen nur aus Wellen gleicher Schwingungszahl; und zwar hat Rot die kleinste. Violett die größte Schwingungszahl. Da sich nun alle Farben gleich schnell
fortpflanzen, so folgt aus der Formel $v = n\lambda$
[§ 61], daß die roten Strahlen die größte,
die violetten die kleinste Wellenlänge
haben. Im weißen Lichte sind alle Wellenformen enthalten, es ist also zusammengesetztes Licht. Geht es durch einen brechenden Körper, namentlich durch ein Prisma, so
werden seine einzelnen Bestandteile verschieden
stark gebrochen, am stärksten das Violett, am

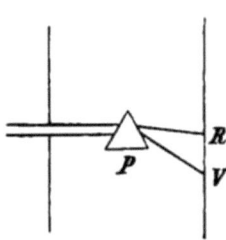

Fig. 98.

wenigsten das Rot (Fig. 98); sie werden also dadurch voneinander
getrennt, zerstreut (dispergiert).[1] — Einige Körper mit Ober-
flächenfarben, die im auffallenden Lichte anders gefärbt aussehen
wie im durchfallenden (Fuchsin, übermangansaures Kalium usw.),
zeigen anomale Dispersion, d. h. sie brechen Blau und Violett
schwächer als Rot, Orange, Gelb.

§ 128. Achromatismus. Mit jeder Brechung ist eine (wenn
auch nicht immer sehr auffallende) Dispersion verbunden. Da nun
bei verschiedenen Substanzen das Verhältnis zwischen beiden Vorgängen nicht dasselbe ist, so kann man durch passende Kombinationen

---

[1] Da die Brechung von der Fortpflanzungsgeschwindigkeit abhängt, diese
aber für alle Farben gleich ist, so besteht hier eigentlich ein Widerspruch.
Man hilft sich mit der Annahme, daß dem Äther zwischen materiellen Molekülen durch Reibung ein Bewegungshindernis entsteht, das mit der Schwingungszahl wächst. — Es sei hier übrigens kurz darauf hingewiesen, daß es auch andere Erklärungen der Farben gibt. So hat Goethe eingehende Studien darüber
veröffentlicht, die freilich stark angefochten wurden. Er leitet die Farben
davon ab, daß entweder Licht durch ein trübes Medium gesehen wird, oder
daß hinter einem beleuchteten trüben Medium sich ein dunkler Hintergrund
befindet. Im ersten Falle erscheint das Licht bei geringerer Trübung des
Mediums gelb und geht mit zunehmender Trübung in Gelbrot und Rot über;
im zweiten Falle sieht man eine blaue Farbe, die mit abnehmender Dichte
des Mediums ins Violette übergeht.

(z. B. von Crown- und Flintglas) Prismen herstellen, die zwar noch Brechungsvermögen besitzen, aber von Farbenzerstreuung frei sind, sog. achromatische Prismen, anderseits solche mit Dispersionsvermögen, aber ohne Brechungskraft, sog. geradsichtige Prismen. Ebenso läßt sich auch bei Linsen die störende Dispersion, hier chromatische Aberration genannt, durch Vereinigung einer Flint- und Crownglaslinse beseitigen.

§ 129. **Körperfarben.** Die Farbe eines Körpers beruht auf den reflektierten resp. durchgelassenen Strahlen. Absorbiert der Körper von den auf ihn fallenden Strahlen keine, so ist er entweder weiß oder ganz durchsichtig, je nachdem je alle Strahlen reflektiert oder ganz durchläßt. Absorbiert er alle Strahlen, so sieht er schwarz aus. Absorbiert er nur bestimmte Strahlen, so nimmt er die entsprechende Komplementärfarbe an, weil die absorbierten Strahlen natürlich im reflektierten bzw. durchgelassenen Lichte fehlen. Es folgt daraus, daß ein roter Körper in rotem Lichte rot, in grünem schwarz aussieht, daß ein rotes und ein dahinter befindliches grünes Glas eine undurchsichtige Verbindung geben usw.

§ 130. **Spektralanalyse.** Da das Spektrum eines Körpers nichts anderes ist, wie die Nebeneinanderstellung der von ihm ausgesandten Lichtstrahlen, geordnet nach ihren Schwingungszahlen, so ist klar, daß man aus der Beschaffenheit desselben auf den Körper schließen kann. Diese Art der Untersuchung, die sich durch äußerste Feinheit auszeichnet, heißt daher Spektralanalyse. Man gebraucht hierfür den Spektralapparat von KIRCHHOFF und BUNSEN.

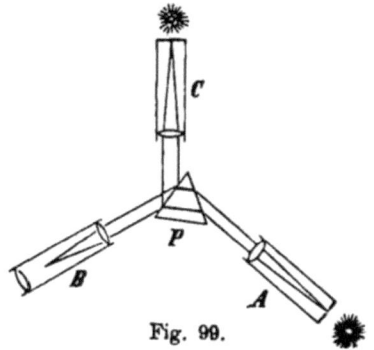

Fig. 99.

Durch einen schmalen Spalt des sog. Kollimatorrohres A (Fig. 99) dringen Strahlen von dem zu untersuchenden Körper ein und werden durch eine Sammellinse parallel auf das Prisma P geworfen, dort dispergiert und zugleich in das Fernrohr B gelenkt. Dort entsteht durch das Objektiv ein umgekehrtes Bild des Spektrums, das dann durch eine Lupe betrachtet wird. Gleichzeitig wird durch das Prisma in das Fernrohr das Bild einer Skala geworfen, welche am vorderen Ende des sog. Skalenrohres C in Glas eingeritzt ist; dieselbe dient zur Orientierung im Spektrum. — Für die Zwecke der Praxis benutzt man handliche geradsichtige Prismen.

§ 131. **Emissionsspektra.** Wenn Körper in glühendem Zustande selbst Strahlen aussenden, liefern sie sog. Emissionsspektra.

Um Körper glühend zu machen, bringt man sie entweder in die Flamme eines Bunsenbrenners oder, wenn diese Hitze nicht genügt, in ein Knallgasgebläse oder endlich in den elektrischen Flammenbogen. Um Gase leuchtend zu machen, schließt man sie sehr verdünnt in sog. GEISSLERsche Röhren [§ 188] ein und sendet elektrische Funken hindurch.

Die Natur der Spektra ist abhängig von der molekularen Beschaffenheit des betreffenden Körpers. Da bei festen und flüssigen Körpern im Zustande der Weißglut den dicht zusammengedrängten Molekülen alle möglichen Schwingungszahlen zukommen, so werden alle möglichen Farben von ihnen ausstrahlen; es entsteht daher ein kontinuierliches Spektrum, bei dem die Farben ineinander übergehen. Je weiter die Moleküle voneinander entfernt sind, desto eher können sie die ihnen eigentümlichen Schwingungen ausführen, ohne durch Zusammenprall mit anderen gestört zu werden. Es haben daher Dämpfe und Gase bei hoher Temperatur und geringer Dichte ein linienförmiges Spektrum, das bei niedriger Temperatur, größerer Dichte und dickerer Schicht des Gases in ein Bandenspektrum, d. h. ein Spektrum mit breiteren hellen Bändern, übergeht. Ein Linienspektrum ist charakteristisch für Elemente, während chemische Verbindungen meist ein Bandenspektrum haben.

§ 132. **Absorptionsspektra.** Wird von weißem Licht, das durch einen Körper hindurchgegangen ist, ein Spektrum entworfen, so zeigen sich an gewissen Stellen dunkle Linien oder Bänder, die den vom Körper absorbierten Strahlen entsprechen. Dies sind sogenannte Absorptionsspektra. Um sie zu erhalten, stellt man den betreffenden Körper zwischen eine weiße Lichtquelle und das Kollimatorrohr des Spektralapparates; Flüssigkeiten bringt man hierzu in Gefäße mit planparallelen Glaswänden. Einen Wert bekamen diese Untersuchungen aber erst, als KIRCHHOFF das berühmte Gesetz aufstellte, daß alle Körper diejenigen Strahlen absorbieren, die sie im glühenden Zustande selbst aussenden würden. Danach kann also aus der Zahl und Stellung der schwarzen Linien und Bänder ebenfalls auf die Natur der betreffenden Körper geschlossen werden. Man erklärt dies dadurch, daß die Körpermoleküle auf eine bestimmte Schwingungszahl abgestimmt sind, daß sie also Wellen von derselben Schwingungszahl am leichtesten aussenden und auch aufnehmen können. Es sind mithin analoge Verhältnisse wie beim Mittönen [§ 70]. Um einen Vergleich zu gebrauchen, so wird derjenige eine fremde Sprache am besten verstehen (absorbieren), der sie selbst sprechen (emittieren) kann. Von den wichtigen Folgerungen aus dem KIRCHHOFFschen Gesetze sei hier nur die Erklärung der sogenannten **Fraunhoferschen Linien** angeführt, das sind die äußerst zahlreichen dunklen Linien im Sonnenspektrum. Nach dem oben Gesagten muß es sich hier um ein Absorptionsspektrum handeln. Man nimmt daher an, daß die Strahlen der eigentlichen Sonne erst durch eine Gashülle, die sogenannte Photosphäre, dringen müssen, bevor sie in den Weltraum gelangen. Die FRAUNHOFERschen Linien, die mit großen lateinischen Buchstaben (die schwächeren mit kleinen) bezeichnet werden, dienen zur Orientierung im Spektrum.

**§ 133. Chemische Wirkung des Lichtes.** Nach dem Gesetze von der Erhaltung der Energie kann die Energie der absorbierten Strahlen nicht verloren gehen. In der Tat geht sie über in Wärme und chemische Prozesse. Diese Wirkung haben besonders die unsichtbaren Teile des Spektrums, d. h. diejenigen Strahlen, die nicht mehr oder noch nicht als Licht empfunden werden. Die Wärmewirkung kommt den ultraroten, die chemische den ultravioletten (sogenannten aktinischen[1]) Strahlen zu. Von den chemischen Wirkungen des Sonnenlichts sei z. B. erwähnt die Umwandlung des giftigen gelben Phosphors in den unschädlichen roten, die Vereinigung von Wasserstoff und Chlor zu Salzsäure, der Aufbau komplizierter chemischer Verbindungen in Pflanzen. Hierher gehört auch die Photographie.

Die ersten Lichtbilder waren die sog. Daguerreotypien[2]. Hier wirkte das Licht auf Jodsilberplatten; die vom Licht getroffenen Stellen bekamen die Fähigkeit, Quecksilberdämpfe zu kondensieren. Um das so entstandene Bild zu „fixieren", d. h. weitere Umsetzungen der lichtempfindlichen Platte zu verhüten, wurde das überschüssige Jodsilber mit unterschwefligsaurem Natron abgespült. — Bei der modernen Photographie wird im wesentlichen eine mit Halogensilber überzogene Glasplatte kurze Zeit exponiert. Durch Behandlung mit reduzierenden Substanzen (sog. „Entwicklern") entsteht an den belichteten Stellen schwarzes metallisches Silber. Nach dem Fixieren erhält man somit ein negatives Bild, d. h. die hellen Strahlen des Gegenstandes sind dunkel und umgekehrt. Drückt man dies Negativ auf lichtempfindliches Papier und setzt dieses dem Tageslicht aus, so bleiben die den dunklen Stellen des Negativs entsprechenden Partien hell, die den hellen des Negativs entsprechenden werden dunkel; es entsteht somit ein positives Bild.

**§ 134. Fluoreszenz und Phosphoreszenz.** Auf der Absorption gewisser Strahlen beruht auch die Eigenschaft mancher Substanzen (z. B. Flußspat, Chininsulfat, Baryumplatincyanür usw.), unter dem Einflusse intensiver Beleuchtung selbstleuchtend zu werden und dann Strahlen auszusenden, deren Farbe sowohl von der-

---

[1] ἀκτίς Strahl. [2] Nach dem Erfinder DAGUERRE.

jenigen der Lichtquelle, wie von der gewöhnlichen Farbe des Körpers abweicht. Hält dieser Zustand nur während der Bestrahlung
an, so heißt er Fluoreszenz[1], während das Nachleuchten Phosphoreszenz genannt wird. Ein phosphoreszierender Körper ist
z. B. der Diamant [vgl. § 106]. Daß es sich um eine Absorptions-
erscheinung hierbei handelt, geht daraus hervor, daß die Strahlen,
die von einem fluoreszierenden Körper ausgehen, nicht wieder
Fluoreszenz erregen können. Die wirksamen Strahlen sind hier die
mit großer Schwingungszahl, welche dadurch, daß sie ihre Bewegung teilweise an materielle Moleküle abgeben, eine Verminderung ihrer kinetischen Energie erfahren und dadurch in Strahlen
von größerer Wellenlänge, aber kleinerer Schwingungszahl übergehen. Fluoreszierende Körper sind demnach ein Mittel, die sonst
unsichtbaren ultravioletten Strahlen sichtbar zu machen.

# E. Interferenz und Polarisation.

§ 135. **Fresnels Spiegelversuch.** Eine Hauptstütze der Wellen-
theorie des Lichtes ist die Tatsache, daß unter Umständen Licht zu
Licht gefügt Dunkelheit ergibt. Dies zeigt sehr schön der berühmte
Spiegelversuch von Fresnel.

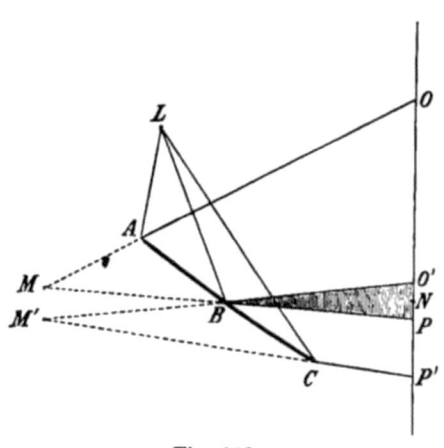

Fig. 100.

Fallen von der Lichtquelle
$L$ (Fig. 100) Strahlen auf die
unter sehr stumpfem Winkel zu-
sammenstoßenden Spiegel $AB$
und $BC$, so scheinen die reflektierten Strahlen von den Bild-
punkten $M$ und $M'$ zu kommen.
Die davon ausgehenden Licht-
kegel $OMP$ und $O'M'P'$ haben
nun das Stück $O'BP$ gemeinsam,
und in diesem entstehen bei Anwendung von einfarbigem Lichte
abwechselnd dunkle und helle
Streifen, die auf einem Schirme aufgefangen oder direkt mittels einer
Lupe betrachtet werden können.[2]

---

[1] Weil zuerst beim Fluorkalzium (Flußspat) entdeckt.  [2] Zum Zustandekommen der Interferenzerscheinungen müssen beide Wellensysteme gleichartig
sein, was nur der Fall ist, wenn sie von einer Lichtquelle ausgehen.

Diese dunklen Streifen sind der Ausdruck dafür, daß daselbst Wellen mit entgegengesetzten Phasen zusammentreffen, also sich schwächen bzw. aufheben [§ 64]. Da $N$, die Mitte von $O'P$, von $M$ und $M'$ gleichweit entfernt ist, muß dort Helligkeit herrschen, weil hier die Wellen gleiche Phasen haben, also sich verstärken. Ebenso muß Helligkeit an allen den Punkten sein, deren Abstände von $M$ und $M'$ um eine gerade Zahl von halben Wellenlängen differieren, Dunkelheit dagegen dort, wo die Differenz dieser Abstände eine ungerade Zahl von halben Wellenlängen beträgt. Bei Anwendung von rotem Licht sind die dunklen Streifen weiter voneinander entfernt als beim violetten Licht. Da nämlich die Wellenlänge des ersteren größer ist, entsteht auch die zur Auslöschung nötige Phasendifferenz von $^1/_2$ Wellenlänge erst nach einer längeren Strecke. Aus dem Abstande der Interferenzstreifen lassen sich die Wellenlängen für die einzelnen Farben berechnen. Bei der Anwendung von weißem Lichte, das ja alle Strahlen in sich vereint, erhält man in $N$ wieder eine weiße Stelle, da ja dort keine Phasendifferenz besteht. Seitlich davon werden zuerst die violetten Strahlen vernichtet, dann allmählich die anderen, entsprechend ihrer Wellenlänge. Die an den betreffenden Stellen übrig bleibenden Strahlen ergeben dann durch Mischung die sogenannten Interferenzfarben.

§ 136. **Andere Interferenzerscheinungen.** Auf Interferenz beruhen viele prächtige Farbenerscheinungen, z. B. die Farben dünner Blättchen. Hier wird nämlich das Licht sowohl an der vorderen, wie an der hinteren Fläche reflektiert (Fig. 101) und kommt dann zur Interferenz. Der Gangunterschied wird hier einmal dadurch bedingt, daß der an der Hinterfläche reflektierte Strahl einen längeren Weg, hier $a\,b\,c$ zurücklegt, und ferner entsteht ja auch durch Reflexion an einem

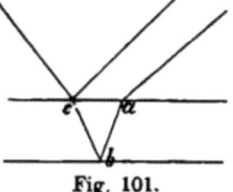

Fig. 101.

dichteren Medium ein Gangunterschied von $^1/_2$ Wellenlänge [vgl. § 63]. Je nach der Dicke des Blättchens und der Richtung der Strahlen wird nun eine bestimmte Phasendifferenz eintreten; in homogenem Lichte wird es daher hell oder dunkel, in weißem in einer bestimmten Farbe erscheinen. Ändert sich die Dicke der betreffenden Schicht, so tritt auch ein Wechsel in der Helligkeit und Dunkelheit bzw. in den Farben ein. Dies ist z. B. der Fall bei Seifenblasen und bei den sogenannten Newtonschen Ringen. Diese entstehen, wenn auf eine ebene Glasplatte eine schwach gekrümmte Konvexlinse gedrückt wird; dann stellt die Luft zwischen beiden eine dünne Schicht vor, deren Dicke gleichmäßig zunimmt. Es bilden sich daher in homogenem Lichte helle und dunkle Ringe, in weißem farbige.

§ 137. **Beugung.** Mit Interferenz verbunden ist auch die Beugung oder Diffraktion des Lichts um den Rand undurchsichtiger Körper [vgl. § 62]. Es sei z. B. $AB$ (Fig. 102) ein

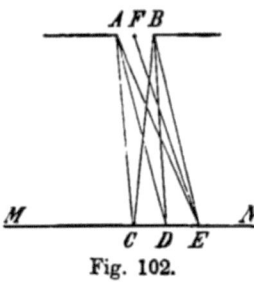

Fig. 102.

schmaler Spalt, durch den homogenes Licht auf den Schirm $MN$ fällt, dann wird auf der $AB$ gerade gegenüberliegenden Stelle $C$ Helligkeit herrschen, da alle Elementarwellen dort in gleicher Phase ankommen (vorausgesetzt ist ein genügender Abstand zwischen $AB$ und $MN$, so daß die Randstrahlen $AC$ und $BC$ als parallel gelten können). In allen anderen Punkten kommen die Strahlen mit einem Gangunterschied an. Beträgt derselbe z. B. in $D$ für die Randstrahlen $AD$ und $BD$ eine halbe Wellenlänge, dann müssen diese sich aufheben, die dazwischenliegenden Strahlen aber nicht; es wird daher auch in $D$ Helligkeit herrschen, wenn auch geringere als in $C$. In $E$ dagegen, wo die Randstrahlen $AE$ und $BE$ mit einer Wegdifferenz von einer ganzen Wellenlänge ankommen, muß Dunkelheit herrschen. Denn wenn $F$ die Mitte von $AB$ vorstellt, so heben sich die Strahlen $AE$ und $FE$ gegenseitig auf, und ebenso der Reihe nach die zwischen $AF$ und $FB$ liegenden Strahlen, da immer für je zwei derselben ein Gangunterschied von $^1/_2$ Wellenlänge besteht. So ergibt sich, daß die Punkte des Schirms, deren Randstrahlen um eine ungerade Zahl von halben Wellenlängen differieren, hell erscheinen, dunkel aber die, wo es sich um die Differenz einer geraden Zahl von halben Wellenlängen handelt. Sehr schöne Beugungserscheinungen erhält man durch mehrere nebeneinanderliegende Spalten, sog. Gitter. Eine Art derselben wird z. B. hergestellt, indem mit einem Diamanten feine parallele Striche in Glas (300—400 auf 1 mm) eingeritzt werden; hier wirken die geritzten, matt gewordenen Stellen wie undurchsichtige Schirme; die Stellen zwischen zwei Strichen entsprechen einem Spalt. Die Streifen sind um so breiter und deutlicher, je größer die Wellenlänge der betreffenden Strahlen und je schmaler der Spalt ist. An Stelle der hellen und dunklen Streifen erscheinen bei weißem Lichte entsprechend dem im § 135 Gesagten wieder farbige (Beugungs- oder Gitterspektra). Auf der Beugung beruht es z. B., daß man durch angelaufene Fensterscheiben Flammen mit farbigen Ringen sieht, daß Spinnfäden schillern usw.

§ 138. **Begriff der Polarisation.** Polarität wird die Eigenschaft genannt, daß zwei Enden eines Körpers, die Pole (man denke z. B. an einen Magneten), besondere Eigenschaften gegenüber den anderen Seiten haben. Nach der üblichen Anschauung pflanzt sich nun das Licht durch transversale Ätherschwingungen fort, und zwar so, daß die Ätherteilchen in allen möglichen Ebenen — immer senkrecht zur Fortpflanzungsrichtung — pendeln. Ein gewöhnlicher Lichtstrahl würde also auf dem Durchschnitt etwa wie Fig. 103a aussehen. Demgegenüber schwingen beim geradlinig polarisierten Lichte (Fig. 103b) alle Ätherteilchen nur in einer Ebene, ebenfalls senkrecht zur Fortpflanzungs-

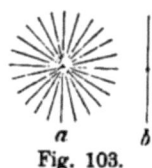

Fig. 103.

richtung; dieselbe heißt Schwingungsebene, die zu ihr senkrechte Polarisationsebene.[1]

§ 139. **Doppelbrechung.** Die Kristalle aller Systeme, mit Ausnahme des regulären, sind anisotrop, d. h. sie haben in verschiedenen, und zwar besonders in zwei zueinander senkrechten Richtungen verschiedene physikalische Eigenschaften (Dichte, Elastizität, Wärmeleitungsvermögen usw.). So ist auch in diesen beiden Richtungen die Fortpflanzungsgeschwindigkeit des Lichts verschieden groß, und dadurch ist eine Doppelbrechung bedingt, d. h. ein auffallender Strahl teilt sich im Kristall in zwei Strahlen, die Gegenstände werden daher doppelt gesehen. Der eine von beiden Strahlen folgt dem SNELLIUSschen Gesetze [§ 115] und heißt daher der ordinäre, während dies beim extraordinären nicht der Fall ist. Beide sind polarisiert, und zwar so, daß ihre Schwingungsebenen senkrecht zueinander sind; kurz ausgedrückt, sie sind zueinander senkrecht polarisiert. Alle doppelbrechenden Kristalle haben nun eine oder zwei Symmetrieachsen; in den senkrecht durch diese gelegten Ebenen sind die physikalischen Eigenschaften (also auch die Fortpflanzungsgeschwindigkeit des Lichtes) gleich, dagegen verschieden von denjenigen in der Richtung der Achsen selbst. Wenn sich also Licht in der Richtung dieser Achsen fortpflanzt, werden sich die Ätherteilchen des ordinären und extraordinären Strahles, die ja in dazu senkrechten Ebenen (und senkrecht zueinander) schwingen, nach dem eben Gesagten gleichschnell fortpflanzen; mit

---

[1] Bisweilen wird auch die Schwingungsebene als Polarisationsebene bezeichnet und umgekehrt.

anderen Worten, es tritt dann keine Doppelbrechung ein. Diese Richtungen, auch optische Achsen genannt, fallen bei den optisch einachsigen Systemen, zu denen das quadratische und hexagonale gehört, mit der kristallographischen Hauptachse zusammen oder sind ihr parallel; bei den optisch zweiachsigen dagegen, wo die Verhältnisse überhaupt viel komplizierter sind, ist dies nicht der Fall. Jede Ebene, die durch einen Kristall so gelegt ist, daß die optische Achse in sie fällt, sowie jede dazu parallele Ebene heißt Hauptschnitt. Zu den optisch einachsigen Kristallen gehört z. B. der Kalkspat, wegen seiner Doppelbrechung auch isländischer Doppelspat genannt; er kristallisiert in Rhomboëdern. Bei diesen sind 2 gegenüberliegende Ecken (a und c Fig. 104) vor den andern dadurch ausgezeichnet, daß

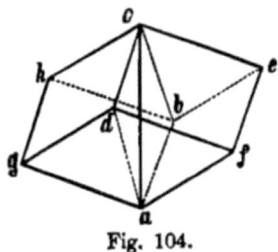

Fig. 104.

alle 3 hier zusammenstoßende Winkel stumpfe sind. Verbindet man diese Ecken, so erhält man die Hauptachse a c, die zugleich optische Achse ist; a b c d ist ein Hauptschnitt. Während also in der Richtung der optischen Achse keine Doppelbrechung eintritt, muß dies in allen anderen Richtungen der Fall sein, weil eben dann die beiden Komponenten, in die das Licht zerlegt wird, ungleiche Geschwindigkeit besitzen. Hat der ordinäre Strahl eine kleinere Geschwindigkeit als der extraordinäre, wird er also stärker gebrochen, so heißt der betreffende Kristall optisch negativ, im anderen Falle positiv.

§ 140. **Polarisation durch Doppelbrechung.** Wie oben gezeigt, bietet die Doppelbrechung ein bequemes Mittel, polarisiertes Licht zu erhalten. Da aber die Schwingungsebenen der austretenden Strahlen aufeinander senkrecht stehen, durch ihre Vereinigung also die Polarität fortfallen würde, so muß man einen von ihnen beseitigen. Beim Turmalin z. B., einem rötlich bis grünen Kristall, geschieht dies durch Absorption des ordinären Strahls. Es tritt hier also nur ein polarisierter Strahl heraus, und dieser schwingt in der Richtung der optischen Achse; durch Turmalinplatten, die parallel zur optischen Achse geschliffen sind, also einen Hauptschnitt vorstellen, gehen somit nur diejenigen Komponenten eines gewöhnlichen Lichtstrahls durch, die parallel der optischen Achse schwingen. Eine solche Turmalinplatte dient dazu, um gewöhnliches Licht zu polarisieren, heißt daher Polarisator. Legt man eine zweite Turmalinplatte von gleicher Beschaffenheit so auf die erste, daß die Achsen parallel sind, so können die durch die erste gegangenen Lichtstrahlen auch die zweite passieren; blickt man also durch die Platten, so ist das Gesichtsfeld hell. Legt man sie aber mit gekreuzten Achsen aufeinander, so muß das Gesichtsfeld dunkel sein, weil ja immer nur parallel der Achse schwingende Strahlen durchgehen können (Fig. 105). Zwischen diesen Extremen gibt es natürlich Übergänge. Die zweite Platte dient zum Nachweis polarisierten Lichtes, weil ja gewöhnliches, das nach allen Richtungen schwingt, in jeder Stellung durch sie gehen würde; sie heißt daher A n a l y s a t o r. Zwei Turmalinplatten zusammen bilden einen voll-

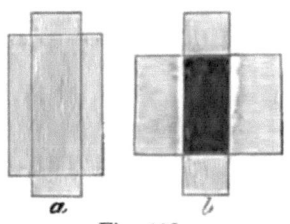

Fig. 105.

kommenen Polarisationsapparat. Zweckmäßig verwendet man dazu die Turmalinzange, eine federnde Zange, die an ihren Enden zwei um ihre Achse drehbare Turmalinplatten trägt.

Häufiger noch benutzt man den Doppelspat in Form des Nicolschen Prismas, kurz Nicol genannt.

$A B' D C'$ (Fig. 106) sei ein natürliches Kalkspatrhomboëder, dessen durch die Kanten $A B'$ und $C' D$ gehende Hauptschnittebene in der Zeichnungsebene liegen möge (Fig. 107). Man schleift nun zunächst (entsprechend den punktierten Linien der Figur) die Endflächen so ab, daß sie mit den Kanten $A B$ und $C D$ Winkel von 68° (statt wie ursprünglich von 71°) bilden. $A B C D$ (Fig. 107) sei dann der neue Durchschnitt durch die Eckpunkte. Darauf wird der Kristall senkrecht auf diese Ebene $A D$ und zugleich senkrecht auf die neuen Endflächen $A C$ und $B D$ durchsägt, so daß also zwei

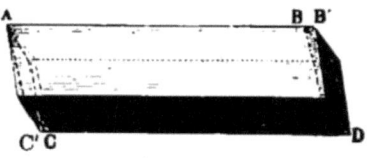

Fig. 106.

dreiseitige Prismen entstehen, und dann werden die Schnittflächen wieder in der alten Lage durch Kanadabalsam zusammengekittet.

Trifft nun ein Lichtstrahl $a b$ (Fig. 107) auf die rhombische Vorderfläche des Prismas, so wird er in zwei Strahlen zerlegt. Da der ordinäre Strahl $b c$ sich im Doppelspat langsamer· fortpflanzt als im Kanadabalsam, dieser mithin für ihn ein optisch dünneres Medium vorstellt, so

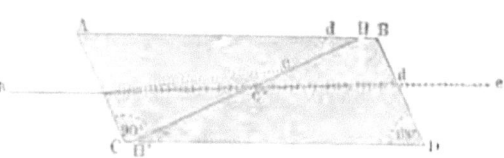

Fig. 107.

wird er bei genügend schrägem Auffall an der Balsamschicht total reflektiert und seitlich bei $d$ durch die schwarze Einfassung des Prismas absorbiert. Der extraordinäre Strahl $b c'$ dagegen, der im

8*

Kristall rascher verläuft als im Balsam, geht unbehindert durch diesen und verläßt das Prisma bei $d'$ parallel mit seiner ursprünglichen Richtung. Ein Nicol läßt also nur Strahlen hindurch, die

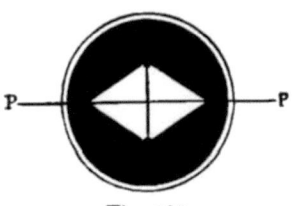

ebenso schwingen wie der extraordinäre Strahl, d. h. parallel dem Hauptschnitt oder, was dasselbe ist, parallel der kürzeren Diagonale seiner rhombischen Endflächen, wie Fig. 108 zeigt, die die Endfläche eines Nicols samt Fassung darstellt. $PP$ ist die zur Schwingungsebene senkrechte Polarisationsebene. Je nachdem also die

Fig. 108.

Achsen zweier Nicols parallel oder gekreuzt sind, resultiert Helligkeit oder Dunkelheit, wie beim Turmalin. Ein Nicol kann natürlich ebenfalls sowohl als Polarisator wie als Analysator dienen.

§ 141. **Polarisation durch Reflexion und einfache Brechung.** Gewöhnliches Licht wird auch durch Reflexion, ausgenommen an Metallspiegeln, in linear polarisiertes umgewandelt (MALUS). Und zwar ist die Polarisationsebene des reflektierten Lichts

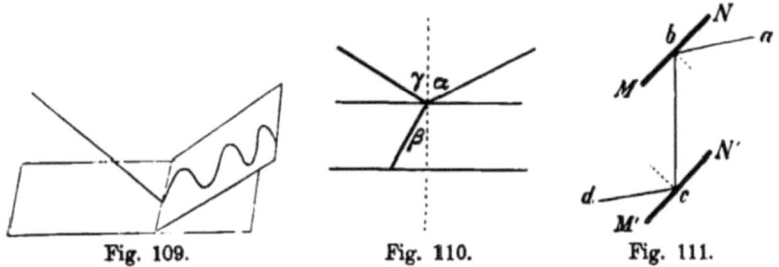

Fig. 109.                    Fig. 110.                    Fig. 111.

identisch mit der Einfallsebene; die Schwingungen erfolgen also senkrecht zu dieser und parallel der Oberfläche des Spiegels (Fig. 109). Gewöhnlich findet hierbei nur eine teilweise Polarisation statt; nur wenn der Einfallswinkel so groß ist, daß der reflektierte Strahl mit dem gebrochenen einen rechten Winkel bildet, ist alles reflektierte Licht polarisiert (Gesetz von BREWSTER).

Die Größe dieses Polarisationswinkels hängt vom Brechungsexponenten ab. Dieser ist nämlich hier (Fig. 110) $\frac{\sin \alpha}{\sin \beta}$. Nun ist $\alpha = \gamma$ und $\beta + \gamma = R$.

Also $\frac{\sin \alpha}{\sin \beta} = \frac{\sin \alpha}{\cos \gamma} = \frac{\sin \alpha}{\cos \alpha} = \mathrm{tg}\, \alpha$. Bei vollständiger Polarisation ist also die Tangente des Einfallswinkels gleich dem Brechungsexponenten. Weißes Licht kann durch Reflexion stets nur teilweise polarisiert werden, da seine Bestandteile verschiedene Brechungsexponenten, somit auch verschiedene Polarisationswinkel haben.

Auch das durch eine Glasplatte hindurchgegangene, also einfach gebrochene, Licht ist teilweise polarisiert, und zwar steht bei der Brechung die Polarisationsebene senkrecht zu der Einfallsebene; die Schwingungen des Lichts erfolgen hier parallel der Einfallsebene. Das so erhaltene polarisierte Licht ist aber wegen der Beimengung anderen Lichts sehr schwach; verstärkt wird es, indem man es durch mehrere Glasplatten durchgehen läßt, da hierbei das nicht polarisierte Licht durch wiederholte Reflexion beseitigt wird. Die verschiedene Schwingungsrichtung des reflektierten und durchgelassenen Lichts rührt daher, daß Lichtquellen in ein Medium nur dann eindringen können, wenn sie mit ihren Kämmen vorschreiten; treffen sie dagegen mit den Seiten der Wellen auf, so werden sie reflektiert. Ebenso dringt z. B. ein Messer, wenn es mit der Spitze auffällt, in ein Brett ein, fällt es dagegen mit der stumpfen Kante auf, so prallt es zurück.

Man kann nach dem Gesagten auch zwei Spiegel als Polarisationsapparat benutzen. Fällt z. B. der Lichtstrahl $ab$ unter dem Polarisationswinkel auf den Spiegel $MN$ (Fig. 111), der hier Polarisator ist, so wird er in der Richtung $bc$ reflektiert, und gleichzeitig schwingen seine Teilchen alle senkrecht zur Einfallsebene. Bildet $M'N'$, der Analysator, denselben Winkel zur Achse, die hier durch den Lichtstrahl $bc$ dargestellt ist, so kann er nur dann $bc$ reflektieren, wenn seine Einfallsebene parallel der von $MN$ ist, wenn beide also einen Winkel von $0°$ oder $180°$ miteinander bilden; bei einem Winkel von $90°$ oder $270°$ wird kein Licht reflektiert. Benutzt man als Analysator einen Satz Glasplatten und beobachtet das durchgehende Licht, so sind die Erscheinungen gerade umgekehrt.

§ 142. **Interferenz des polarisierten Lichtes.**
Es wurde oben auseinandergesetzt, daß bei parallelen Turmalinplatten oder Nicols usw. das Gesichtsfeld hell, bei rechtwinklig gekreuzten aber dunkel sein muß. Bilden die optischen Achsen der Nicols einen anderen Winkel wie einen rechten, sei z. B. $MN$ (Fig. 112) die Richtung der Achse im ersten, $PQ$ die im zweiten Nicol, so wird das durch den Polarisator tretende Licht, dessen Schwingungsrichtung und Amplitude $OC$ sei, nach dem Parallelogramm der Kräfte in die Schwingungen $OA$ und

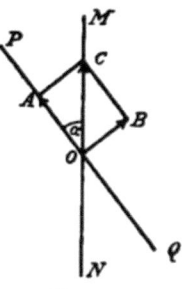

Fig. 112.

$OB$ zerlegt, von denen nur erstere den Analysator passiert, da sie in dessen Hauptschnitt $PQ$ fällt. Die Helligkeit des durchgelassenen Lichtes entspricht der Größe der Komponente $AO = OC \cos a$. Auf

einer solchen Zerlegung von Schwingungen beruhen auch Interferenzerscheinungen, wenn man zwischen einen Polarisationsapparat einen
dünnen, doppelbrechenden Körper, z. B. ein Gipsblättchen, bringt,
welches Lichtstrahlen nur in den Rich-
tungen $ef$ und $gh$ (Fig. 113) durchläßt, und
zwar mit verschiedener Geschwindigkeit.
Dann werden die durch den Polarisator
in die Richtung $ab$ gebrachten Strahlen
in Schwingungen nach den Richtungen $ef$
und $gh$ zerlegt, und diese am Analysator
wieder in Komponenten nach den Richtungen $ab$ und $cd$. Je nachdem nun der
Analysator parallel oder senkrecht zum
Polarisator steht, gehen nur die Kompo-
nenten in der Richtung $ab$ bzw. $cd$ durch ihn hindurch. Jedenfalls haben aber die vorher rechtwinklig zueinander polarisierten
Strahlen nach Passieren des Analysators dieselbe Schwingungsebene,
und da sie ferner aus Komponenten bestehen, die infolge der
Doppelbrechung einen Phasenunterschied, abhängig von der Dicke
des Gipsblättchens, besitzen, so wird durch Interferenz das Gesichtsfeld bei einfarbigem Lichte mehr oder weniger hell, bei weißem
Lichte in einer bestimmten Farbe erscheinen. In ähnlicher Weise
entsteht in dickeren doppelbrechenden (optisch einachsigen) Kristallen
bei Anwendung von konvergenten Lichtstrahlen ein System von
hellen und dunklen bzw. farbigen Ringen, das von einem schwarzen
Kreuz in der Richtung der Achsen des Polarisators und Analysators
durchzogen ist. Während dies bei gekreuzten Nicols der Fall
ist, erscheinen bei parallelen die komplementären Farben und ein
helles Kreuz. Hierauf beruht auch das Polarisationsmikroskop,
bei dem durch das Objektiv schon polarisiertes Licht konvergent
gemacht wird, dann durch den zu untersuchenden Körper dringt
und schließlich hinter dem Okular noch einen Analysator passiert.
Es dient einmal zum Erkennen doppelbrechender Substanz, denn
diese verrät sich durch ihren Farbenglanz; ferner treten dadurch
feinere Strukturunterschiede besser hervor.

§ 143. **Zirkulare Polarisation.** Während es sich bei den
verschiedenen Interferenzerscheinungen um die Zusammensetzung von
Strahlen handelte, welche dieselbe Schwingungsebene, aber verschiedene Phase hatten, betrachten wir nun die Zusammensetzung von
Strahlen mit verschiedener Schwingungsebene. Zum besseren Verständnis sei Folgendes vorausgeschickt: Wenn ein Pendel durch einen

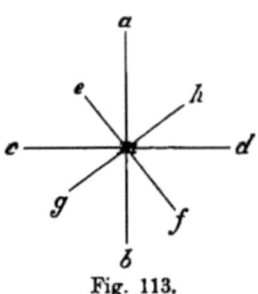

Fig. 113.

bestimmten Impuls von $A$ nach $B$ (Fig. 114) schwingt, so werden durch gleichstarke Impulse, die senkrecht zu ,dieser Bahn an verschiedenen Stellen erteilt werden, verschiedene Schwingungsformen entstehen. Ist das Pendel in $B$, hat es also von $E$ aus eine $^1/_4$ Schwingung zurückgelegt, so wird durch einen Impuls in der Richtung und Stärke von $ED$ eine Kreisbewegung nach links resultieren; ebenso in $A$ eine solche nach rechts; in $E$ eine geradlinige Bewegung in diagonaler Richtung; eine elliptische Bewegung endlich, entweder wenn in $A$ oder $B$ stärkere Impulse wirken, oder wenn der gleiche Impuls auf der Strecke zwischen $A$ und $B$ einwirkt. Genau dasselbe findet nun beim polarisierten Lichte statt. Wenn z. B. die beiden durch einen

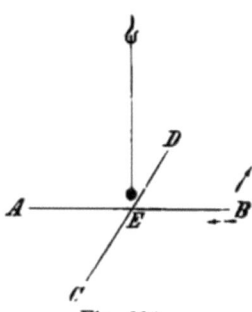

Fig. 114.

doppelbrechenden Körper (insbesondere verwendet man Glimmerblättchen) hindurchgegangenen, senkrecht zueinander polarisierten Schwingungen sich wieder zusammensetzen, so hängt es allein vom Gangunterschied ab, welche Form der Bewegung resultiert. Ist er $= 0$ oder $^1/_2$ Wellenlänge, so entsteht geradlinig polarisiertes Licht, beträgt er $^1/_4$ Wellenlänge, kreisförmiges, und für die Zwischenwerte elliptisches. Der Name polarisiert paßt eigentlich nicht mehr, da ja z. B. kreisförmig polarisiertes Licht sich nach allen Richtungen gleich verhält. Es ist vom natürlichen Lichte nur dadurch zu unterscheiden, daß, wenn man seinen Gangunterschied um $^1/_4$ Wellenlänge erhöht oder erniedrigt, indem man es z. B. durch ein entsprechend dickes Glimmerblättchen schickt, geradlinig polarisiertes Licht entsteht.

§ 144. **Drehung der Polarisationsebene.** Ebenso wie unter Umständen aus zwei geradlinigen Bewegungen eine kreisförmige entsteht, kann jede geradlinige Bewegung als Resultante zweier gleichgroßer, entgegengesetzt gerichteter Kreisbewegungen aufgefaßt werden. Wirken z. B. auf das Teilchen $a$ (Fig. 115) zwei Impulse in der Richtung der Pfeile, so wird es den Weg $ab$ beschreiben. Setzt aber der nach links gerichtete Impuls später ein, wenn $a$ schon in $a'$ ist, dann resultiert der Weg $a'b'$ [vgl.

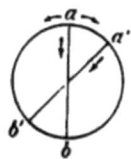

Fig. 115.

§ 16, 1]. In der Tat findet nun beim Quarz und bestimmten Flüssigkeiten eine Zerlegung geradlinig polarisierten Lichts in zwei entgegengesetzt kreisförmige Bewegungen statt. Und da sich hierbei letztere ungleich schnell fortpflanzen, so wird, wenn sie sich wieder zu geradlinig polarisiertem Lichte vereinigen, das letztere in einer anderen Ebene schwingen, die Polarisationsebene wird also, wie man sagt, durch diese „optisch aktiven“ Substanzen gedreht sein, z. B. nach rechts (wie beim Rohrzucker usw.), wenn die rechtsherum gehende kreisförmige Bewegung sich schneller fortpflanzt. Diese Drehung der Polarisationsebene ist nun deshalb von großer Bedeutung, weil sie z. B. bei Zuckerlösungen proportional der Dicke der betreffenden Schicht und ihrem Zuckergehalte ist, so daß dieser daraus berechnet werden kann. Die hierfür angewandten Apparate heißen Saccharimeter.[1]

Durch eine $l$ dm lange Schicht einer Zuckerlösung, die in 100 ccm $z$ gr Zucker enthält, wird nämlich die Polarisationsebene des Lichtes z. B. für das gelbe Natriumlicht um den Winkel $a = 0{,}665^0 \cdot z \cdot l$ gedreht. Ist $a$ bekannt, so ergibt sich daraus ohne weiteres $z$. Bei den einfachsten Saccharimetern wird nun die Zuckerlösung zwischen gekreuzte Nicols gebracht, wodurch (bei Anwendung einfarbigen Lichtes) das bisher dunkle Gesichtsfeld heller wird. Dreht man hierauf den Okular-Nicol so lange, bis das Gesichtsfeld wieder dunkel geworden ist, so ist dadurch der Drehungswinkel $a$ bekannt. Genauere Resultate erhält man, wenn man zwischen beide Nicols eine Doppelquarzplatte einschaltet. Diese besteht aus zwei aneinandergekitteten, gleichdicken, senkrecht zur optischen Achse geschliffenen Quarzplatten, von denen eine rechts-, die andere linksdrehend ist. Beide Platten erscheinen sowohl bei gekreuzten wie bei parallelen Nicols gleich hell (bzw. bei Anwendung weißen Lichtes gleichgefärbt); nach Zwischenschaltung der Zuckerlösung werden sie dagegen ungleich. Der Winkel, um den der

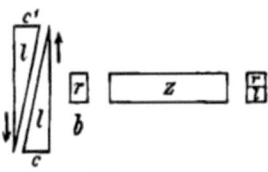

Fig. 116.

Okular-Nicol gedreht werden muß, damit sie wieder gleich werden, entspricht wieder $a$. Beim Soleilschen Saccharimeter wird an Stelle des drehbaren Okular-Nicols der sog. Kompensator benutzt (Fig. 116), um die Größe der Drehung zu bestimmen. Derselbe besteht aus einer rechtsdrehenden Quarzplatte $b$ und zwei linksdrehenden Quarzkeilen $c$, $c^1$. Letztere können so gegeneinander verschoben werden, daß ihre (genau durch eine Mikrometerschraube meßbare) gemeinsame Dicke gleich, größer oder kleiner wird, als die von $b$. Da nun das Drehungsvermögen einer 1 mm dicken Quarzschicht bekannt ist, so ergibt sich daraus der optische Effekt derjenigen Zuckerlösung, welcher durch den Kompensator das Gleichgewicht gehalten wird.

---

[1] *saccharum* Zucker.

# Magnetismus.

**§ 145. Definition.** Magnetismus[1] wird die ihrem Wesen nach noch nicht genau erforschte Kraft genannt, welche Körper befähigt, Eisen und ähnliche Körper anzuziehen und, wenn sie in horizontaler Ebene frei beweglich aufgehängt sind, eine bestimmte Richtung einzunehmen. Der in der Natur vorkommende Magneteisenstein $Fe_3 O_4$, der schon den Alten bekannt war, heißt natürlicher Magnet im Gegensatz zu den künstlichen, die meist aus Stahl hergestellt werden, indem man diesen mit einem natürlichen Magneten in geeigneter Weise bestreicht (s. u.).

**§ 146. Magnetische Anziehung.** Die künstlichen Magnete unterscheidet man nach ihrer Form in Stab- und Hufeisenmagnete, sowie (frei bewegliche) Magnetnadeln. Jeder Magnet hat zwei Stellen nahe an seinen beiden Enden, an denen die Anziehungskraft am größten ist, die Pole (Nord- und Südpol). Von hier nimmt die Anziehungskraft nach der Mitte hin allmählich ab, bis sie in der Indifferenzzone gleich Null ist. Man kann dies leicht zeigen, wenn man einen Magneten in Eisenfeilspäne legt. Je nach den Polen gibt es Nord- und Südmagnetismus, und es besteht das wichtige Gesetz, daß gleichnamige Pole sich abstoßen, ungleichnamige sich anziehen. Also z. B. Nordpol und Nordpol stoßen sich ab, Nordpol und Südpol ziehen sich an. Hierbei gilt das dem Gravitationsgesetze analoge COULOMBsche Gesetz, daß die Intensität der magnetischen Anziehung direkt proportional der magnetischen Kraft beider Körper, umgekehrt proportional dem Quadrate der Entfernung ist.[2]

$$F = - \frac{mm'}{r^2}.$$

Der ganze Raum, auf den sich die magnetische Wirkung erstreckt, heißt magnetisches Feld. Ein Magnet wirkt nicht nur durch Luft, sondern auch durch andere Körper hindurch, Eisen ausgenommen. So kann man die Richtung der magnetischen Kräfte erkennen, wenn man z. B. auf die Pole eines Hufeisenmagneten ein Kartenblatt legt und darauf Eisenfeilspäne streut. Letztere ordnen

---

[1] Etymologie unklar; entweder nach dem sagenhaften Hirten MAGNES oder nach der Landschaft *Magnesia* oder von μάγω bezaubern. [2] Durch das Minuszeichen in der Formel ist die Richtung bestimmt. Sind nämlich $m$ und $m'$ gleichnamig, so folgt aus $-(+m \cdot +m')$ oder $-(-m \cdot -m')$, daß Abstoßung stattfindet; sind sie ungleichnamig, so ergibt $-(+m \cdot -m')$ Anziehung.

sich dann in Kurven, die sogenannten Kraftlinien, an, die von
einem Pol zum anderen ziehen und genau die Kraftrichtung des
Magneten in jedem Punkte des magnetischen Feldes anzeigen. —
Magnetisches Moment nennt man das Produkt der Polstärke
eines der Pole mit dem gegenseitigen Abstand derselben.

§ 147. **Magnetische Influenz.** Nähert man ein Stück Eisen
einem Magneten, so wird es ebenfalls magnetisch, und zwar wird
der dem Nordpol des Magneten genäherte Teil zum Südpol und
umgekehrt. Diese Erscheinung, auf der auch die Anziehung beruht,
heißt magnetische Influenz und findet ihre Erklärung am besten
durch die Annahme, daß in jedem unmagnetischen Eisen schon beide
Arten von Magnetismus enthalten sind, aber so angeordnet, daß sie
sich gegenseitig neutralisieren, nach außen also nicht wirken können.
Nähert man aber einen Magneten, so zieht er den ungleichnamigen
Magnetismus in das zugewandte Ende, den gleichnamigen stößt er
in das entgegengesetzte. Diese Annahme erklärt auch die Indifferenzzone; denn hier stoßen ja Nord- und Südmagnetismus zusammen
und neutralisieren sich daher.

§ 148. **Konstitution der Magnete.** Früher hatte man die
bequeme, aber vage Vorstellung, der Magnetismus bestehe aus zwei
Fluida (Flüssigkeiten), welche durch Influenz voneinander getrennt
würden. Damit ist jedoch die Tatsache nicht zu erklären, daß, wenn
man einen Magneten in der Mitte zerbricht, jeder dieser Teile wieder
ein vollkommener Magnet mit Nord- und Südpol und Indifferenzzone
ist. Dieser Versuch kann beliebig oft wiederholt werden. Man erklärt diese Erscheinung durch die Molekulartheorie, indem man
sich vorstellt, daß schon die Moleküle kleinste Magnete sind. In den
Magneten sind sie so regelmäßig angeordnet, daß alle Nordpole nach
der einen, die Südpole nach der anderen Seite gerichtet sind, so daß
sich ihre Wirkung addiert; im unmagnetischen Eisen dagegen sind
sie ganz unregelmäßig durcheinander gelagert und daher unwirksam.
Die Influenz erklärt sich demnach so, daß der Magnet auf die Moleküle des Eisens eine richtende Wirkung ausübt und alle gleichnamigen Pole nach derselben Seite hin dreht. Diese Drehung der
Moleküle ist bei manchen Körpern, z. B. Schmiedeeisen, leicht; aber
nach Entfernung des Magneten kehren die Moleküle auch wieder
leicht in die frühere Lage zurück. Diese Körper besitzen also nur
temporären Magnetismus. Bei anderen Körpern dagegen, z. B.
Stahl, ist das Richten der Moleküle schwerer; dafür bleiben sie
auch lange in der neuen Lage. Diese Eigenschaft, den magnetischen Zustand beizubehalten (die übrigens in geringem Grade auch

so wird gegen die abstoßenden Kräfte von $A$ eine bestimmte Arbeit geleistet. Überläßt man dann $B$ der Einwirkung von $A$, so wird umgekehrt $B$ von $P$ aus in die Unendlichkeit abgestoßen und leistet nach dem Gesetze von der Erhaltung der Energie eine ebenso große Arbeit, wie vorher zur Annäherung aufgewandt werden mußte. $B$ besitzt also in $P$ eine bestimmte potentielle Energie oder, wie man auch sagt, ein bestimmtes Potential, wofür man früher den Ausdruck Spannung brauchte. Das Potential in einem Punkte eines elektrischen Feldes[1] entspricht demnach der Arbeit, die gegen elektrische Kräfte aufgewandt werden muß, um die Einheit der (gleichnamigen) Elektrizitätsmenge aus unendlicher Entfernung bis zu diesem Punkte heranzubringen. Umgekehrt kann man auch sagen, es entspricht der Arbeit, die elektrische Kräfte leisten, um die Einheit der (gleichnamigen) Elektrizitätsmenge von diesem Punkte aus bis zur Unendlichkeit fortzubewegen. Hierbei ist es ganz gleich, welchen Weg die Elektrizitätseinheit zwischen $P$ und der Unendlichkeit zurücklegt. Wäre das nämlich nicht der Fall, würde man z. B. auf dem Wege $W$ (Fig. 119) weniger Arbeit zur Annäherung der Elektrizitätseinheit aufwenden, als auf dem Wege $W'$ bei ihrer Abstoßung geleistet wird, so erhielte man ja eine Arbeitsleistung ohne entsprechende Energieaufwendung, kurz ein Perpetuum mobile, was bekannt-

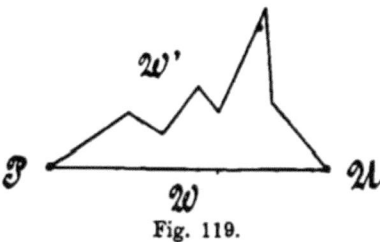

Fig. 119.

lich ein Ding der Unmöglichkeit ist. In jedem Punkte eines elektrischen Feldes hat daher das Potential nur einen ganz bestimmten Wert.

Das Potential ist direkt proportional der Elektrizitätsmenge, umgekehrt der Entfernung, $V = \dfrac{e}{r}$. Herrscht in 2 Punkten verschiedenes Potential, so entspricht die Potentialdifferenz (oder der Spannungsunterschied) an diesen Punkten der Arbeit, die zur Überführung der Elektrizitätseinheit aus der einen Lage in die andere erforderlich ist. Ebenso wie nun eine Flüssigkeit bestrebt ist, von einem höheren Niveau zu einem tieferen zu fließen, wie ein Gas sich von Orten größeren Druckes zu solchen geringeren Druckes ausbreitet,

---

[1] „Elektrisches Feld" = Raum, in dem elektrische Kräfte wirksam sind.

eines Magneten nacheinander immer größere Gewichte anhängt, bis
er schließlich abfällt. Es ist festgestellt, daß die Tragkraft eines
Hufeisenmagneten die doppelte Tragkraft eines seiner Pole übertrifft.

§ 151. **Diamagnetismus.** Starke Magnete, besonders Elektromagnete, ziehen nicht nur Eisen, sondern auch andere Körper an;
alle diese heißen paramagnetisch. Manche Körper, z. B. Wismut
und Antimon, werden dagegen von Magneten abgestoßen; sie heißen
diamagnetisch. Die Erklärung dieser Erscheinung ist ähnlich wie
die des Auftriebs. Trotzdem alle Körper der Schwere unterworfen
sind, entfernen sie sich doch von der Erde, wenn sie sich in einer
Flüssigkeit von größerem spezifischen Gewichte befinden. Ebenso
wird ein Körper dann von einem Magneten abgestoßen, wenn das
Medium, in dem er sich befindet, stärker als er selbst vom Magneten
angezogen wird. Daraus geht hervor, daß ein und derselbe Körper
sowohl para- wie diamagnetisch sein kann.

§ 152. **Erdmagnetismus.** Ein frei beweglicher Magnet, z. B.
eine Magnetnadel, nimmt eine ungefähr nordsüdliche Richtung ein;
darauf beruht der für Seeleute unentbehrliche Kompaß. Diese Erscheinung kann nach dem Gesetze von der magnetischen Anziehung
nur so gedeutet werden, daß die Erde selbst ein großer Magnet ist,
und zwar liegt ihr Südpol im Norden, der Nordpol im Süden. Indes
liegen die magnetischen Pole der Erde nicht genau an den geographischen. Denn eine Magnetnadel zeigt nicht genau von Norden
nach Süden, sondern weicht seitlich von dieser Richtung ab, und
zwar ist diese Abweichung, die sogenannte Deklination, also der
Winkel zwischen astronomischem und magnetischem Meridian, für
jeden Ort verschieden. Außerdem steht eine Magnetnadel auch
nie genau horizontal, sondern stets geneigt; diese Inklination,
also der Winkel zur Horizontalebene, hängt ebenfalls von der Lage
des betreffenden Ortes ab.

Dasselbe gilt auch für die Intensität des Erdmagnetismus, die
natürlich an den magnetischen Polen am größten ist. Man kann
sie, ähnlich wie die Erdanziehung durch Pendelschwingungen, aus
der Schwingungszeit einer in Bewegung versetzten Magnetnadel berechnen; sie ist nämlich umgekehrt proportional dem Quadrate der
Schwingungszeit. Die Linien, welche Orte gleicher Deklination,
Inklination, Intensität verbinden, heißen Isogonen, bzw. Isoklinen,
bzw. Isodynamen. Alle diese erdmagnetischen Elemente
zeigen tägliche, säkulare und unregelmäßige Schwankungen.

# Elektrizität.[1]

§ 153. **Arten der Elektrizität.** Wenn man gewisse Körper reibt, so werden sie befähigt, andere leichte Körper anzuziehen. Diese zuerst beim Bernstein ($\check{\eta}\lambda\epsilon\kappa\tau\varrho o\nu$) beobachtete Eigenschaft wird Elektrizität genannt. Elektrizität kann jedoch nicht nur durch mechanische Arbeit entstehen, sondern auch durch chemische, thermische u. a. Energie und läßt sich auch umgekehrt in solche überführen. Wie beim Magnetismus unterscheidet man zwei Arten von Elektrizität, positive und negative, und stellt sich diese der Bequemlichkeit halber wieder als zwei Fluida vor. Wahrscheinlich ist jedoch die als Elektrizität bezeichnete Form der Energie an Bewegungen desselben Substrates gebunden wie Licht und Wärme und von diesen nur quantitativ verschieden [vgl. § 192]. Je nachdem man die Elektrizität im Zustande der Ruhe oder Bewegung betrachtet, spricht man von statischer Elektrizität und vom elektrischen Strome.

## A. Statische Elektrizität (Reibungselektrizität).

§ 154. **Elektrische Anziehung und Abstoßung.** Das am längsten bekannte Mittel, Körper elektrisch zu machen, besteht darin, sie zu reiben. Dadurch kann der geriebene Körper entweder positiv elektrisch werden, z. B. Glas, oder negativ, z. B. Siegellack. Man nennt daher die positive Elektrizität auch Glaselektrizität, die negative Harzelektrizität. Das Material, mit dem man reibt, erhält immer gleichviel entgegengesetzte Elektrizität. Es gilt nun das Gesetz, daß gleichgroße, aber entgegengesetzte Elektrizitätsmengen sich gegenseitig neutralisieren, und ferner, daß gleichnamig elektrische Körper sich abstoßen, ungleichnamige sich anziehen. Man kann letzteres mit dem sog. elektrischen Pendel nachweisen; dasselbe besteht aus zwei Holundermarkkügelchen, die mittels je eines Seidenfadens an einem Stativ aufgehängt sind. Die Intensität der elektrischen Anziehung und Abstoßung ist, wenn $e$ und $e'$ die betreffenden Elektrizitätsmengen vorstellen

$$F = -\frac{ee'}{r^2} \ [\text{vgl. § 146}].$$

---

[1] Vgl. W. Guttmann, Elektrizitätslehre für Mediziner. Einführung in die physikalischen Grundlagen der Elektrodiagnostik, Elektrotherapie und Röntgenwissenschaft. Leipzig 1904, Georg Thieme. 224 Seiten mit 263 Abbildungen und 2 lithographischen Tafeln.

Die praktische Einheit der Elektrizitätsmenge heißt nach dem Entdecker dieses Gesetzes ein **Coulomb** [s. Anhang I].

**§ 155. Leiter und Nichtleiter.** Außer durch Reibung kann ein Körper auch durch Berührung mit einem elektrischen Körper elektrisch werden. Nach ihrem Verhalten hierbei unterscheidet man **Leiter** und **Nichtleiter.** Bei ersteren verbreitet sich die Elektrizität von der Berührungsstelle aus schnell über den ganzen Körper; man kann ihn also von einer einzigen Stelle aus „laden", umgekehrt aber auch „entladen". Letzteres geschieht z. B., wenn man ihn mit der Hand berührt, weil dann die Elektrizität durch den ebenfalls gut leitenden menschlichen Leib zur Erde abfließt, die das größte Magazin sowohl für positive wie für negative Elektrizität vorstellt. Auf dieser Eigenschaft der Leiter beruht eine Art von **Elektroskop,**

d. i. ein Apparat zum Erkennen der Elektrizität. Durch den Korken eines Glasbehälters (Fig. 117) geht eine Metallstange, die oben in einen Knopf, unten in zwei Streifen von Blattgold endigt. Berührt man den Knopf mit einem elektrischen Körper, so fließt die Elektrizität in die Goldstreifen, die sich dann gegenseitig abstoßen. Bei den Nichtleitern bleibt dagegen die Elektrizität nur an der Stelle, der sie direkt zugeführt wird, und umgekehrt behält ein solcher Körper seine Elektrizität, wenn nur eine Stelle abgeleitet wird.

Fig. 117.

Da somit Nichtleiter, welche Leiter umgeben, diese vor dem Verluste der Elektrizität schützen, heißen sie auch **Isolatoren** [vgl. § 163]. Zu ihnen gehören z. B. Glas, Harz, Seide, Wolle, trockene Luft; zu den Leitern vor allem die Metalle, unter denen wieder Silber am besten leitet, ferner Kohle, Flüssigkeiten und feuchte Körper, z. B. der Tierleib.

**§ 156. Elektrisches Potential.** Ein mit der positiven Elektrizitätsmenge $+ E$ geladener Körper $A$ (Fig. 118) besitzt die Eigenschaft, andere ebenfalls positive elektrische Körper abzustoßen. Nähert man ihm also einen mit der Elektrizitätseinheit $+ e$ geladenen Körper $B$ aus der Unendlichkeit[1] bis etwa zum Punkte $P$,

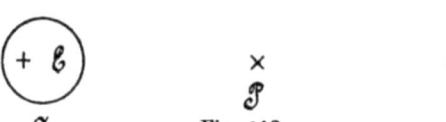

Fig. 118.

---

[1] Mit „unendlich" ist hier die Entfernung gemeint, in der die von $A$ ausgeübte Abstoßung $= 0$ ist.

so wird gegen die abstoßenden Kräfte von $A$ eine bestimmte Arbeit geleistet. Überläßt man dann $B$ der Einwirkung von $A$, so wird umgekehrt $B$ von $P$ aus in die Unendlichkeit abgestoßen und leistet nach dem Gesetze von der Erhaltung der Energie eine ebenso große Arbeit, wie vorher zur Annäherung aufgewandt werden mußte. $B$ besitzt also in $P$ eine bestimmte potentielle Energie oder, wie man auch sagt, ein bestimmtes Potential, wofür man früher den Ausdruck Spannung brauchte. Das Potential in einem Punkte eines elektrischen Feldes[1] entspricht demnach der Arbeit, die gegen elektrische Kräfte aufgewandt werden muß, um die Einheit der (gleichnamigen) Elektrizitätsmenge aus unendlicher Entfernung bis zu diesem Punkte heranzubringen. Umgekehrt kann man auch sagen, es entspricht der Arbeit, die elektrische Kräfte leisten, um die Einheit der (gleichnamigen) Elektrizitätsmenge von diesem Punkte aus bis zur Unendlichkeit fortzubewegen. Hierbei ist es ganz gleich, welchen Weg die Elektrizitätseinheit zwischen $P$ und der Unendlichkeit zurücklegt. Wäre das nämlich nicht der Fall, würde man z. B. auf dem Wege $W$ (Fig. 119) weniger Arbeit zur Annäherung der Elektrizitätseinheit aufwenden, als auf dem Wege $W'$ bei ihrer Abstoßung geleistet wird, so erhielte man ja eine Arbeitsleistung ohne entsprechende Energieaufwendung, kurz ein Perpetuum mobile, was bekannt-

Fig. 119.

lich ein Ding der Unmöglichkeit ist. In jedem Punkte eines elektrischen Feldes hat daher das Potential nur einen ganz bestimmten Wert.

Das Potential ist direkt proportional der Elektrizitätsmenge, umgekehrt der Entfernung, $V = \dfrac{e}{r}$. Herrscht in 2 Punkten verschiedenes Potential, so entspricht die Potentialdifferenz (oder der Spannungsunterschied) an diesen Punkten der Arbeit, die zur Überführung der Elektrizitätseinheit aus der einen Lage in die andere erforderlich ist. Ebenso wie nun eine Flüssigkeit bestrebt ist, von einem höheren Niveau zu einem tieferen zu fließen, wie ein Gas sich von Orten größeren Druckes zu solchen geringeren Druckes ausbreitet,

---

[1] „Elektrisches Feld" = Raum, in dem elektrische Kräfte wirksam sind.

fließt auch die Elektrizität von Orten höheren zu solchen niedrigeren Potentials. Die Erfahrungstatsache, daß alle zur Erde abgeleiteten Körper ihre Elektrizität verlieren, drückt man daher dadurch aus, daß man für die Erde das Potential 0 annimmt, wie man ja auch aus praktischen Gründen das Meeresniveau willkürlich als Nullniveau annimmt. Und wie man streng genommen nur von Temperatur- und Niveaudifferenzen sprechen kann, gibt es auch kein absolutes Potential, sondern nur Potentialdifferenzen. Aus dem Gesagten folgt ohne weiteres, daß an allen Stellen eines Leiters, bei dem die Elektrizität im Gleichgewicht ist, dasselbe Potential herrscht, und umgekehrt. Die praktische Einheit für Potentiale und Potentialdifferenzen heißt Volt. Während nun eine Arbeit aufgewendet werden muß, um Elektrizität von Orten niederen Potentials zu solchen höheren Potentials zu bringen, wird im umgekehrten Falle von der Elektrizität eine Arbeit geleistet, die gleich dem Produkt aus Elektrizitätsmenge und Potentialdifferenz ist und in Volt-Coulombs ausgedrückt wird. Es entspricht dies wieder den Verhältnissen bei Flüssigkeiten, die ja auch beim Fallen eine Arbeit leisten gleich dem Produkte aus ihrer Menge und der Niveaudifferenz.

§ 157. **Elektrische Kapazität.** Wie das Niveau einer Flüssigkeit nicht nur durch ihre Menge, sondern auch durch die Weite, die Kapazität, des Behälters bedingt ist, wie die Temperaturzunahme eines Körpers nicht nur von der zugeführten Wärmemenge, sondern auch von der Wärmekapazität [§ 98] abhängt, kommt auch für das Potential eines Körpers dessen elektrisches Fassungsvermögen oder seine elektrische Kapazität in Betracht. Man versteht hierunter das Verhältnis zwischen Elektrizitätsmenge und Potential, $\varkappa = \dfrac{e}{V}$.

Wenn also z. B. ein Körper viel Elektrizität aufnehmen kann, ohne daß sich sein Potential wesentlich erhöht, so ist seine Kapazität groß usw. Die elektrische Kapazität, deren praktische Maßeinheit Farad heißt, hängt nicht wie die Wärmekapazität von der stofflichen Beschaffenheit des Körpers ab, sondern von seiner Größe und Form sowie von der Anwesenheit anderer Leiter.

§ 158. **Verteilung der Elektrizität.** Da gleichnamige Elektrizitätsmengen sich abstoßen, so folgt unmittelbar daraus, daß sich bei Leitern die Elektrizität stets an der Oberfläche befinden muß. Die Elektrizitätsmenge in der Flächeneinheit heißt elektrische Dichte und ist der Elektrizitätsmenge direkt, dem Krümmungsradius umgekehrt proportional. Auf einer Kugel ist die Dichte also überall gleich, und um so größer, je kleiner die Kugel ist. Am größten ist die Dichte an Hervorragungen, besonders an Spitzen. Hier bekommt die zentrifugale Kraft das Übergewicht, und trotz der umgebenden Isolatoren strömt Elektrizität aus, wobei der elektrische Wind entsteht.

§ 159. **Elektrische Influenz.** Elektrizität entsteht auch schon durch Annäherung eines elektrischen Körpers. Man spricht dann von Influenzwirkung[1] und stellt sich vor, daß schon in jedem unelektrischen Körper beide Arten von Elektrizität vorhanden sind, jedoch so, daß sie sich neutralisieren. Nähert man nun einen elektrischen Körper $A$ (Fig. 120), so wird die gleichnamige Elektrizität von $B$ in das abgewandte Ende gestoßen, die ungleichnamige in das zugewandte angezogen. Letztere heißt dann gebundene,

Fig. 120.

erstere freie Elektrizität. Wird $A$ wieder entfernt, so findet wieder ein Ausgleich statt, und $B$ wird unelektrisch. Wird aber vorher die freie Elektrizität, hier also die positive, zur Erde abgeleitet, und dann erst $A$ entfernt, so bleibt auf $B$ negative Elektrizität zurück. Die Ableitung kann nun auch durch Spitzen geschehen. Bringt man diese an der $A$ zugewandten Seite von $B$ an, so strömt die negative Elektrizität aus, die positive bleibt zurück. Gleichzeitig neutralisiert aber die ausströmende negative Elektrizität die positive von $A$, so daß es den Anschein hat, als wäre durch die Spitze positive Elektrizität von $A$ nach $B$ hinübergesaugt worden.

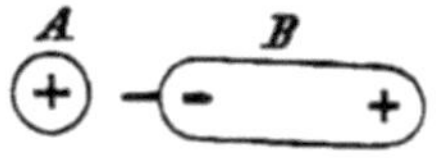

§ 160. **Elektrisiermaschine.** Auf diesem Prinzip beruht z. B. die Elektrisiermaschine (Fig. 121). Sie besteht aus einer vertikalen, drehbaren Glasscheibe, die bei ihrer Bewegung an das sogenannte Reibzeug, ein mit Zinnamalgam bestrichenes Lederkissen, gepreßt wird. Dadurch entsteht auf dem Reibzeug negative, auf der Glasscheibe positive Elektrizität. Letztere gelangt durch die Drehung auf die entgegengesetzte Seite. Dort sind zu beiden Seiten der Glasscheibe mehrere Spitzen angebracht, die zu einer isoliert stehenden Metallkugel, dem sogenannten Konduktor, führen.

Fig. 121.

Durch Influenz entsteht nun im Konduktor positive, in den Spitzen

---

[1] *influo* hineinfließen, beeinflussen.

negative Elektrizität; letztere strömt gegen die Glasscheibe aus und
macht sie wieder unelektrisch.

§ 161. **Entladung.** Durch die Elektrisiermaschine kann man
größere Elektrizitätsmengen erhalten; sie bietet daher Gelegenheit zu
zahlreichen Versuchen. Hier soll nur auf die Entladung und ihre
Wirkungen eingegangen werden. Dieselbe kann natürlich einmal dadurch geschehen, daß man das Reibzeug oder den Konduktor leitend
mit der Erde oder auch miteinander verbindet; dann fließt die Elektrizität in kontinuierlichem Strom ab. Befindet sich aber in der
Nähe des Konduktors ein Körper mit entgegengesetzter Elektrizität
(die eventuell erst durch Influenz entsteht), so findet bei genügender
Spannung der Ausgleich auch durch eine nichtleitende Zwischen-
schicht hindurch, in Gestalt des elektrischen Funkens, statt;
man spricht dann von einer disruptiven Entladung. Dieselbe
dauert außerordentlich kurze Zeit (ca. $\frac{1}{20000}$ Sekunde) und ist bei
nicht zu großem Widerstande oszillierend, d. h. besteht aus vielen
sehr schnell hin und her gehenden Einzelentladungen. Die Wirkungen des elektrischen Funkens sind sehr mannigfaltig. Abgesehen
von der Lichtwirkung, die besonders schön in GEISSLERschen Röhren
[§ 188] zutage tritt, kann er feste Gegenstände durchbohren, chemische
Zersetzungen oder Verbindungen herbeiführen, beeinflußt in eigen-
tümlicher Weise den tierischen Organismus (sogenannte elektrische
Schläge, die eventuell tödlich werden können) usw.

Beim Ausströmen von Elektrizität (besonders positiver) aus Spitzen entsteht das sog. Büschellicht, das aus einem Bündel violetter Strahlen besteht.
Es kommt an Konduktorstellen von großer elektrischer Dichte vor; bei starker
Luftelektrizität wird es bisweilen an den Spitzen hoher Gegenstände beobachtet
und heißt dann St. Elmsfeuer. Das sog. Glimmlicht ist ein kleines, ruhig
schwebendes leuchtendes Sternchen oder Flämmchen, das besonders an Spitzen
sowie bei Entladungen in verdünnter Luft, z. B. in GEISSLERschen Röhren,
erscheint.

§ 162. **Blitzableiter.** Der Blitz ist ein elektrischer Funken
im großen, der durch disruptive Entladung ungleichnamiger Luftelektrizität oder, beim sogenannten Einschlagen, durch Vereinigung
von Luftelektrizität mit der entgegengesetzten eines irdischen Gegenstandes, besonders des Grundwassers, entsteht. Die Luftelektrizität
entsteht entweder durch Reibung der Luft an der Erde oder in ihren
einzelnen Schichten, oder vielleicht durch Influenzwirkung von der
Erde her. Der Donner entspricht seinerseits dem Knall, der den
elektrischen Funken begleitet, und muß wegen der geringeren Geschwindigkeit des Schalles natürlich später wahrgenommen werden.
Menschen, welche direkt vom Blitze getroffen werden, erleiden aus-

gedehnte Verbrennungen und gehen meist zugrunde. Aber auch die Nähe eines einschlagenden Blitzes ist gefährlich wegen des sogenannten Rückschlages, d. i. die plötzliche Wiederherstellung des durch Influenz (des Blitzes) gestörten elektrischen Gleichgewichts. Gegen die Blitzgefahren erfand FRANKLIN den segensreichen Blitzableiter. Er bietet einmal dem zustande gekommenen Blitze eine bequeme (metallische) Bahn bis zum Grundwasser hin, leitet ihn also von der Umgebung ab; vor allem aber verhütet er das Zustandekommen des Blitzes, da aus der Spitze der Auffangstange die durch Influenz entstandene ungleichnamige Elektrizität ausströmt und die Elektrizität der Gewitterwolke neutralisiert.

§ 163. **Ansammlungsapparate.** Auf Influenz beruhen auch die Ansammlungsapparate für Elektrizität. Ist nämlich $A$ (Fig. 120) ein Leiter, so wird durch die Anwesenheit des influenzierten Körpers $B$ auch ein Teil seiner eigenen Elektrizität gebunden; dadurch wird aber sein Potential geringer, mithin seine Kapazität größer [§ 157], d. h. er kann jetzt mehr Elektrizität aufnehmen als vorher. Hierauf beruht z. B. der Kondensator, der aus zwei runden Metallplatten, der Kollektor[1]- und Kondensatorplatte[2] besteht; diese sind durch eine nichtleitende Schicht, z. B. Firnis oder Luft, voneinander isoliert. Der Kollektor wird durch den Konduktor einer Elektrisiermaschine so lange geladen, bis auf beiden dasselbe Potential ist; bringt man ihm nun die Kondensatorplatte gegenüber und leitet diese zur Erde ab, so kann er nach dem Gesagten viel mehr Elektrizität aufnehmen. Die Menge der gebundenen Elektrizität eines Leiters, dem ein zweiter gegenübersteht, hängt von ihrer Gestalt und Entfernung, dann aber auch wesentlich von der Natur des dazwischen befindlichen Nichtleiters, auch Dielektrikum[3] genannt, ab. Man nimmt nämlich jetzt an, daß die elektrische Energie durch Bewegungen des Lichtäthers fortgepflanzt wird, und daß hierbei die Moleküle der Dielektrika eine wesentliche Rolle spielen [vgl. § 191]. Die Zahl, welche angibt, wieviel mal mehr Elektrizität der Kollektor aufnehmen kann, wenn Luft durch eine gleichdicke Schicht eines bestimmten Dielektrikums ersetzt ist, heißt Dielektrizitätskonstante. Auf diesen Prinzipien beruht auch die Leidener Flasche.

Dies ist (Fig. 122) ein gewöhnliches, breites Glas, das innen und außen bis in die Nähe des oberen Randes mit Stanniolpapier belegt ist. Mit der inneren Belegung ist eine Metallstange verbunden, die mit einem Knopfe endigt. Die Stanniol-

Fig. 122.

---

[1] *colligo* sammeln.　[2] *condenso* verdichten.　[3] διά zwischen.

platten stellen hier also Kollektor und Kondensator vor, das Glas das Dielektrikum. Ist die äußere Belegung durch einen Draht mit der Erde verbunden,
so kann die Leidener Flasche stark geladen werden, um so stärker, je größer
die Belegung ist. Daher vereinigt man oft mehrere solcher Flaschen zu einer
sog. Batterie.

§ 164. **Influenzmaschine.** Die beste Vorrichtung, durch Influenz viel Elektrizität zu erhalten, ist die Influenzmaschine. Dieselbe besteht im wesentlichen aus zwei Glasscheiben; die eine ist fest
und hat an zwei gegenüberliegenden Stellen Ausschnitte; oberhalb
derselben ist sie mit Papierstreifen (Kuchen) beklebt, die in die
Ausschnitte spitze Fortsätze senden. Vor der zweiten, beweglichen,
Scheibe sind an zwei gegenüberliegenden Stellen Spitzen angebracht,
die leitend mit zwei Konduktorenkugeln verbunden sind. Letztere
müssen sich zuerst berühren. Ladet man nun die eine Papier-
belegung und dreht die bewegliche Scheibe, so entsteht immer mehr
Elektrizität, so daß, wenn jetzt die Konduktoren auseinandergebracht
werden, Funken zwischen ihnen übergehen.

Zur Erklärung diene Fig. 123, die einen Horizontalschnitt vorstellt.
$AB$ stellt die (hintere) feste, $CD$ die (vordere) bewegliche Scheibe, $p$ und $p'$
die Kuchen mit ihren Fortsätzen, $s$ und $s'$ die Spitzen, $c$ und $c'$ die Konduktoren vor. Wird nun z. B. dem Kuchen $p$ negative Elektrizität mitgeteilt, so wird durch Influenz die Hinterseite von $CD$ positiv, die Vorderseite

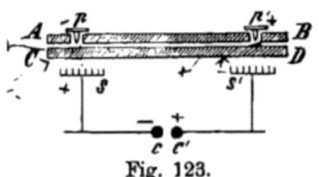

negativ elektrisch. Aber die Influenz erstreckt sich auch auf die davorstehende Metall-
leitung; es wird daher der Konduktor $c$ negativ, die Spitzen $s$ positiv elektrisch. Da
letztere ihre Elektrizität ausströmen lassen,
so wird also die bewegliche Scheibe beiderseits positiv, bis sie durch Drehung auf die
andere Seite kommt. Hier wird zunächst

Fig. 123.

durch Influenz der Kuchen $p'$ positiv, während aus seinem Zahn negative
Elektrizität ausströmt und die Hinterseite von $CD$ negativ macht. An der
Vorderfläche geschieht dasselbe durch die Metallspitzen; diese werden nämlich
durch Influenz negativ, der rechte Konduktor wird positiv. Die Scheibe ist
daher in der oberen Hälfte ganz negativ. Kommt sie nun wieder auf die
linke Seite, so wird der Kuchen durch Influenz negativ, so daß eine Ladung
von außen nicht mehr nötig ist. Diese Vorgänge wiederholen sich bei jeder
Umdrehung, so daß sich die Wirkung verstärkt.

§ 165. **Elektrometer.** Zur Messung von Elektrizitätsmengen,
bzw. Potentialdifferenzen, dienen die Elektrometer. Hierzu kann
jedes elektrische Pendel bzw. Elektroskop benutzt werden, an dem
eine Skala zur Messung des Ausschlags angebracht ist. Einer der
feinsten Apparate ist das Quadrantelektrometer von Lord
Kelvin (früher W. Thomson). Hier schwingt ein stark positiv ge-
ladenes, ungefähr sohlenförmiges Aluminiumblättchen zwischen vier,

kreuzweise miteinander verbundenen, metallischen Quadranten, die zusammen eine Art Schachtel bilden (Fig. 124). Wird nun dem einen Quadrantenpaare Elektrizität mitgeteilt, nachdem das andere zur Erde abgeleitet ist, so wird das Aluminiumblättchen abgelenkt, und zwar ist der Ausschlag der mitgeteilten Elektrizitäts- menge proportional; auch gibt die Richtung zugleich die Art der Elektrizität an.

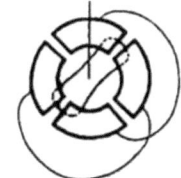

Fig. 124.

# B. Der elektrische Strom.

### a. Entstehung und Gesetze des galvanischen Stromes.

§ 166. Galvani und Volta. Am Ende des 18. Jahrhunderts wurde GALVANI von einem Assistenten aufmerksam gemacht, daß Froschschenkel, mit einem Skalpell berührt, jedesmal zuckten, wenn Funken aus dem Konduktor einer Elektrisiermaschine gezogen wur- den. Während dies heute durch den Rückschlag erklärt wird, sah GALVANI darin eine Äußerung der tierischen Elektrizität und stellte zahlreiche Versuche darüber an. Als er u. a. enthäutete Frosch- schenkel mittels kupferner Drähte an einem Eisengeländer auf- hängte, zuckten dieselben lebhaft, wenn sie das Geländer berührten. Auch dies schrieb GALVANI der tierischen Elektrizität zu. VOLTA dagegen erklärte diese Erscheinung so, daß durch die Berührung der beiden Metalle Elektrizität entsteht, welche durch die Schenkel fließt und sie zum Zucken bringt. Diese VOLTAsche Erklärung hat am meisten Anklang gefunden. Doch ist sie nur zum Teil richtig, und auch GALVANI hatte recht; denn in der Tat existieren in den lebenden Nerven und Muskeln (sowie auch in anderen Körper- geweben) elektrische Spannungen. Jedenfalls gebührt VOLTA das Verdienst, eine neue Entstehungsart der Elektrizität gefunden zu haben.

§ 167. Gesetze der Kontaktelektrizität. Die von VOLTA aufgestellte Kontakttheorie lehrt also, daß durch Berührung zweier Metalle, oder eines Metalls mit einer Flüssigkeit, Elektrizität ent- steht. Die hierbei tätige elektromotorische Kraft erzeugt näm- lich in den betreffenden Körpern, den sog. Elektromotoren, be- ständig eine Potential- oder Spannungsdifferenz, indem auf einem Körper das Maximum der positiven, im anderen das der negativen Elektrizität entsteht. Verbindet man daher leitend beide Elektromotoren, so strömt die Elektrizität wieder zu den Stellen niedrigeren Potentials [§ 156]; da nun durch die Berührung die

Potentialdifferenz stets von neuem entsteht, so kommt ein konstanter Strom dadurch zustande. Man spricht dann auch von dynamischer, im Gegensatz zu der statischen oder ruhenden Elektrizität. Volta teilte nun die Elektromotoren in zwei große Klassen ein. Die der ersten Klasse, zu denen namentlich alle Metalle und Kohle gehören, lassen sich in eine sog. Spannungsreihe so anordnen, daß bei einer Berührung immer das vorangehende Glied positiv, das nachfolgende negativ wird. Die Voltasche Reihe lautet:

+ Zink, Blei, Zinn, Eisen, Kupfer, Silber, Gold, Platin, Kohle —
Die Potentialdifferenz ist nun um so größer, je weiter die betreffenden Körper in dieser Reihe auseinanderstehen. Sie ist aber unabhängig von der Form und Größe der sich berührenden Platten und wird auch nicht geändert, wenn noch andere Metalle dazwischengeschaltet sind; durch eine Kombination von *Zn, Fe, Ag, Pt* wird also dieselbe Spannungsdifferenz erzielt wie zwischen *Zn* und *Pt*. Daraus geht auch hervor, daß, wenn ausschließlich Elektromotoren erster Klasse ringförmig verbunden sind, in diesem Kreise kein Strom möglich ist, weil ja jedes Metall gleichzeitig als Anfangs- und Endglied der Reihe betrachtet werden kann, die Potentialdifferenz also = 0 ist. Diesen Gesetzen der Spannungsreihe gehorchen aber die Elektromotoren zweiter Klasse, zu denen besonders Flüssigkeiten (Säuren und Salzlösungen) gehören, nicht. Die Potentialdifferenz der Endglieder ist hier also nicht gleich der algebraischen Summe derjenigen der Zwischenglieder, so daß hier die Anordnung zu einem geschlossenen Kreise möglich ist. Taucht nämlich ein Metall in eine Flüssigkeit, so wird das herausstehende Ende meist negativ elektrisch, die Flüssigkeit und dadurch auch das eingetauchte Ende meist positiv; und zwar ist die Spannungsdifferenz um so größer, je weiter vorn in der Spannungsreihe das Metall steht; *Zn* wird also am stärksten negativ, *Cu* bedeutend schwächer. Tauchen nun *Zn* und *Cu* zusammen in eine Flüssigkeit, so ergibt sich Folgendes: Die starke positive Elektrizität des unteren Zinkendes geht durch die Flüssigkeit zum Kupfer und trifft an dessen hervorstehendem Ende mit schwach negativer Elektrizität zusammen, macht es daher schwach positiv. Umgekehrt geht die schwach positive Elektrizität des unteren Kupferendes bis zum oberen Zinkende und schwächt dessen stark negative Elektrizität so, daß es schwach

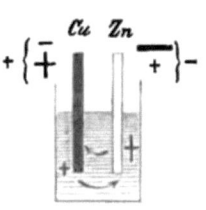

Fig. 125.

negativ elektrisch wird (Fig. 125). Im allgemeinen wird also bei zwei Metallen das in der Voltaschen Spannungsreihe voranstehende an seinem freien Ende negativ, das weiter hinten stehende positiv elektrisch. Die Spannungsreihen für Metalle und Flüssigkeiten, die je nach der Flüssigkeit wechseln, sind also im allgemeinen umgekehrt wie die VOLTAsche Reihe.

§ 168. **Galvanische Elemente.** Die Verbindung zweier Metalle mit einer Flüssigkeit heißt galvanisches Element oder galvanische Kette. Sind die beiden Metalle außerhalb der Flüssigkeit durch einen sog. Schließungsdraht verbunden, so ist die Kette geschlossen, sonst offen. In einer geschlossenen Kette fließt beständig ein elektrischer Strom, der durch die fortwährend wirkende elektromotorische Kraft andauernd im Gange erhalten wird. Man nennt diesen Strom daher konstanten (richtiger wäre kontinuierlichen) oder dem Entdecker zu Ehren galvanischen Strom. Der (positive) Strom fließt z. B. im Schließungsdraht eines Zink-Kupfer-Elements vom positiven Kupfer zum negativen Zink. Im Elemente selbst muß er natürlich vom Zink zum Kupfer fließen, damit der Stromkreis geschlossen ist. Die freien Enden der Metalle eines Elements, bzw. die Enden der damit verbundenen Drähte, heißen Pole oder Elektroden; diejenige, von welcher der Strom herkommt, beim positiven Strom also die positive, wird Anode (ἀνά, ὁδός) genannt, die andere Kathode. Unter Anode und Kathode ohne nähere Bezeichnung versteht man stets den äußeren positiven oder negativen Pol. Durch Vereinigung mehrerer Elemente entsteht eine galvanische Batterie. Die älteste Form derselben ist die Voltasche Säule; sie besteht aus abwechselnd übereinandergeschichteten Zink- und Kupferplatten, zwischen denen immer befeuchtete Tuchlappen liegen. Die Reihenfolge ist also hier Zink, Feuchtigkeit, Kupfer; Zink, Feuchtigkeit, Kupfer usw.

§ 169. **Konstante Ketten.** Die zuerst konstruierten galvanischen Ketten hatten alle den Fehler, daß sie bald immer schwächer wurden. Da nämlich der elektrische Strom in Flüssigkeiten Umsetzungen bewirkt, und sich die Zersetzungsprodukte an den Elektroden abscheiden, so werden diese gewissermaßen von der Flüssigkeit isoliert. So entsteht z. B. durch Zersetzung des Wassers $H$ und $O$ [vgl. § 178]; letzterer wird am Zink abgeschieden und bildet das nichtleitende Zinkoxyd, ersterer überzieht das Kupfer mit einem feinen, ebenfalls nichtleitenden Häutchen. Ja, es entsteht sogar zwischen dem elektropositiven $H$ und dem elektronegativen $O$ ein neuer Strom, der sog. Polarisationsstrom, der dem ursprünglichen entgegengesetzt fließt und ihn somit schwächen muß. Um diesen Übelstand zu beseitigen, hat man konstante Ketten[1] konstruiert, bei denen jede Elektrode in eine besondere Flüssigkeit taucht; dieselbe hat zugleich die Eigenschaft, die störenden Zersetzungsprodukte zu beseitigen, so daß also die Elektroden hier unpolarisierbar sind. Eins der gebräuchlichsten derartigen Elemente ist das DANIELLsche· Kupfer taucht hier in Kupfervitriollösung; in diesem Gefäße steht ein mit verdünnter Schwefelsäure gefüllter poröser Tonzylinder, in den das Zink taucht. Hierbei wird das Kupfervitriol zerlegt in $Cu$ und $SO_4$. $Cu$ scheidet sich wie alle Metalle (und auch Wasserstoff) an der Kathode ab [vgl. § 178], also am Kupfer, da im Elemente der Strom vom Zink zum Kupfer geht. Der Rest $SO_4$ wandert zum Zink, trifft aber unterwegs den durch Zersetzung der $H_2SO_4$ entstandenen $H_2$ und vereinigt sich mit ihm wieder zu $H_2SO_4$. Der Rest der ursprünglichen Schwefelsäure, $SO_4$, geht zum Zink und bildet mit ihm das lösliche $ZnSO_4$. Das definitive Resultat ist also, daß das Zink fortwährend aufgelöst wird, das Kupfer aber durch die Auflagerung von metallischem $Cu$ gewissermaßen wächst. Ähnlich ist der Vorgang auch bei allen anderen konstanten Ketten. Hier sei noch das GROVEsche Element erwähnt (Zink in Schwefelsäure, Platin in Salpetersäure), das BUNSENsche (Zink in Schwefelsäure, Kohle in Salpetersäure) und das von LECLANCHÉ (Zink in Salmiaklösung, Kohle in Braunstein). Sehr praktisch sind die Trockenelemente, die ebenfalls meist aus Zink und Kohle bestehen. An Stelle der Flüssigkeit enthalten sie aber eine mit einer geeigneten Lösung getränkte mehr oder weniger erhärtete Füllmasse (Gips, Kreide, Ton usw.), deren nähere Zusammensetzung Fabrikgeheimnis ist.

§ 170. **Akkumulatoren.** In neuerer Zeit benutzt man auch den Polarisationsstrom, indem man die Elektroden, an denen sich durch Zersetzung von Wasser $H$ und $O$ abgeschieden haben, durch einen Schließungsdraht verbindet. Der so entstehende Strom hat, wie bereits erwähnt, die umgekehrte Richtung wie der ursprüngliche und dauert natürlich nur so lange, bis die an den Elektroden aufgespeicherten Stoffe verbraucht sind. Derartige, von PLANTÉ erfundene, sekundäre Elemente heißen auch Akkumulatoren[2]; sie zeichnen sich einmal durch ihre große und sehr konstante elektromotorische Kraft aus und können vor allem zur Aufspeicherung von Kräften

---

[1] Konstantes Element = Element, bei dem die Polarisation beseitigt ist. Konstanter Strom = elektrischer Strom, der durch Berührung, bzw. chemische Einwirkung von Leitern erster und zweiter Klasse entsteht. Also auch inkonstante Elemente liefern „konstanten" Strom. [2] *accumulo* anhäufen.

dienen, die dann im passenden Augenblicke zur Benutzung bereit
sind. Eine Akkumulator-„Zelle" in einfachster Form besteht aus
zwei durch Kautschukbänder usw. getrennten Bleiplatten, die in verdünnte Schwefelsäure tauchen. Die Oberfläche derselben ist durch
Oxydation an der Luft stets mit Bleioxyd bedeckt. Sendet man
nun zum Zweck des „Ladens" einen galvanischen Strom hindurch,
so verbindet sich der entstehende Sauerstoff mit der Anode zu Blei-
superoxyd, der Wasserstoff reduziert die negative Elektrode zu metallischem Blei in fein verteilter Form (sog. Bleischwamm). Verbindet man nun nach Ausschaltung der äußeren Stromquelle die
beiden Elektroden, so geht jetzt im äußeren Stromkreise der Strom
von der positiven zur negativen Elektrode, im Innern des Akkumu-
lators also von der Bleischwamm- zur Bleisuperoxyd-Elektrode.
Letztere wird durch den jetzt hier auftretenden Wasserstoff wieder
zu Bleioxyd reduziert, erstere durch den Sauerstoff ebenfalls zu
Bleioxyd oxydiert. Die Entladung hört auf, wenn beide Elektroden
chemisch gleichartig sind, da nun eben keine elektromotorische Kraft
mehr wirksam ist. Man muß dann den Akkumulator von neuem
laden. Eine stärkere Wirkung erzielt man nach FAURE dadurch,
daß man die mit tiefen Nuten versehenen bzw. gitterförmig durch-
brochenen Bleiplatten vorher mit Mennige ($Pb_3O_4$) bestreicht.

§ 171. **Ohmsches Gesetz.** Wenn in einem Stromkreise der
(positive) Strom vom positiven zum negativen Pol fließt, so kann
dies nur geschehen, weil auf dieser Strecke das Potential beständig
abnimmt. Es ist ja das positive Potential am positiven Pol am
größten, am negativen am kleinsten; für das negative Potential gilt
das Umgekehrte. Die Kraft, welche diese Potentialdifferenz schafft,
ist eben die, ihrem Wesen nach noch unbekannte, elektromotorische
Kraft ($E$). Bezeichnet man nun die Elektrizitätsmenge, die in einer
Sekunde durch irgend einen Querschnitt geht, also $\frac{e}{t}$, mit Stromstärke oder Stromintensität ($I$), so ist zunächst klar, daß dieselbe im ganzen Stromkreise gleichgroß sein muß, da sonst eine
Stauung der Elektrizität eintreten müßte; es ist genau wie bei
einem Flusse, bei dem auch stets durch alle Querschnitte dieselbe
Wassermenge in der Zeiteinheit geht. OHM zeigt nun, daß die
**Stromstärke proportional der elektromotorischen Kraft**
(oder Potentialdifferenz), umgekehrt proportional dem
Widerstande ($W$) ist

$$I = \frac{E}{W}.$$

Der Widerstand ist offenbar um so größer, einen je längeren Weg der elektrische Strom zurücklegt, und je schmäler derselbe ist,

$$W = \frac{l}{q} k,$$

worin $l$ die Länge, $q$ den Querschnitt des Leiters, $k$ den spezifischen (gewöhnlich auf Quecksilber bezogenen) Widerstand bedeutet; denn der Widerstand hängt natürlich auch von der Natur des Leiters ab. Der Gesamtwiderstand $W$ setzt sich nun zusammen aus dem Widerstande im Elemente selbst (innerer oder wesentlicher W.) $w$, und dem im Schließungskreise (äußerer oder außerwesentlicher W.) $w'$.

Es ist daher $I = \frac{E}{w+w'}$. Aus dieser Formel ergeben sich wichtige praktische Folgerungen. Will man größere Stromintensität erzielen, so verbindet man mehrere Elemente zu einer Batterie. Hierbei kann man entweder den positiven Pol des einen Elements mit dem negativen des nächsten verbinden (Hintereinander-, Reihen- oder Serienschaltung), oder alle positiven Pole miteinander und ebenso alle negativen vereinigen (Nebeneinander- oder Parallelschaltung). Im letzteren Falle vergrößert man bei $n$ Elementen die Flächen der Elektroden um das $n$fache. Die elektromotorische Kraft bleibt hierbei dieselbe wie bei einem Elemente, da sie ja von der Größe der Metallplatten unabhängig ist [§ 167]; dagegen wird der innere Widerstand um das $n$ fache kleiner, weil ja jetzt der Strom durch eine $n$mal breitere Flüssigkeit geht. Es ist daher hier

$$I = \frac{E}{\frac{1}{n} w + w'}.$$ Ist der äußere Widerstand so gering, daß er vernachlässigt werden kann, so ist also $I = n \frac{E}{w}$, d. h. man erzielt eine $n$fache Intensität. Ist aber $w'$ groß, so wird die Intensität nicht wesentlich vergrößert. In diesem Falle bedient man sich der Hintereinanderschaltung. Hierbei wird die elektromotorische Kraft um das $n$fache vergrößert, aber auch der innere Widerstand. Es ist also

$$I = \frac{nE}{nw + w'}.$$ Kann $nw$ gegenüber $w'$ vernachlässigt werden, so ist

$$I = \frac{nE}{w'},$$ d. h. die Intensität wird um das $n$fache vergrößert. Also bei großem inneren Widerstande schaltet man die Elemente nebeneinander, bei großem äußeren hintereinander. Das Maximum der Stromstärke ist vorhanden, wenn innerer und äußerer Widerstand gleich sind.

§ 172. **Stromverzweigung.** Für Stromverzweigungen gelten die beiden Kirchhoffschen Gesetze:

1) Die Zweigströme sind zusammen so stark wie der Hauptstrom. Sonst müßte ja eine Stauung der Elektrizität statt-finden.

2) In jedem abgeschlossenen Teile eines Stromnetzes ist die Summe aller elektromotorischen Kräfte gleich der Summe aller Produkte aus Stromstärke und Widerstand für jeden Teil der Leitung. Hierbei sind solche elektromotorische Kräfte, die gleichgerichtete Ströme erzeugen, mit gleichen Vorzeichen zu versehen, andernfalls mit entgegengesetzten. Dieses Gesetz ist eine Verallgemeinerung des Ohmschen Gesetzes.

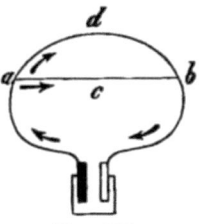

Fig. 126.

Betrachten wir zunächst den einfachsten Fall, der in Fig. 126 dargestellt ist.

Da zwischen den Punkten $a$ und $b$ eine be-stimmte Potentialdifferenz herrscht, die von dem Wege ganz unabhängig ist, eine Potentialdifferenz aber als direkte Folge der elektromotorischen Kraft dieser proportional ist, so ist nach § 171 die Stromintensität

$$\text{in } a c b = \frac{Potentialdifferenz\ a\,b}{Widerstand\ a\,c\,b},$$

$$\text{in } a d b = \frac{Potentialdifferenz\ a\,b}{Widerstand\ a\,d\,b}.$$

Daraus folgt, daß in Verzweigungen die Stromstärken sich umgekehrt wie die Widerstände verhalten. Hierauf beruht z. B. der Stöpselrheostat.[1]

Derselbe besteht aus einer Anzahl breiter Messingplatten (Fig. 127), die in bestimmten Ab-ständen stehen und durch dünne Drähte verbunden sind. Werden zwischen sie dichtanschließende Messing-stöpsel eingeschaltet, so geht wegen des geringeren Widerstandes der größte Teil des Stromes durch sie und behält eine große Intensität. Wird aber ein Stöpsel herausgenommen, so muß der Strom durch den betreffenden Drahtkreis fließen, wodurch seine

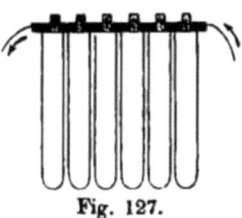

Fig. 127.

Intensität sehr geschwächt wird. Dieser Apparat dient daher zur Abstufung der Stromstärke und Messung von Widerständen.

Verbindet man die beiden Stromzweige in Fig. 126 noch durch einen Draht, so erhält man die sogenannte Wheatstonesche

---

[1] ῥέω fließen, ἵστημι zum Stehen bringen, also Rheostat = Widerstands-apparat.

Brücke (Fig. 128). Wie aus den Pfeilen sofort hervorgeht, kreuzen sich in der Brücke $cd$ zwei Ströme; daher kann man durch eine geeignete Anordnung bewirken, daß in der Brücke selbst kein Strom herrscht. Da dies aber nur möglich ist, wenn in

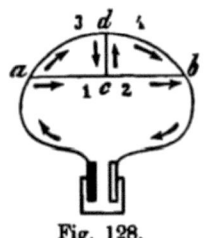

Fig. 128.

$c$ und $d$ gleiches Potential herrscht, so verhalten sich wieder die Stromstärken in $ac$ und $ad$ umgekehrt wie ihre Widerstände $\frac{i_1}{i_3} = \frac{w_3}{w_1}$; ebenso ist $\frac{i_2}{i_4} = \frac{w_4}{w_2}$. Wenn nun in der Brücke kein Strom herrschen soll, so kann man sich diesen Draht fortgenommen denken. Dann muß $i_1 = i_2$ und $i_3 = i_4$ sein, weil ja in demselben Stromkreise stets dieselbe Intensität herrscht. Es ist mithin auch $\frac{w_3}{w_1} = \frac{w_4}{w_2}$. Daraus folgt $w_1 : w_2 = w_3 : w_4$. Unter dieser Bedingung herrscht also in der Brücke kein Strom. Umgekehrt kann man daraus, wenn in der Brücke kein Strom herrscht, was ja durch ein Galvanometer [§ 179] leicht nachzuweisen ist, den Widerstand eines eingeschalteten Körpers berechnen, wenn die drei anderen Widerstände, resp. ein Widerstand und das Verhältnis der beiden anderen, bekannt ist.

Um den Widerstand von Flüssigkeiten mittels der Brückenmethode zu messen, muß man Wechselströme [§ 184] anwenden, da sie sonst zersetzt würden. An Stelle des Galvanometers, das für Wechselströme ungeeignet ist, schaltet man dann in die Brücke ein Telephon ein, das so lange tönt, wie ein Strom durch die Brücke geht.

§ 173. **Elektrische Maße.** Die in der Praxis benutzten elektrischen Maßeinheiten, die zum Teil bereits erwähnt wurden, sind alle nach großen Physikern benannt und unterscheiden sich von den betreffenden absoluten Maßen durch positive oder negative Potenzen von 10 [s. Anhang I]. So heißt die Einheit der Intensität 1 Ampère, die der elektromotorischen Kraft, des Potentials, der Spannung 1 Volt[1] (nach VOLTA), die des Widerstandes 1 Ohm. Man kann daher das OHMsche Gesetz auch schreiben: $1 \text{ Ampère} = \frac{1 \text{ Volt}}{1 \text{ Ohm}}$. Als Widerstandseinheit benutzt man auch die Siemens-Einheit (S. E.), die dem Widerstande einer 1 m langen Quecksilbersäule von 1 qmm Querschnitt bei 0° entspricht. 1 Ohm = 1,06 S. E. Ferner ist zu erwähnen die Einheit der Elektrizitätsmenge, 1 Coulomb,

---
[1] Die elektromotorische Kraft eines Daniell-Elementes beträgt ca. 1 Volt, die eines Bleiakkumulators ca. 2 Volt.

und die der Kapazität, 1 Farad (nach FARADAY). Die Einheit der Stromenergie oder der Stromarbeit ist 1 Volt-Coulomb [§ 156] und wird auch 1 Joule genannt, obwohl sie eigentlich diesem nur äquivalent ist [s. Anhang 1]. Die Stromarbeit in 1 Sekunde heißt Stromeffekt [§ 13]. Derselbe ist also = Potentialdifferenz × Elektrizitätsmenge pro Sekunde, oder anders ausgedrückt = Potentialdifferenz × Stromstärke. Die Einheit des Stromeffektes ist 1 Volt-Ampère und wird auch 1 Watt genannt, obwohl sie diesem eigentlich nur äquivalent ist [s. Anhang 1].

### b. Wärme-, Licht- und chemische Wirkungen.

§ 174. **Joulesches Gesetz.** Da zur Erzeugung des elektrischen Stromes Arbeit notwendig ist, ergibt sich aus dem Gesetze von der Erhaltung der Energie, daß der Strom auch seinerseits Arbeit leisten kann [vgl. § 156]. Seine mannigfachen Wirkungen teilt man gewöhnlich ein in solche innerhalb und außerhalb des Stromkreises. Zu ersteren gehört die Erwärmung, welche eintritt, wenn der Strom durch Leiter, besonders Metalle und Kohle, geht. JOULE fand nun, daß in der Zeiteinheit die dabei entstehende Wärme proportional dem Widerstande und dem Quadrate der Intensität ist

$$Q = I^2 W.$$

Dieses ergibt sich auch schon daraus, daß der Stromeffekt [§ 173] gleich dem Produkt aus Potentialdifferenz und Intensität, $IE$, ist. $E$ ist aber nach dem Ohmschen Gesetze $= I \cdot W$.

Aus der Definition des Widerstandes folgt nun, daß die Wärmeentwicklung besonders stark in dünnen Drähten sein muß. Darauf beruht die Galvanokaustik, d. i. die Anwendung von glühenden Schlingen, Nadeln usw. in der Medizin. Ist die Erwärmung sehr groß, so entsteht Licht. Bei den Glühlichtlampen von EDISON geht der Strom durch einen dünnen, hufeisenförmig gebogenen Kohlenfaden, der sich in einem luftleeren Glasballon befindet, weil er sonst infolge von Sauerstoffzutritt verbrennen würde.

§ 175. **Bogenlicht.** Auf der JOULEschen Wärme beruht auch das elektrische Bogenlicht. Benutzt man nämlich zwei Kohlen als Elektroden und sendet einen starken Strom hindurch, so geht derselbe kontinuierlich durch die Spitzen, wenn sie einander berühren; entfernt man sie dann aber, so entsteht zwischen ihnen ein außerordentlich heller Lichtbogen, auch Davyscher Lichtbogen genannt. Bei dem Übergang durch die Luftschicht entsteht nämlich eine so bedeutende Wärme (ca. 4000° CELSIUS), daß die Kohlenspitzen und die Luft glühend werden. Hierbei fliegen Stücke von der posi-

tiven zur negativen Kohle über, und da erstere überhaupt stärker
erhitzt wird, so brennt sie schneller ab; es bildet sich ein Krater
in ihr, während die negative Kohle spitz bleibt. Schließlich wird
dadurch die Luftschicht zwischen beiden Kohlen und somit der
Widerstand zu groß, und der Strom erlischt. Daher ist eine Re-
gulation nötig, die am besten von der Differentiallampe von
v. Hefner-Alteneck geleistet wird.

Der untere Teil des Eisenstabes $AB$ (Fig. 129) wird von wenigen starken
Windungen des Stromkreises umgeben. Dieser geht von hier zum Hebel $CD$,

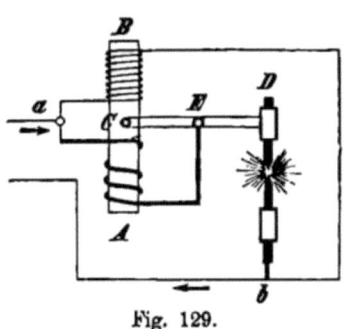

Fig. 129.

der in der Mitte von $AB$ befestigt ist
und in $E$ seinen Drehpunkt hat; vom Hebel
dann durch beide Kohlen und schließlich
zur Batterie zurück. In $a$ zweigt sich
eine Nebenleitung ab, die in vielen
schwachen Windungen um den oberen Teil
von $AB$ geht und sich bei $b$ mit den
ersten Stromkreise wieder vereinigt. Berühren sich die Kohlen, so geht der Strom
hauptsächlich durch den unteren Draht,
weil hier der Widerstand kleiner ist. Dadurch wird der Eisenstab nach unten gezogen [§ 181], und infolge der Hebel-
wirkung die obere Kohle nach oben, so daß der Lichtbogen entsteht. Wird
nun die Entfernung zwischen beiden Kohlen größer, so wächst der Widerstand
im unteren Stromkreise, und der Strom fließt mehr durch den oberen. Dadurch
wird der Eisenstab nach oben gezogen, und die obere Kohle geht durch Hebel-
wirkung nach unten.

§ 176. **Peltiersches Phänomen.** Geht der Strom durch eine
Stelle, an der zwei einen Stromkreis bildende Metalle zusammen-
gelötet sind, so zeigt sich hier außer der Jouleschen Wärme, je
nach der Stromrichtung, noch eine besondere Erwärmung oder Abkühlung. Am stärksten zeigt sich dieses Peltiersche Phänomen
an Lötstellen von Wismut und Antimon. Geht der Strom vom
Antimon zum Wismut, so findet eine Erwärmung statt, im umgekehrten Falle eine Abkühlung. Dies tritt auch bei anderen Metallen
ein, und es läßt sich wieder eine thermoelektrische Spannungsreihe aufstellen. Fließt der Strom zuerst durch das in der Reihe
voranstehende Metall, so findet eine Erwärmung, sonst eine Abkühlung statt. Die Endglieder dieser Reihe sind Antimon und Wismut.

§ 177. **Thermoelektrizität.** Dieser Prozeß ist, wie die meisten
elektrischen, einer Umkehrung fähig. Wird nämlich die Lötstelle
zweier Metalle erwärmt, so entsteht ein Strom in bestimmter Richtung, z. B. vom Wismut zum Antimon; wird sie abgekühlt, so entsteht ebenfalls ein elektrischer Strom, aber von entgegengesetzter

Richtung. Die Stärke des Stroms ist im allgemeinen der Temperaturdifferenz proportional.    Will man die schwache elektromotorische
Kraft eines solchen Thermo-
stromes[1] erhöhen, so vereinigt
man mehrere Thermoelemente zu
einer Thermosäule, bei der immer
die ungeraden Lötstellen an einer
Seite liegen und zusammen erwärmt
werden (Fig. 130). Diese Thermo-
säulen werden weniger zur Erzeugung brauchbarer Elektrizitätsmengen benutzt, als zur Wärme-
messung, da schon sehr geringe

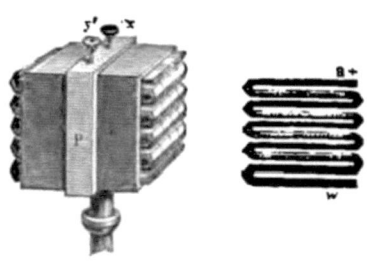

Fig. 130.

Temperaturdifferenzen elektrische Ströme erzeugen, die mit einem
Galvanometer (Thermomultiplikator) sehr genau nachzuweisen sind.

§ 178.  **Elektrolyse.**   Die VOLTAsche Kontakttheorie ist in der
Neuzeit ziemlich allgemein verlassen worden.   Sie widerspricht ja
auch dem Gesetze von der Erhaltung der Energie, weil nach ihr
beliebig große Elektrizitätsmengen durch einfache Berührung, also
gewissermaßen aus nichts erzeugt werden. Man ist jetzt der Ansicht,
daß Elektrizität nur durch Arbeit entstehen kann, sei es durch
mechanische wie in den Dynamomaschinen, sei es durch Erwärmung,
oder durch chemische Vorgänge. Wahrscheinlich ist die Zersetzung
von Flüssigkeiten durch den elektrischen Strom so aufzufassen, daß
durch die chemische Zersetzung erst der Strom entsteht. Dafür
spricht die Tatsache, daß nur solche Flüssigkeiten leiten, welche
dabei zersetzt werden. Man nennt nun derartige Flüssigkeiten Elek-
trolyte, den Vorgang selbst Elektrolyse[2].   Bei der Zersetzung
werden an der Kathode, also an dem negativen Pole, stets die
elektropositiven Bestandteile der Moleküle, wozu die Metalle und
der ihnen nahestehende Wasserstoff gehören, abgeschieden, an der
Anode die übrigbleibenden Bestandteile.   Also in einer Zinksulfat-
lösung geht $Zn$ zur Kathode, $SO_4$ zur Anode. Oft treten aber bei
der Abscheidung an den Elektroden noch sekundäre Prozesse
ein.  So entsteht z. B. bei der Wasserzersetzung $H$ und $O$.   Dies
beruht aber stets auf der Anwesenheit von Salzen oder Säuren, da
chemisch reines Wasser überhaupt nicht leitet.    Enthält z. B. das
Wasser etwas Kochsalz ($NaCl$), so wird dieses in $Na$ und $Cl$ zerlegt.

---

[1] ϑερμός warm.  [2] λύσις Auflösung, Zersetzung.

$Na$ geht zur Kathode, verbindet sich dort zu $NaOH$ und macht $H$
frei; $Cl$ geht zur Anode, verbindet sich zu $HCl$ und macht $O$ frei.
$H$ und $O$ entstehen somit erst sekundär. Daß die Zersetzungsprodukte nur an den Elektroden auftreten, beruht nach CLAUSIUS und
ARRHENIUS darauf, daß durch Auflösung in einer Flüssigkeit die
Salzmoleküle dissoziiert werden, daß also eine Scheidung in elektro-
positive und -negative Atomgruppen eintritt. Durch die Anziehung
der Elektroden findet nun eine Wanderung dieser Gruppen statt, die
daher Ionen[1] heißen, und zwar wandern zur Kathode die Kationen,
zur Anode die Anionen und werden dort gebunden. Im Innern
der Flüssigkeit neutralisieren sich aber die, wenn auch getrennten,
Ionen gegenseitig. Die Wirkung des elektrischen Stromes besteht
hiernach[2] also nicht darin, daß er die Flüssigkeit zersetzt, sondern
daß er den bereits zersetzten Molekülen eine bestimmte Richtung
erteilt. Bei jeder derartigen Zersetzung gelten nun die elektro-
lytischen Grundgesetze von FARADAY:

   1) Die Menge der Zersetzungsprodukte ist in gleichen
Zeiten der Stromstärke proportional;

   2) von demselben Strom werden bei Zersetzung verschiedener Flüssigkeiten stets chemisch äquivalente
Mengen abgeschieden. Darunter versteht man das Verhältnis
zwischen Atomgewicht und Wertigkeit. Es werden also für $1\,g\,H$

$$35,5\,g\,Cl,\ \frac{16}{2}\,g\,O,\ \frac{14}{3}\,g\,N\ \text{usw.}\ \text{abgeschieden.}$$ Da nun $1\,g\,H$ dasselbe Volumen hat wie $16\,g\,O$ und $14\,g\,N$, so verhalten sich die
abgeschiedenen Volumina hier wie $1 : \frac{1}{2} : \frac{1}{3}$.

   Nach dem ersten dieser Gesetze kann aus der Menge der in
der Zeiteinheit abgeschiedenen Substanz die Stromintensität berechnet
werden. Die hierauf beruhenden Apparate heißen Voltameter
(nicht zu verwechseln mit Voltmeter!). Beim Knallgasvoltameter
mißt man die Menge des durch Wasserzersetzung entstandenen Knall-
gases, beim Silbervoltameter stellt man die Gewichtszunahme fest,
die eine als Kathode benutzte Platinschale erfährt, wenn aus einer
$AgNO_3$-Lösung Silber auf ihr niedergeschlagen wird.

   Bei der galvanischen Versilberung oder Vergoldung wird
der betreffende Gegenstand ebenfalls als Kathode benutzt; dann schlägt
sich aus der Silber- oder Goldlösung das Metall auf ihm nieder. An
die Anode bringt man hierbei einen Silber- oder Goldstreifen, welcher

---

[1] $\ell\omega\nu$ Genitiv $\iota\delta\nu\tau o\varsigma$ gehend, wandernd. $\dot{\alpha}\nu\dot{\alpha}$ hinauf, $\varkappa\alpha\tau\dot{\alpha}$ hinab.
[2] Nach der jetzt verlassenen Theorie von GROTTHUS findet dagegen der
Zerfall in Ionen erst durch Einwirkung des elektrischen Stromes statt.

durch das Anion aufgelöst wird und so die elektrolytische Flüssigkeit beständig erneuert. Ähnlich ist die Galvanoplastik, bei der man von einem Gegenstande, der eingefettet und dann als Kathode benutzt wird, einen Metallabguß herstellt. Auch zur Reindarstellung von Metallen aus ihren Verbindungen, z. B. des Aluminiums, wird die Elektrolyse benutzt.

### c. Elektromagnetismus und Elektrodynamik.

§ 179. **Ablenkung der Magnetnadel.** Im Jahre 1820 entdeckte OERSTEDT das merkwürdige Phänomen, daß ein Strom, der eine Magnetnadel umfließt, dieselbe ablenkt, und zwar senkrecht zu seiner Ebene zu stellen sucht. Die Richtung der Ablenkung ergibt sich aus der sog. Ampèreschen Schwimmregel: Denkt man sich in der Richtung des positiven Stromes schwimmend. das Gesicht der Nadel zugekehrt, so wird ihr Nordpol nach links abgelenkt. Da die Größe der Ablenkung der Stromstärke (und der vom Strom umflossenen Fläche) proportional ist, wird sie zur Bestimmung derselben benutzt. Der einfachste hierauf beruhende Apparat ist die Tangentenbussole. Hier fließt ein Strom durch einen vertikalen, in die Ebene des magnetischen Meridians gestellten Kreis aus Metalldraht und wirkt auf eine horizontale Magnetnadel ein. Wie sich zeigen läßt, ist hier die Stromstärke proportional der Tangente des Ablenkungswinkels; daher stammt auch der Name. Zu feineren Messungen dienen die Multiplikatoren oder Galvanometer, bei denen die Wirkung des Stromes dadurch verstärkt ist, daß er in vielen Windungen die Nadel umkreist. Außerdem wendet man hier astatische Nadeln an. Bei diesen ist der störende Einfluß des Erdmagnetismus dadurch aufgehoben, daß eine gleichstarke Magnetnadel über der ersten so angebracht ist, daß die ungleichnamigen Pole übereinanderliegen (Fig. 131). Aus der AMPÈREschen Regel folgt ohne weiteres,

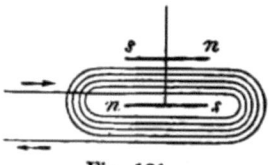

Fig. 131.

daß die zweite Nadel außerhalb des Stromkreises angebracht sein muß, weil ja sonst überhaupt keine Ausschläge zustande kämen.

Derartige Galvanometer werden nicht nur zur Messung von Stromstärken, sondern auch von Spannungsdifferenzen benutzt. Sind sie so geeicht, daß die Skala für jeden Ausschlag der Nadel die Zahl der Ampères bzw. Volts direkt anzeigt, so heißen sie Ampèremeter bzw. Voltmeter (nicht zu verwechseln mit Voltameter).

Kennt man nämlich die Ausschläge eines Galvanometers für eine bestimmte Zahl von Ampères und seinen Widerstand in Ohms, so ergibt sich ja nach der Formel 1 Volt = 1 Ampère $\times$ 1 Ohm [§ 173] auch sofort der Spannungsunterschied, der den Ausschlag hervorruft.

Ein Ampèremeter kommt stets in den Hauptstromkreis, und zwar — da die Stromstärke in demselben überall gleich ist — an eine beliebige Stelle desselben. Es besteht aus wenigen Windungen von dickem Draht, damit nicht das Instrument selbst durch größeren Widerstand die Stromstärke beeinflußt.

Ein Voltmeter wird dagegen stets an die beiden Punkte des Hauptstromkreises angelegt, deren Spannungsdifferenz gemessen werden soll; es liegt also im Nebenschluß. (Im Gegensatz zur Stromstärke ist ja die Spannung innerhalb eines Stromkreises nicht konstant, sondern fällt vom positiven zum negativen Pol.) Um die Stromstärke und Spannungsverteilung im Hauptkreise möglichst wenig zu beeinflussen, müssen die Voltmeter einen großen Widerstand besitzen; sie bestehen daher aus vielen Windungen eines dünnen Drahtes.

Eine dritte Anwendung finden Galvanometer zur Messung von Elektrizitätsmengen, wenn es sich um Ströme von sehr kurzer Dauer, z. B. den Entladungsstrom von Leidener Flaschen handelt. Der erste Ausschlag der Galvanometernadel bei einem solchen Stromstoß ist nämlich der durch das Galvanometer hindurchgegangenen Elektrizitätsmenge proportional. Ein hierzu benutztes Instrument heißt ballistisches Galvanometer.

Drehspulengalvanometer s. § 181, aperiodische Galvanometer s. § 185.

§ 180. **Elektromagnete.** Solange ein elektrischer Strom um einen Eisenstab geht, ist dieser magnetisch. Ein solcher durch den elektrischen Strom erzeugter Elektromagnet besitzt einen zwar nur temporären, aber äußerst starken Magnetismus. Nach der Molekulartheorie kann man sich vorstellen, daß der Strom ebenso wie die Magnetnadel auch alle Molekularmagnete in eine bestimmte Richtung

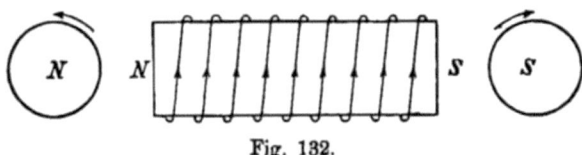

Fig. 132.

bringt. Dadurch ist verständlich, daß auch hier wieder infolge der Koerzitivkraft Stahl schwerer zum Elektromagneten wird als weiches Eisen [vgl. § 148]. Die Lage des Nordpols findet man wieder leicht nach der AMPÈREschen Regel. Ferner ergibt eine einfache Überlegung, daß, wenn man von oben auf einen Südpol sieht, der Strom im Sinne des Uhrzeigers verläuft, beim Nordpol umgekehrt (Fig. 132).

Auf dem Elektromagnetismus beruhen unzählige Apparate. Hier sei nur der Telegraph[1] von MORSE beschrieben. Auf der Aufgabestation wird durch Druck auf den sog. Schlüssel S (Fig. 133) der Strom bestimmte Zeit ge-

---

[1] τῆλε entfernt, γράφω schreiben.

schlossen. Während dieser Zeit wird auf der Empfangsstation ein hufeisenförmiges Eisenstück $M$, um das der Stromkreis in vielen Windungen geht,
elektromagnetisch und zieht den Anker $A$ an. Dabei wird durch Hebel-
wirkung ein Schreibstift $B$ gegen einen gleichmäßig schnell vorübergleiten-
den Papierstreifen gedrückt
und macht je nach der
Dauer des Stromes Punkte
und Striche. Aus diesen
setzt sich dann das sog.
Morse-Alphabet zu-
sammen. Da aber bei
großen Entfernungen der
Widerstand im Drahte zu
groß wird, so daß der
Elektromagnet $M$ nicht

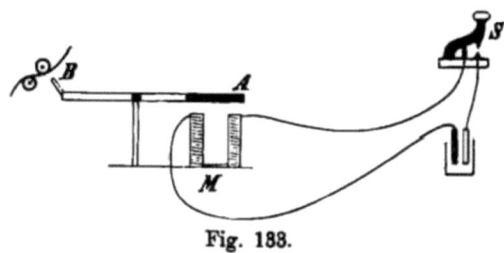

Fig. 133.

kräftig genug funktioniert, so wendet man sog. Relais an. Hier hat $M$ nur
einen sehr leichten Hebel anzuziehen, durch den dann ein neuer Stromkreis
mit besonderen Elementen geschlossen und somit kräftigere Wirkung erzielt
wird. Wie Steinheil zeigte, ist beim Telegraphen nur ein Leitungsdraht nötig;
versenkt man nämlich seine beiden Enden genügend tief in die Erde, so be-
sorgt diese die Rückleitung.

§ 181. **Wirkungen zwischen elektrischen Strömen und
Magneten.** Eine von einem Strom durchflossene Drahtspirale heißt
ein Solenoid[1] (Fig. 134). Ein
solches sucht nicht nur einen Magneten senkrecht zu der Richtung
seiner einzelnen Stromkreise, mit

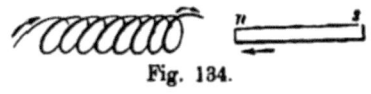

Fig. 134.

anderen Worten also in die Richtung seiner Achse zu stellen, sondern
der Magnet wird auch entweder in die Spirale hineingezogen oder von
ihr abgestoßen. Das Solenoid wirkt somit wie ein Magnet, dessen
Nordpol wieder nach der Ampèreschen Regel zu finden ist. In
Fig. 134 ist der Nordpol des Solenoids links; daher wird auf der
rechten Seite ein magnetischer Südpol abgestoßen, ein Nordpol angezogen. Ein Stab aus weichem Eisen wird durch das Solenoid
zuerst magnetisiert und dann wieder angezogen oder abgestoßen.
Darauf beruht ja die Differentiallampe [§ 175].

Ist umgekehrt der elektrische Stromkreis beweglich, so sucht der Magnet denselben senkrecht
zu seiner Achse zu stellen und übt ferner auf ihn
anziehende oder abstoßende Wirkung aus. Man
kann dies mittels des Ampèreschen Gestells
(Fig. 135) nachweisen, bei dem der Stromkreis
frei beweglich in Quecksilbernäpfchen aufgehängt ist. Daher wird

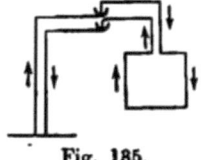

Fig. 135.

---

[1] σωλήν Röhre.

auch unter dem Einflusse des Erdmagnetismus die Ebene eines
solchen Stromkreises sich senkrecht zum magnetischen Meridian
stellen. Man kann nun durch geeignete Kombinationen bewirken,
daß ein Magnet unter dem Einflusse eines elektrischen Stromkreises
beständig rotiert und umgekehrt.

Durch die Achse $ab$ (Fig. 136) wird z. B. ein Strom zugeleitet und geht

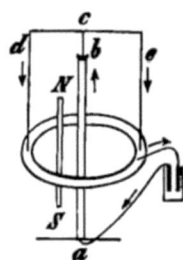

dann in den Drahtkreis $dce$ über, der mit $ab$ durch
eine in das Quecksilbernäpfchen bei $b$ tauchende Spitze
verbunden ist, also um $ab$ rotieren kann; $d$ und $e$
tauchen in eine mit Quecksilber gefüllte Rinne, von
der aus der Schließungsdraht zum Elemente zurückgeht. Neben $ab$ ist ein Magnet $NS$, dessen Nordpol
$N$ hier hauptsächlich zur Wirkung kommt. Dieser
sucht $dcb$ nach der einen, $bce$ nach der entgegengesetzten Richtung senkrecht zu seiner Achse, also horizontal, zu stellen. Da nun aber beide Kreise fest
miteinander verbunden sind, so resultiert eben eine
Drehung [vgl. § 16] durch das magnetische Kräftepaar.

Fig. 136.

Auf der Drehung eines beweglichen Stromkreises unter dem Einflusse
eines Magneten beruhen auch die (Dreh-) Spulengalvanometer von
Deprez - Ad'rsonval, Weston u. a. Die

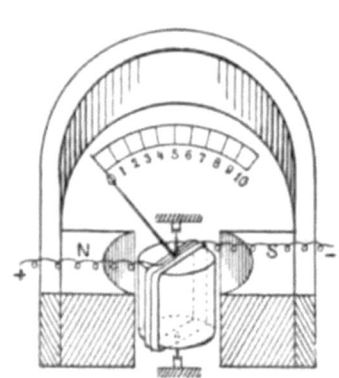

drehbare Spule befindet sich hier zwischen
den Polen eines starken Hufeisenmagneten
und wird, solange kein Strom durch sie
fließt, durch eine Spiralfeder usw. in einer
bestimmten Lage erhalten (Fig. 187). Geht
nun der Strom durch sie hindurch, so dreht
sie sich, indem sie dabei die Elastizität
der Feder überwindet, um einen der Stromstärke proportionalen Winkel, um nach
Aufhören des Stromes in die Ruhelage
zurückzukehren. An der Spule ist ein
Zeiger befestigt, der über einer Skala spielt,
die nach Ampères oder Volts geeicht ist
[vgl. § 179]. Diese Art von Galvanometern
ist unempfindlich gegen Änderungen des

Fig. 187.

Erdmagnetismus und den Einfluß benachbarter Ströme, da diese eben gegenüber dem starken Feldmagneten nicht in Betracht kommen.

§ 182. **Elektrodynamik.** Da, wie gezeigt wurde, elektrische
Ströme wie Magnete wirken, so ist begreiflich, daß auch zwei elektrische Ströme aufeinander anziehende oder abstoßende Wirkung
ausüben. Ampère stellte nun folgende elektrodynamische Gesetze auf:

1) Parallel gerichtete Ströme ziehen sich an, wenn
sie gleiche Richtung haben, im entgegengesetzten Falle
stoßen sie sich ab.

2) Gekreuzte Ströme ziehen sich an, wenn in beiden
der Strom gleichgerichtet ist, d. h. entweder in beiden nach
der Kreuzungsstelle hin oder von ihr fort geht;
andernfalls stoßen sie sich ab. In jedem
Falle also suchen sie sich parallel zu
stellen (Fig. 138).

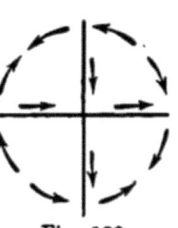

Fig. 138.

3) Die Kraft, mit der sich die Ströme
anziehen oder abstoßen, ist proportional
dem Produkte der Stromstärken und dem
Produkte der aufeinander wirkenden Strom-
längen, umgekehrt proportional dem Quadrate der Entfernung.

§ 183. **Ampères Theorie des Magnetismus.** Die ähnlichen
Wirkungen, welche elektrische Ströme und Magnete entfalten, ver-
anlaßten AMPÈRE, die Theorie aufzustellen, daß jedes Eisenmolekül
dauernd von einem Strom umflossen wird. Da nun diese Molekularströme verschiedene Richtungen haben, so heben sie sich gegenseitig auf. Werden sie aber durch einen Magneten oder elektrischen
Strom parallel gerichtet, wirken sie also wie ein Solenoid, so wird
das Eisen zum Magneten. Hiernach ist die Anziehung und Abstoßung zweier Magnete ohne weiteres auf die elektrodynamischen
Gesetze zurückzuführen.

### d. Induktion.

§ 184. **Gesetze der Induktion.** Bei jeder Schließung und
Öffnung eines elektrischen Stromes entstehen in einem in der Nähe
befindlichen, geschlossenen, stromlosen Leiter ebenfalls elektrische
Ströme von kurzer Dauer. Man nennt den ersten Strom den primären oder induzierenden, den zweiten den sekundären, induzierten oder Induktionsstrom[1]. Induktionsströme entstehen
ferner beim Stärker- und Schwächerwerden, sowie beim Nähern und
Entfernen des primären Stromes. Die induzierten Ströme sind nun
beim Schließen, Nähern und Stärkerwerden des primären Stromes
diesem entgegengesetzt, beim Öffnen, Entfernen und Schwächerwerden
ihm gleichgerichtet. Durch rasches Öffnen und Schließen erhält man
somit Ströme von entgegengesetzter Richtung, sogenannte Wechselströme, die von großer Wichtigkeit sind. Beispielsweise können sie
durch eine Flüssigkeit gehen, ohne daß Polarisation eintritt. Nach
medizinischem Sprachgebrauch heißen übrigens die Induktionsströme

---

[1] *induco* wohin führen, veranlassen.

gewöhnlich faradische, nach ihrem Entdecker FARADAY, im Gegensatz zu dem galvanischen oder konstanten Strom.

Induktion findet aber auch im primären Stromkreise selbst statt, wenn dieser aus vielen dicht aneinanderliegenden Windungen besteht. Man spricht dann von Selbstinduktion und nennt die dabei entstehenden Ströme Extraströme. Da nun dieselben beim Schließen entgegengesetzte, beim Öffnen gleiche Richtung wie der Hauptstrom haben, so folgt daraus, daß die Öffnungswirkung eines solchen Stromes viel stärker ist als die Schließungswirkung.

Die AMPÈREsche Theorie, nach der ja Magnetismus durch gleichgerichtete Molekularströme bedingt ist, macht es verständlich, daß auch durch Näherung und Entfernung eines Magneten in einem geschlossenen Leiter Induktionsströme entstehen. Man spricht dann im Gegensatz zur Elektroinduktion von Magnetoinduktion.

§ 185. **Lenzsche Regel.** Die Richtung der Induktionsströme ist immer derartig, daß sie durch ihre elektromagnetische bzw. elektrodynamische Rückwirkung der stromerzeugenden Bewegung entgegenwirken. Hierbei sind Schließung und Verstärkung des Stromes gleichbedeutend mit Annäherung, Öffnung und Schwächung mit Entfernung. Nähert man z. B. den Südpol eines Magneten einem geschlossenen Leiter, so ist der entstehende Strom so gerichtet, daß er den Südpol abzustoßen bestrebt ist. Darauf beruht es z. B., daß eine Magnetnadel, welche über Kupferplatten schwingt, gedämpft wird, d. h. bald zur Ruhe kommt. Derartig eingerichtete Galvanometer heißen aperiodisch, da die Nadel eben keine periodischen Schwingungen mehr macht.

Das LENZsche Gesetz ist nur ein Spezialfall des Gesetzes von der Erhaltung der Energie. Man kann sich dies so klar machen, daß z. B. durch Annäherung eines Stromes an einen Leiter Arbeit gegen abstoßende Kräfte geleistet wird; solche sind aber eben vorhanden, wenn parallele Ströme entgegengesetzt gerichtet sind. Es ist ebenso wie beim Pendel: wird dasselbe nach der einen Seite hin bewegt, so kommen entgegengesetzt gerichtete Kräfte zur Wirkung, die es in die alte Lage zurückzuführen suchen.

§ 186. **Induktionsapparate.** Die elektromotorische Kraft der Induktionsströme wächst mit der Intensität des primären Stromes, mit der Zahl der Windungen in der sekundären Rolle und mit dem raschen Wechsel der Stromstärke resp. dem raschen Schließen und Öffnen. Man verwendet daher bei der primären Rolle verhältnismäßig dicken und kurzen Draht, bei der sekundären sehr dünnen von oft außerordentlicher Länge und benutzt zur schnellen Stromunterbrechung selbsttätige Apparate.

Beim WAGNERschen Hammer z. B. wird ein hufeisenförmiges Eisenstück $M$ (Fig. 189) durch den herumgesandten Strom magnetisch und zieht den Anker $A$ an, der durch eine Feder an $B$ befestigt ist. Hierdurch wird aber die Feder von der Metallspitze $S$ entfernt, somit die Leitung unterbrochen; $M$ verliert seinen Magnetismus, und die Feder geht in ihre alte Lage zurück, wodurch der Strom wieder geschlossen wird, usw.

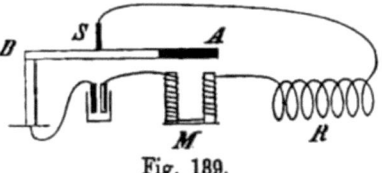

Fig. 189.

Der WAGNERsche Hammer ist z. B. ein Bestandteil der elektrischen Klingeln, indem hier mit dem Anker ein Klöppel verbunden ist, der an eine Glocke schlägt; ferner des Schlitteninduktoriums von DU BOIS-REYMOND, bei dem die sekundäre Spirale auf einem Schlitten über die primäre gezogen, und somit die Wirkung abgestuft werden kann. Weit stärker ist aber der Rühmkorffsche Funkeninduktor, bei dem beide Spiralen übereinandergewickelt sind, und der Draht der sekundären oft bis 100 000 m lang ist. Im Innern der primären Rolle ist noch ein Bündel Eisenstäbe, welche durch ihren entstehenden und vergehenden Magnetismus die Induktionswirkung verstärken.

§ 187. **Transformatoren.** Durch Induktionsapparate kann die Spannung des sekundären Stroms beliebig größer oder kleiner gemacht werden als die des primären; man hat ja nur nötig, die Zahl der sekundären Windungen größer oder kleiner zu machen als die der primären. Da nun der Stromeffekt, der ja das Produkt aus Spannung und Intensität ist [§ 172], derselbe bleibt, so muß natürlich bei größerer Spannung die Intensität geringer werden und umgekehrt. Diese Transformierung[1] (Umwandlung) elektrischer Ströme ist außerordentlich wichtig. Sie spielt z. B. bei der elektrischen Kraftübertragung eine große Rolle. Denn während es darauf ankommt, an Ort und Stelle Ströme von hoher Intensität zur Verfügung zu haben, würde die Fortleitung solcher sehr unzweckmäßig sein, da ja die unproduktive JOULEsche Wärme mit dem Quadrate der Intensität wächst [§ 174]. Zum Transport der elektrischen Kraft verwendet man daher hochgespannte Ströme von geringer Intensität, die man dann am Gebrauchsorte in solche von großer Intensität, aber geringer Spannung transformiert.

TESLA ließ die oszillierenden Funkenentladungen von Leidener Flaschen, die ihrerseits durch einen Rühmkorff gespeist wurden, durch die primäre Induktionsrolle gehen und brachte diese Wechselströme von großer Frequenz

---

[1] *transformo* umformen.

mittels der sekundären Rolle auf eine sehr hohe Spannung. Von den
vielen merkwürdigen Wirkungen dieser Tesla-Ströme (die übrigens unabhängig von TESLA auch D'ARSONVAL entdeckt hatte) sei hier nur erwähnt,
daß sie für den menschlichen Körper fast ganz unfühlbar sind, da sie nur
an seiner Oberfläche bleiben, und ferner, daß Geißlerröhren [§ 188] bereits
in der Nähe der Pole ohne mit diesen verbunden zu sein, aufleuchten.
(TESLAS „Licht der Zukunft".)

### § 188. Kathoden-, Röntgen- und Becquerelstrahlen.

Geht
der überaus starke Strom eines Rühmkorff durch Geißlersche
Röhren (beliebig geformte Röhren, die Luft oder ein anderes Gas
in starker Verdünnung enthalten, und in die an zwei Stellen Platin-
elektroden eingeschmolzen sind, wie Fig. 140 zeigt), so entsteht kein gewöhnlicher elek-
trischer Funke,
sondern von der
Anode erstreckt
sich fast durch
die ganze Röhre
diffuses rötliches

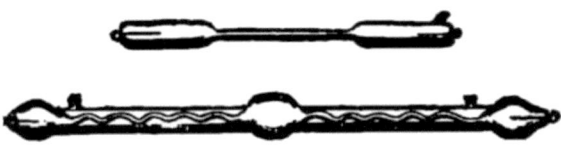

Fig. 140.

Licht, und auch an der Kathode sieht man eine bläuliche Lichthülle,
die aber nur klein ist und von dem positiven Licht durch einen
dunklen Raum getrennt wird. Die Farben wechseln je nach dem
Inhalte der Röhren. In den Hittorfschen oder Crookesschen
Röhren, bei denen die Luftverdünnung maximal ist ($\frac{1}{1000000}$ einer
Atmosphäre und weniger), verschwindet das Anodenlicht immer mehr,
das Kathodenlicht breitet sich dagegen über die ganze Röhre aus.
Diese Kathodenstrahlen, die also von der Kathode ausgesandt
werden, pflanzen sich geradlinig fort; sie treffen daher die Anode
nicht, wenn diese seitlich sitzt, und werfen von Körpern im Innern
der Röhre Schatten. Ferner erregen sie im Glase der Röhre sowie
überhaupt in nichtmetallischen Körpern Fluoreszenz, besitzen starke
Wärmewirkungen und können leichte Körper, z. B. ein Glimmer-
rädchen, bewegen. Durch einen genäherten Magneten werden sie von
ihrer Richtung abgelenkt. Alle diese Erscheinungen zeigen sie indes
im wesentlichen nur innerhalb der HITTORFschen Röhren. RÖNTGEN
entdeckte nun 1895 eine neue Art von Strahlen, die sog. X-Strahlen,
die auch außerhalb der Röhren ihre Wirkung entfalten und wahrscheinlich von den Kathodenstrahlen beim Auftreffen auf die Röhren-
wand bzw. auf andere feste Körper innerhalb der Röhren erzeugt
werden. Besonders wirksame Röntgenstrahlen erhält man, wenn
Kathodenstrahlen auf einen Platinspiegel fallen. Man konstruiert
daher die zur Erzeugung von X-Strahlen dienenden Röhren, die

sog. Röntgenröhren, so, daß man in den Brennpunkt einer hohl-
spiegelförmigen Kathode (a Fig. 141) einen Platinspiegel (b) als sog.
Antikathode[1] bringt, von der die wirksamen Röntgenstrahlen ausgehen. Durch diese Anordnung erreicht man zugleich, daß die X-
Strahlen möglichst nur von einem Punkte der Antikathode ausgehen,
der eben im Brennpunkte der Kathodenstrahlen liegt (daher der Name
Fokusröhre); hierdurch erhält man wesentlich schärfere Bilder.

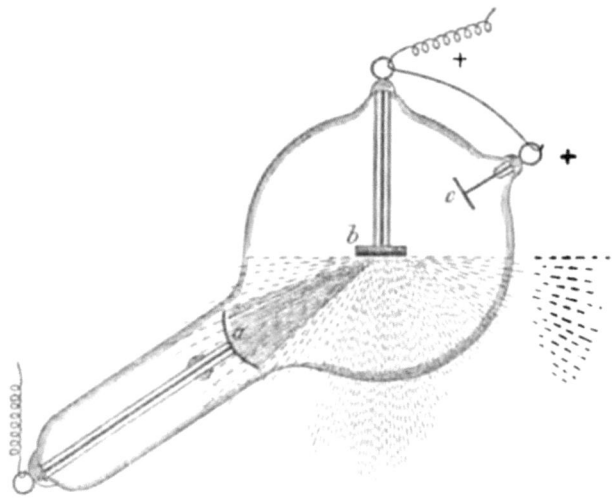

Fig. 141.

Die Röntgenstrahlen werden von Magneten nicht abgelenkt und
erleiden beim Durchgang durch Prismen und Linsen keine Brechung;
auch vermögen sie leichte Körper nicht zu bewegen. Am wichtigsten
und interessantesten ist aber, daß sie durch eine große Zahl undurchsichtiger Körper hindurchgehen können, im allgemeinen um so besser,
je geringer deren spezifisches Gewicht ist. Die Schwermetalle sind
z. B. in viel geringerem Grade durchlässig als das leichte Aluminium,
die Knochen weniger als die Haut und Muskeln usw. Da nun die
X-Strahlen auch photochemische Wirkungen besitzen und Fluoreszenz
erzeugen, so kann man mit ihnen Gegenstände photographieren
(„röntgenographieren") bzw. direkt sehen („röntgenoskopieren"), die
sich im Innern von undurchsichtigen, aber für X-Strahlen durch-
lässigen Körpern befinden, z. B. Geld in einem Portemonnaie,
Knochen im tierischen Körper usw. Es entsteht dann nämlich ein

---

[1] ἀντί gegenüber.

Schattenbild („Röntgenogramm"), indem hinter den undurchlässigen
Objekten, z. B. den Knochen, die photographische Platte nicht zersetzt wird, resp. der (meist mit Baryumplatinzyanür bestrichene)
Fluoreszenzschirm nicht aufleuchtet. Schließlich sei noch erwähnt,
daß die X-Strahlen die Fähigkeit besitzen, elektrisch geladene
Körper, auf die sie treffen, zu entladen, wahrscheinlich dadurch,
daß sie die Luft leitend machen, bzw. ionisieren.

Die Ionisierung eines Gases besteht nämlich darin, daß durch gewisse
Einflüsse (Kathoden-, Röntgen-, Becquerelstrahlen, elektrisches Licht) von den
Atomen Elektronen [s. u.] abgespalten werden, die analog den Ionen bei der
Elektrolyse [§ 178] „wandern". Die negativen Ionen gehen also z. B. zu einem
positiv geladenen Elektroskop und neutralisieren dessen Ladung, die Atomreste
bleiben als positiver Elektronenkomplex zurück.

Über die Natur der Kathoden- und X-Strahlen ist man noch im
unklaren. Von ersteren nimmt man jetzt meist an, daß sie die Bahnen kleinster
materieller Teilchen vorstellen, die mit negativer Ladung von der Kathode aus
mit enormer Geschwindigkeit (bis 160000 km pro Sekunde) [fortgeschleudert
werden. Man nennt jetzt derartige Elementarquanta der Masse, die — um ein
Vielfaches kleiner als die Atome — mit je einem Elementarquantum Elektrizität
behaftet sind, Elektronen. Die X-Strahlen faßt man entweder als Elektronen
auf, die ihre elektrische Ladung an der Antikathode oder Glaswand abgegeben
haben, oder als Ätherwellen von noch kürzerer Wellenlänge als die ultravioletten
Strahlen. —

Bald nach der Entdeckung der Röntgenstrahlen wurden Substanzen gefunden, die analoge Eigenschaften zeigten und daher
radioaktiv genannt wurden. Da BECQUEREL sie zuerst bei gewissen
Uranverbindungen (Pechblende usw.) entdeckte, heißen sie ihm zu
Ehren auch Becquerelstrahlen. Das Ehepaar CURIE isolierte
als Träger der Radioaktivität zwei Elemente aus der Pechblende,
die chemisch dem Wismut bzw. Baryum nahe stehen und von ihm
Polonium bzw. Radium benannt wurden. Auch Thoriumpräparate
und andere Stoffe zeigen radioaktive Eigenschaften.

Am wirksamsten und besten studiert von diesen radioaktiven
Substanzen ist das Radium. Es gleicht sehr dem Baryum, hat aber
das doppelte Atomgewicht (ca. 225). Die vom Radium (anscheinend
unbegrenzt) abgegebene Energie besteht einmal in Licht: Radium
leuchtet intensiv im Dunkeln ohne jede vorhergegangene Bestrahlung.
Ferner in Wärme: 1 Gramm reines Radium strahlt in 1 Stunde
100 Grammkalorien aus. Außerdem geht vom Radium eine unsichtbare Strahlung aus, die photographisch wirksam ist, die Luft
leitend macht, Fluoreszenz erregt und feste Körper durchdringt.
Neuerdings hat man diese Strahlung in drei verschiedene Arten von
Strahlen ($a$-, $\beta$-, $\gamma$-Strahlen) zerlegt.

Unabhängig von dieser Strahlung ist die sogenannte induzierte Radioaktivität. Man bezeichnet damit das Phänomen, daß eine Substanz in der Nähe eines Radiumsalzes (oder aktiven Thoriumpräparates) ebenfalls — allerdings nicht dauernd — die Fähigkeit erlangt, Becquerelstrahlen auszusenden. Zur Erklärung nimmt man mit RUTHERFORD an, daß von Radium- und Thoriumsalzen eine gasförmige, vielleicht zur Gruppe des Argon gehörende, „Emanation" ausgeht, die sich festen, flüssigen und gasförmigen Körpern mitteilt. Nach RAMSAY soll sich aus dieser Emanation nach einiger Zeit Helium bilden. Damit wäre zum ersten Male der Nachweis erbracht, daß sich ein Element in ein anderes verwandelt. Die Emanation kommt fast überall vor, u. a. auch in Thermalquellen.

§ 189. **Telephon und Mikrophon.** Von den unendlich vielen auf Induktion beruhenden Apparaten ist einer der interessantesten das Telephon[1] von BELL. An den beiden Orten, zwischen denen gesprochen wird, befindet sich ein Stabmagnet, der von einer Drahtspule umgeben ist; die Drahtspulen beider Orte sind miteinander verbunden. Vor den Nordpolen $n$ und $n'$ (Fig. 142) der Magnete befindet sich je ein dünnes Eisenplättchen $E$ und $E'$, in denen durch Influenz auf der

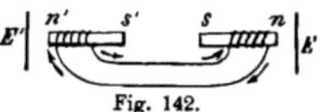

Fig. 142.

den Magneten zugekehrten Seite ein magnetischer Südpol entsteht. Nähert man das Eisenplättchen $E$ dem Magneten und damit auch der geschlossenen Drahtspule, so entsteht in dieser ein Induktionsstrom, der zum Nordpol des anderen Magneten fließt und diesen, da er entgegengesetzt wie ein Uhrzeiger geht [vgl. § 180], verstärkt; das Eisenplättchen $E'$ wird also angezogen. Entfernt man dagegen $E$, so wird $E'$ abgestoßen. Beide Eisenplättchen bewegen sich also stets gleichsinnig. Wird daher gegen $E$ gesprochen, so wird es in Schwingungen versetzt, die genau dieselben Schwingungen in $E'$ hervorrufen; letztere werden dann als Töne vernommen. Der eine Draht kann wie beim Telegraphen durch die Erdleitung ersetzt werden. Für größere Entfernungen schaltet man ein sog. Mikrophon ein. Hier geht durch die Induktionsrolle des Magneten ein Strom, der vorher mehrere auf einem Resonanzboden stehende, mit den Spitzen sich berührende Kohlenstäbchen durchfließt. Wird gegen den Resonanzboden gesprochen, so werden durch die Er-

---

[1] τῆλε fern, φωνέω sprechen.

schütterungen hierbei die Kohlenspitzen genähert oder entfernt; dadurch wird der Widerstand im Stromkreise geändert; es entstehen Schwankungen im Magnetismus des Hör-Telephons, und die Eisenplatte desselben gerät in entsprechende Schwingungen.

§ 190. **Elektrische Maschinen.** Da Elektrizität durch Wärme bisher nur in geringen Mengen, aus chemischen Spannkräften nur mit großen Kosten erzeugt werden kann, so war eine Herstellung im großen erst möglich, als mechanische Arbeit dazu angewandt würde; und zwar beruhen alle derartigen Maschinen auf Induktionswirkungen. So entsteht z. B. Elektrizität dadurch, daß man vor den Polen eines Magneten ein mit Draht umwickeltes Eisenstück rotieren läßt. Dies ist das Prinzip der magnetelektrischen Rotationsmaschinen, erfunden von PIXII.

Ist z. B. NS (Fig. 143) ein hufeisenförmiger Magnet (sog. Feldmagnet, da er das magnetische Feld erzeugt), n s ein ebensolches Eisenstück (sog.

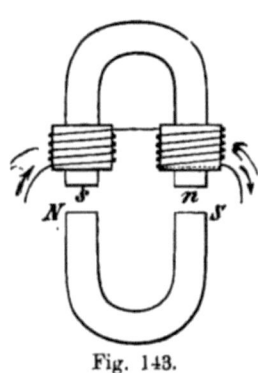

Fig. 143.

Induktor oder Anker), um dessen Schenkel zwei miteinander verbundene Drahtspulen gewickelt sind, so entstehen während einer ganzen Umdrehung von n s in dem Drahte zwei entgegengesetzt gerichtete Ströme. Denn während einer halben Umdrehung nähert sich ja die eine Rolle dem Nordpol des Magneten, die andere dem Südpol. Bei geeigneter Wicklung des Drahtes entsteht aus den beiden Impulsen ein einziger Strom in bestimmter Richtung, die sich bei der nächsten halben Umdrehung natürlich ändern muß. Solche Maschinen liefern also Wechselströme; um ihnen gleiche Richtung zu geben, wendet man einen sog. Kommutator an. Eine derartige von STÖHRER verbesserte Maschine wurde früher zu medizinischen Zwecken gebraucht.

Bedeutend erhöht wurde die Wirksamkeit dieser Maschinen, als WILDE an Stelle der gewöhnlichen Magnete Elektromagnete anwandte. Dann führte SIEMENS einen großen Aufschwung herbei, indem er den Induktor, dem er eine zylindrische Form gab, zwischen den ausgehöhlten Polen des Magneten rotieren ließ, so daß beide einander immer möglichst genähert bleiben, vor allem aber durch Entdeckung des Dynamoprinzips. Dasselbe besteht darin, daß man den durch Drehung des Induktors in diesem entstandenen Strom um den Hufeisenmagneten (bzw. um ein hufeisenförmiges Stück von weichem Eisen, das ja infolge des Erdmagnetismus stets eine Spur Magnetismus enthält) herum leitet und somit dessen magnetische Wirkung verstärkt. Diese erhöht wieder die Wirksamkeit des Induktionsstroms, und so setzt sich dieser Circulus fort bis zur magnetischen Sättigung des Eisens. Hierauf beruhen die sog. Dynamomaschinen.

Während in allen diesen Maschinen Wechselströme erzeugt werden, kann man mittels des Pacinottischen oder Grammeschen Ringes durch Induktion auch Gleichströme erhalten.

Derselbe besteht aus einem Ringe von weichem Eisen, der zwischen den Polen $N$ und $S$ (Fig. 144) eines starken Magneten um seine eigene Achse rotiert. Um den Ring sind zahlreiche Gruppen von Drahtwindungen (in der Figur nur vier), alle nach derselben Richtung gewickelt; das Ende einer jeden ist in der Achse mit dem An-

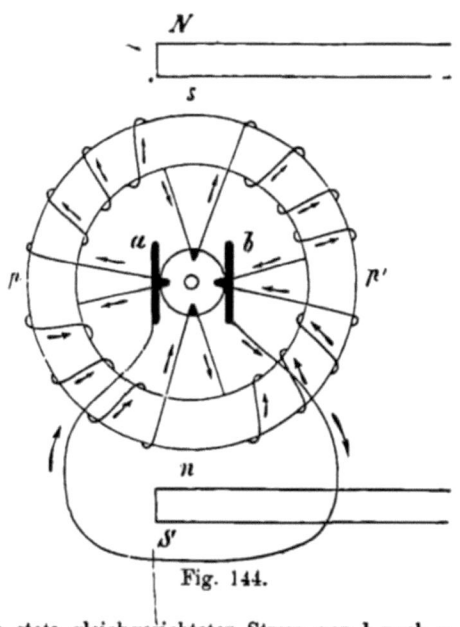

fange der nächsten leitend verbunden, indem sie an eine entsprechende Zahl von isolierten Metallstreifen angelötet sind. Dieser mittlere Teil des Apparates heißt Kollektor. Rotiert der Ring, so müssen in den Drahtwindungen der oberen Hälfte entgegengesetzte Ströme entstehen wie in den unteren. Diese entgegengesetzt gerichteten Ströme stoßen nun an den Stellen $p$ und $p'$ zusammen, welche somit als die Pole zweier nebeneinander geschalteter galvanischer Elemente aufgefaßt werden können. Ebenso wie bei solchen wird auch beim GRAMME-schen Ring die Elektrizität abgeleitet, indem in Höhe von $p$ und $p'$ zwei Metallstücke, die sog. Bürsten, am Kollektor

Fig. 144.

schleifen. Es entsteht somit ein stets gleichgerichteter Strom von $b$ nach $a$.

Die durch eine solche Maschine aus mechanischer Arbeit gewonnene Stromenergie kann in einer zweiten wieder in mechanische Arbeit zurückverwandelt werden, indem sie hier elektromagnetische Wirkungen ausübt. Auf diese Weise kann also eine Kraftübertragung erzielt werden.

§ 191. **Licht und Elektrizität.** Die Umwandlung von Elektrizität in Licht ist bei den Glühlampen, dem DAVYschen Lichtbogen, den Teslaströmen bereits beschrieben worden, desgleichen haben die merkwürdigen Kathoden- und X-Strahlen Erwähnung gefunden. Außerdem existieren noch viele andere Beziehungen zwischen Licht und Elektrizität. So wird z. B. die Ebene polarisierten Lichts durch Magnete und elektrische Ströme abgelenkt (FARADAY), ferner können

durch Belichtung elektrische Ströme entstehen, und im Selen wird
dadurch der Leitungswiderstand verringert. Auch erleiden die
Spektrallinien durch Einwirkung des magnetischen Feldes eine Veränderung, die in einer Zwei- oder Dreiteilung usw. besteht (Zee-
mannsches Phänomen). Bemerkenswert ist auch, daß sich die elektrostatischen Maße von den elektromagnetischen durch die sogenannte
„kritische Geschwindigkeit" unterscheiden, die mit der Lichtgeschwindigkeit identisch ist [s. Anhang I]. Gestützt auf diese und andere Tatsachen und Überlegungen, hat Maxwell eine elektromagnetische Lichttheorie aufgestellt, die immer mehr Anhänger
gewinnt. Hiernach wäre die Fortpflanzung des Lichts als elektrodynamische Wellenbewegung aufzufassen, indem die einzelnen Ätherteilchen nacheinander in denselben elektrischen Zustand geraten.

§ 192. **Wellen elektrischer Kraft.** Diese Maxwellsche
Theorie fand vor allem durch die genialen Versuche von Hertz
ihre Bestätigung, der nämlich nachwies, daß in der Tat von oszillierenden Funkenentladungen elektrische Wellen ausgehen, die ebenso wie
die Lichtwellen den Gesetzen der Reflexion, Brechung, Interferenz
und Polarisation folgen und auch die gleiche Fortpflanzungsgeschwindigkeit, nämlich ca. 300000 km in 1 Sekunde, besitzen. Diese
Wellen elektrischer Kraft, die nur durch Isolatoren, nicht durch
Metalle hindurchgehen, sind ebenfalls an den Äther als Substrat
gebunden und unterscheiden sich nur quantitativ von den Lichtwellen, indem ihre Länge erheblich größer, ihre Schwingungszahl
also kleiner ist. Gleichzeitig mit den elektrischen Schwingungen
und rechtwinklig zu ihnen breiten sich übrigens magnetische
Schwingungen aus.

Zum bequemen Nachweise der elektrischen Wellen in der Luft dient der
Kohärer oder Fritter von Branly. Es ist dies eine mit Metallspänen
(*M* Fig. 145) gefüllte Glasröhre (*R R*), die mittels der Elektroden *E E'* in
einen Stromkreis eingeschaltet wird. In diesem besteht unter gewöhnlichen
Verhältnissen kein Strom, da der
Kohärer einen zu großen Widerstand
bildet. Sobald aber elektrische Wellen auf den Kohärer treffen, verringert sich sein Leitungswiderstand
auf eine noch nicht ganz geklärte

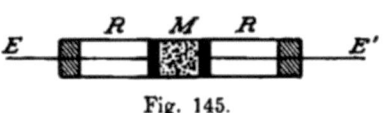

Fig. 145.

Art und Weise beträchtlich, indem die Metallteilchen (vielleicht durch kleine
unsichtbare Funken zusammengeschweißt) kohärenter werden. Der nun entstehende Strom zeigt sich durch Ertönen einer elektrischen Klingel, durch
den Ausschlag eines Galvanometers usw. an, die in den Stromkreis eingeschaltet
sind, und dauert so lange, bis der Zusammenhang der Metallteilchen wieder
gelockert ist. Man erreicht dies z. B. durch Beklopfen mit der Hand; prak-

Absolute Maße.

tischer läßt man es automatisch durch den Klöppel einer elektrischen Klingel
besorgen, deren Stromkreis beim Ausschlag der Galvanometernadel geschlossen
wird. Schaltet man nun noch in die Leitung einen MORSE-Telegraphen ein, so
kann man, ohne einen Leitungsdraht zu benutzen, telegraphieren, indem je nach
der Dauer der Funkenentladung Punkte bzw. Punktreihen auf der Empfangsstation entstehen. Diese Methode der Telegraphie ohne Draht, die also
weiter nichts ist wie die praktische Anwendung der HERTZschen Versuche,
wurde zuerst von MARCONI ausgebildet, der ihre Brauchbarkeit auch noch dadurch erhöhte, daß er den einen Pol (sowohl der Funkenstrecke auf der Aufgabestation wie des Kohärers auf der Empfangsstation) zur Erde ableitete und von
den beiden anderen Polen je einen (bis 50 m) langen Draht („Antenne") senkrecht in die Luft führte. Ein weiterer Fortschritt wurde dadurch erzielt, daß
man die Zahl der Funkenoszillationen, und damit auch die Länge der ausgesandten elektrischen Wellen beliebig und bequem modifizieren lernte und erkannte, daß die Antennen nur dann Zweck haben, wenn ihre Länge auf die
Länge der elektrischen Wellen „abgestimmt" ist. Auf der Antenne der Aufgabestation entstehen nämlich stehende elektrische Wellen, die sich am kräf-
tigsten in die umgebende Luft ausbreiten, wenn am Ende der Antenne gerade
ein Schwingungsbauch ist (wenn also z. B. die Länge der Antenne $^1/_4$ der
Wellenlänge ist). Befindet sich nun auf der Empfangsstation eine entsprechend
lange Antenne, so entstehen hier beim Auftreffen der Wellen durch „Resonanz"
ebenfalls stehende Wellen, und zwar um so stärker, je genauer die Abstimmung
ist. Durch zahlreiche andere sinnreiche Verbesserungen, auf die hier nicht näher
eingegangen werden kann, ist es in letzter Zeit gelungen, auf diesem Wege auf
große Entfernungen (z. B. über den Atlantischen Ozean hinüber) Depeschen zu
übermitteln.

# Anhang I: Absolute Maße.

In dem von GAUSS und WEBER begründeten absoluten Maßsystem werden alle Größen durch die Einheiten der Länge ($l$),
Masse ($m$) und Zeit ($t$), die sogenannten „Grundeinheiten", ausgedrückt. Die Benennung einer physikalischen Größe nach absolutem
Maß wird auch ihre Dimension genannt. Die Einheiten der Länge
und Masse können hierbei beliebig gewählt werden; so brauchten
GAUSS und WEBER z. B. das Millimeter und Milligramm als Grund-
maße. Gegenwärtig ist dasjenige absolute Maßsystem am gebräuchlichsten, dessen Einheiten Zentimeter, Gramm und Sekunde bilden.
Spricht man von absolutem Maßsystem schlechthin, so meint man
stets dieses Zentimeter-Gramm-Sekunden- (cm. gr. sec.- oder
C.G.S.-) System. Im folgenden sind für einige wichtige Größen die
Dimensionen — allgemein und im C.G.S.-System — abgeleitet.

Will man eine Größe, deren Wert im C.G.S-System $n$ (cm$^a$ gr$^b$ sec$^c$)
beträgt, in einem absoluten Maßsystem ausdrücken, in dem die Längeneinheit

$u$ cm, die Masseneinheit $v$ gr, die Zeiteinheit $w$ sec beträgt, so hat man, da die neuen Maßeinheiten um $u^a\,v^b\,w^c$ größer sind, den ersten Zahlenwert hierdurch zu dividieren. Es ist also

$$n' = \frac{n}{u^a\,v^b\,w^c}.$$

# Mechanische Maße.

**Länge.** Einheit ist das Zentimeter, ursprünglich definiert als $10^9$ter Teil des Erdquadranten, jetzt als hundertster Teil des mètre des archives [§ 5]. Dimension: $l$; bzw. cm.

**Fläche.** Einheit ist das Quadrat über der Längeneinheit, also das Quadratzentimeter. Dimension: $l^2$; bzw. cm².

**Volumen.** Einheit ist der Würfel über der Längeneinheit, also das Kubikzentimeter. Dimension: $l^3$; bzw. cm³.

**Masse.** Einheit ist das Gramm, ursprünglich definiert als Masse eines Kubikzentimeters Wasser von 4°, jetzt als tausendster Teil des kilogramme des archives [§ 5]. Dimension $m$; bzw. gr.

Im absoluten Maßsystem wird durch Gramm also eine Masse bezeichnet. Dieses Massengramm darf nicht mit dem Grammgewicht verwechselt werden, das ein Kraftmaß repräsentiert und — entsprechend der Formel $P = mg$ [§ 11 u. 17] — 9,81 mal größer ist. Das Grammgewicht ist die Einheit des absoluten Längen-Zeit-Gewichtsystems, das besonders für praktische Zwecke zuweilen neben dem Längen-Zeit-Massensystem (dem absoluten Maßsystem κατ' ἐξοχήν) angewendet wird [s. u.]. Das Massengramm hat an allen Orten der Erde dieselbe Größe, das Grammgewicht nicht [vgl. Seite 12].

**Zeit.** Einheit ist die Sekunde, d. h. $\frac{1}{86400}$ des mittleren Sonnentages. Dimension: $t$; bzw. sec.

**Geschwindigkeit.** $\mathrm{v} = \dfrac{s}{t}$ [§ 9]. Einheit derselben ist vorhanden, wenn die Längeneinheit in der Zeiteinheit zurückgelegt wird. Dimension: $\dfrac{l}{t} = lt^{-1}$*); bzw. cm sec⁻¹.

**Beschleunigung.** $\dfrac{\mathrm{v}}{t}$ [§ 10]. Einheit derselben ist vorhanden, wenn die Einheit der Geschwindigkeit in der Zeiteinheit erreicht wird. Dimension: $lt^{-2}$; bzw. cm sec⁻². Die Fallbeschleunigung beträgt z. B. $g = 981$ cm sec⁻².

---

*) Es ist bekanntlich $\dfrac{1}{a^m} = a^{-m}$; $a^m \cdot a^n = a^{m+n}$; $\dfrac{a^m}{a^n} = a^{m-n}$; $\sqrt[n]{a^m}$ $= a^{\frac{m}{n}}$; $10^m$ eine Zahl, die aus 1 und m Nullen besteht.

**Kraft.** $\dfrac{m\,v}{t}$ [§ 11]. Einheit ist diejenige Kraft, die der Massen-

einheit in der Zeiteinheit die Geschwindigkeit 1, oder mit anderen Worten, die der Masseneinheit die Beschleunigung 1 erteilt. Diese absolute Krafteinheit heißt **Dyne** oder **Dyn** [δύναμις Kraft]. Dimension: $m\,l\,t^{-2}$; bzw. $cm\,gr\,sec^{-2}$.

Kräfte werden im praktischen Leben oft durch Gewichte ausgedrückt [§ 11]. Die Krafteinheit im Gewichtssystem [s. o.] ist das Gramm, und zwar das Grammgewicht, d. h. die Masseneinheit, der durch die Erd-anziehung die Beschleunigung $g = 981$ cm sec$^{-2}$ erteilt ist. Um daher ein Grammgewicht in Dynen (also die Krafteinheit des Gewichtssystems in die des Massensystems) umzuwandeln, oder auch, um das Gewicht einer Masse zu finden, hat man mit 981 zu multiplizieren. Will man umgekehrt Dynen durch Gramm-gewichte ausdrücken oder die einem Gewichte entsprechende Masse finden, so hat man durch 981 zu dividieren. Es ist also:

1 (Gewichts-)Gramm $= 981$ Dynen; 1 kg $= 981\,000$ Dynen.

1 Dyne $= \dfrac{1}{981}$ Gramm $= 1{,}02$ Milligramm.

**Arbeit. Energie. Wärmeeinheit.** $F\,s$ [§ 12]. Einheit der Arbeit ist vorhanden, wenn die Krafteinheit die Leistung 1, bei Bewegungsarbeit also die Verschiebung um die Längeneinheit be-wirkt. Diese absolute Arbeitseinheit heißt **Zentimeterdyn** oder **Erg** [ἔργον Werk]. Dimension: $m\,l^2\,t^{-2}$; bzw. $cm^2\,gr\,sec^{-2}$.

10 Million oder $10^6$ Erg heißen **Megaerg** [vgl. Anm. S. 8]. $10^7$ Erg $= 10$ Megaerg bezeichnet man in der Praxis als 1 **Joule.** Dieses ist äqui-valent mit 1 Volt-Coulomb [s. u.]. Das gewöhnliche praktische Arbeitsmaß, das Meterkilogramm, ist $= 98{,}1$ Megaerg $= 9{,}81$ Joule. Es ist nämlich 1 Meterkilogramm $= 100\,000$ Zentimetergramm; da es sich hier um Gramm-gewichte handelt, hat man zur Umwandlung in das absolute Massensystem mit 981 zu multiplizieren [s. o.], mithin 1 mkg $= 98\,100\,000$ Erg. Es ist also:

1 Meterkilogramm $= 9{,}81$ Joule.
1 Joule $\qquad = 0{,}1019$ Meterkilogramm.

Durch die absolute Einheit der mechanischen Arbeit ist auch die absolute Einheit der Wärmeenergie gegeben, da ja 1 (große) Kalorie äquivalent ist 427 Meterkilogrammen.

Die Wärmeeinheit einer Grammkalorie beträgt demnach in absolutem Maß $427 \cdot 981 \cdot 100 = 4{,}19 \cdot 10^7$ Erg. Andererseits ist 1 Erg $= 1$ Grammkalorie dividiert durch $4{,}19 \cdot 10^7$; diese Größe heißt absolute Kalorie.

**Effekt.** $\dfrac{F \cdot s}{t}$ [§ 13]. Einheit ist vorhanden, wenn die Einheit der Arbeit in der Zeiteinheit geleistet wird. Diese absolute Einheit des Effektes wird **Sekundenerg** genannt. Dimension: $m\,l^2\,t^{-3}$; bzw. $cm^2\,gr\,sec^{-3}$.

$10^7$ Sekundenerg $= 10$ Sekunden-Megaerg werden in der Praxis 1 **Watt** genannt. 1 Watt kann auch definiert werden als 1 Joule pro Sekunde; äquivalent damit ist ein Volt-Ampère [s. u.]. 1 **Pferdekraft** $= 75$ Meterkilogramm pro Sekunde $= 75 \cdot 98,1$ Megaerg pro Sekunde $= 7360$ Sekunden-Megaerg $= 736$ Watt $= 0,736$ Kilowatt. — Multipliziert man den Effekt mit der Zeit, so erhält man natürlich wieder die Arbeit während der betreffenden Zeit. In diesem Sinne spricht man daher in der Praxis von Wattstunden, Kilowattstunden usw.

**Drehungsmoment.** Produkt aus Kraft in ihren Kraftarm $F \cdot l$ [§ 25]. Einheit ist vorhanden, wenn die Krafteinheit an einem Kraftarm von der Längeneinheit angreift. Die Dimension ist $m\, l^2\, t^{-2}$, also dieselbe wie bei der Arbeit [s. o.].

**Trägheitsmoment.** $\sum m\, r^2$ [§ 30]. Einheit ist vorhanden, wenn die Masseneinheit sich im Abstande 1 von der Drehungsachse befindet. Dimension: $m\, l^2$; bzw. $cm^2\, gr$.

Bei den nun folgenden elektrischen Maßen hat man zwei Hauptgruppen zu unterscheiden. Je nachdem man nämlich die Elektrizität im Zustande der Ruhe betrachtet oder von ihren magnetischen Wirkungen ausgeht, erhält man die elektrostatischen oder elektromagnetischen Maße, von denen hauptsächlich letztere in Gebrauch sind.

## Elektrostatische Maße.

**Elektrizitätsmenge.** Elektrostatische Einheit der Elektrizitätsmenge ist diejenige, die auf eine ihr gleiche im Abstande 1 die Kraft einer Dyne ausübt. Dimension: $m^{\frac{1}{2}}\, l^{\frac{3}{2}}\, t^{-1}$; bzw. $cm^{\frac{3}{2}}\, gr^{\frac{1}{2}}\, sec^{-1}$.

Aus $F = \dfrac{e\, e'}{r^2}$ [§ 154] folgt nämlich für $e = e'$ $F = \dfrac{e^2}{r^2}$ und $e = \sqrt{F\, r^2}$.

Daraus ergibt sich die Dimension $\sqrt{m\, l\, t^{-2} \cdot l^2} = m^{\frac{1}{2}}\, l^{\frac{3}{2}}\, t^{-1}$.

**Elektromotorische Kraft. Potential(differenz).** $V = \dfrac{e}{r}$

[§ 156]. Einheit ist das Potential der Elektrizitätsmenge 1 auf einen Punkt im Abstande 1. Dimension: $m^{\frac{1}{2}}\, l^{\frac{1}{2}}\, t^{-1}$; bzw. $cm^{\frac{1}{2}}\, gr^{\frac{1}{2}}\, sec^{-1}$.

**Kapazität.** $\varkappa = \dfrac{e}{V}$ [§ 157]. Einheit der Kapazität besitzt der Körper, der durch die Elektrizitätsmenge 1 zum Potential 1 geladen wird. Dimension: $l$; bzw. $cm$.